IJS 서울대학교 일본연구소

현대일본생활세계총서 8

일본, 상실의 시대를 넘어서

조관자 엮음

박문사

　　서울대학교 일본연구소에서는 정치외교연구실, 역사경제연구실, 사상담론연구실, 그리고 사회문화연구실 등 네 개의 기획연구실을 두고 현대 일본에 대한 인문학적 연구와 사회과학적 연구를 융합한 분석을 계속해 가고 있다. 각 연구실은 HK사업의 중심축으로 〈현대일본의 생활세계연구〉라는 대주제를 설정하고, 단계별로 집담회, 워크숍, 공개 심포지엄을 거치면서 연구 성과의 상호 검증을 통해 학제적 연구의 총체적인 발전을 도모하고 있다. 그 최종 성과물들을 〈현대일본생활세계총서〉라는 시리즈로 발간하고 있다. 이미 이 시리즈의 일환으로 5권의 총서가 출판된 바 있다. 제1권 〈전후 일본, 그리고 낯선 동아시아〉(2011. 7.), 제2권 〈도쿄 메트로폴리스〉(2012. 6.), 제3권 〈현대 일본의 전통문화〉(2012. 6.), 제4권 〈전후 일본의 지식 풍경〉(2013. 6.), 제5권 〈협조적 노사관계의 행방〉(2013. 12.), 제6권 〈일본 생활세계의 동요와 공공적 실천〉(2014. 5.), 제7권 〈전후 일본의 생활평화주의〉(2014. 5.)이 그것이다. 이번에 출간하는 〈일본, 상실의 시대를 넘어서〉는 제8권에 해당한다.

　　서울대 일본연구소는 연구 성과가 일본 전문가 및 연구자들에게만 공유되는 것을 넘어서서 사회적 공감을 확산할 수 있는 기회를 확장하고 있다. 공개세미나와 더불어 연구 성과물의 출판은 그 핵심적인 부분을 차지한다. 한국 내에서 일본에 대한 종합적이고 체계적인 이해의 확산을 도모하는 것이 연구소의 사명이라는 믿음이 있기 때문이다. 그런 의미에서 보다 일본을 전문적으로 연구하는 사람들을 대상으로 한 학술 저널 〈일본 비평〉 이외에도, 특별 강연 시리즈를 읽기 쉬운 글로 엮어내는 〈Reading Japan〉 시리즈도 만들어내고 있다. 2012년 이후 발간된 〈리딩 재팬〉 시리즈만 보아도 이를 알 수 있다. 제7권 〈독도가 우리 땅인 이유〉, 제8권 〈일본의 한반도 외교〉, 제9권 〈일본 전후의 붕괴〉, 제10권 〈아베의 일본 어디로 향하고 있는가〉, 제11권 〈천황의 전쟁 책임〉, 제12권 〈한일관계의 어제와 내일을 묻다〉, 제13권 〈일본의 편의점〉 등은 모두 일반 독자들이 쉽게 현대 일본을 이해할 수 있도록 엮어낸, 학술적이면서도 동시에 대중적 저작물들이다.

현대 일본에 대한 이해는 과거와 현재를 포괄하는 통시적 시각을 필요로 하는 동시에, 인문학과 사회과학이 공존할 수 있는 학제적 연구 분석을 통한 융합의 가시화가 필요하다. 아울러, 다양한 분야에 대한 종합적이고 통섭적인 분석을 통해서만 일본의 전체상에 대한 입체적인 분석이 가능해진다. 일본연구소가 네 개의 기획연구실을 운영하는 이유이며, 연구자들의 구성을 학제적으로 짜가고 있는 이유이기도 하다.

일본연구소가 출판하는 다양한 연구 성과 중에서도 〈현대일본 생활세계총서〉는 연구소가 수행하는 HK사업의 핵심적인 연구 성과이자 동시에 일본연구소의 연구 방향을 담은 출판물의 의미를 가진다. 이번에 출판해 내는 책도 2년에 가까운 연구 활동과 반년에 걸친 출판 준비 작업을 통해 세상의 빛을 보게 되었다. 연구의 완성도 면에서는 아직 수정 보완이 요구되는 부분들도 남아 있으나, 연구의 성과를 다른 연구자들 및 일반 독자들과 공유하는 것도 사회적 책임의 일부라고 생각하여 조심스럽지만 동시에 과감하게 책으로 출판하게 되었다. 물론 미진한 부분이 있다면 연구소와 연구진의 책임이다. 이 책을 읽는 분들의 냉정한 비판과 조언을 구한다.

HK기획연구를 진행하는 동안 집담회, 워크숍, 공개 발표회 등을 통해 귀중한 의견을 주신 여러 분야의 연구자들의 조언과 도움이 없었다면 이 책은 빛을 보지 못했을 것이다. 이 기회를 빌려 연구 작업에 동참하셨던 모든 선생님들께 특별한 감사의 마음을 전하고자 한다. 또한, 일본연구소의 연구 성과를 출판할 수 있도록 언제나 적극적으로 임해주시는 박문사 관계자들께도 심심한 사의를 표하는 바이다. 끝으로, HK 기획 연구에 참여해 주신 동료 연구자들, 세미나 보조, 자료 조사, 교정 등으로 다망했던 연구보조원들, 연구 활동 수행의 보이지 않는 조력자인 행정실 직원들에게도 그간의 노고에 진심 어린 감사를 드린다.

2014년 8월 25일
서울대학교 일본연구소장·HK사업단장
박 철 희

현대일본생활세계총서 8

일본, 상실의 시대를 넘어서

서 장

상실의 시대, 새로운 윤리적 주체를 꿈꾸며

조관자

이 책은 포스트 고도성장기 일본의 생활세계 변화 속에 나타난 사상 담론과 문화 표상을 다룬다. 7명의 필자에게 주어진 공통의 화두는 '상실' 그리고 '미래'였다. 이 책을 기획하던 2012년 3월, 불안, 우울, 방사능 오염과 같은 말들이 일본 사회를 형용하고 있었기 때문이다. 여전히 해소되지 않는 불안감은 인구 감소 추이에서 나타난다. 3·11 재난 이후 현재까지 외국인을 포함한 일본의 총인구 90여 만 명이 줄었다.[1] 그러나 일본의 '상실'에 대한 한국 사회의 걱정과 배려는 아베 정권의 등장과 함께 분노와 외면으로 돌변했다. 과연 우리의 분노를 사게 된 일본의 현실은 무엇인가? 일본인들은 현실을 어떻게 돌아보고 무엇을 바꾸려 하는가? 이러한 질문과 성찰은 일본을 향해 꽂힌 것만은 아니다. 아베 정권에

---

1) 일본의 총인구는 2010년 1억 2,800만 명에서 꾸준히 하강하여 2014년 5월 현재 1억 2710만 명이다. 외국인 인구 통계는 2013년 총인구 1억 2727만 명 중 162만 명. 총무성 통계국(『人口推計』, 2014. 5. 20.), http://www.stat.go.jp /data/jinsui/pdf/201405.pdf(검색일: 2014. 06. 01.).

도 임기가 있고, 내일을 준비하는 것은 우리 모두의 몫이다. 이 책의 화두
는 경쟁과 위기의식에 떠밀려 오늘을 불안하게 살아가는 한일 양국의
동시대인들에게 던져졌다.

1. 포스트 고도성장기와 생활세계의 변화

　　전후 일본에서는 1954년부터 오일쇼크 직후의 1973년까지를 '고도
성장기'로 보고, 이후 걸프전쟁이 발발한 1991년까지를 '안정성장기'라
고 한다. 엔과 마르크의 평가절상을 가져온 '프라자 합의'(1985)에 의해
일본의 자산가치가 급등했던 시기도 모두 안정성장기에 포함된다. 거품
경제가 꺼지면서부터 '잃어버린 20년'으로 불리는 장기불황이 시작되었
다. 그러나 플러스도 마이너스도 모두 '성장' 패러다임으로 읽어내는 경
제학과 사회 담론에서는 1991년부터 2012년까지의 실질 평균 경제성장
률(0.9%)을 인정하여 '저성장기'로 본다.[2]

　　일본의 '성장신화'가 무너지고 구조개혁에도 실패했다는 시각이 존
재하지만, 개혁의 실제 방법과 성과조차 투명하지 않다. 미래의 모든 불
확실성 속에서 원전이 재가동되고 아베노믹스가 실행 중이다. 재정 적
자와 재난 위기의 문제를 껴안은 채 '성장'을 향한 일본사회의 집념은 '지
속가능한 신화창조'에 도전하고 있는 셈이다. 그 가능성 혹은 불가능성

---

[2] 국민경제와 인구 고용 등 각종 통계는 총무성 자료, 『長期経済統計』, 2013.
　　http://www5.cao.go.jp/j-j/wp/wp-je13/pdf/p08012.pdf(검색일: 2014. 05. 30.).

을 예단하는 것은 이 책의 연구과제가 아니다. 다만, '성장'이 호황과 불황, 빈부격차, 모순과 굴절을 모두 포괄한 사회의 복잡한 양태라는 사실에 유의하면서, 성장 지표와 사회 변화의 맞물림 현상에 주목할 필요가 있겠다.

전후 일본의 출생률 증가는 고도성장이 끝난 1973년을 끝으로 완만하게 감소하기 시작했다. 바야흐로 중일수교와 미중수교, 베트남전의 종식으로 이어지는 데탕트와 고도성장이 가져온 풍요로 대중들은 탈정치화하고, 국제사회와의 교류도 진전한다. 신좌익의 '혁명조직'은 중산층 의식이 고양된 대중의 일상과 괴리된 채 '내부 폭력'으로 자멸하고, 민족과 계급 담론의 생산력도 쇠퇴한다. 반면, 종신고용·연공서열·기업노조로 상징되는 가족적 경영원리 또는 장인정신과 집단주의로 대표되는 일본문화론이 세계의 주목을 받으면서 1970년대부터 20여 년간 일본의 국민적 우월감이 팽배해진다.[3] 이 시기에 일본이 경제대국으로 부상한 것이다.

미국의 사회학자 다니엘 벨은 1973년에 '포스트 공업화 사회'로의 구조 변동을 언명하고, 1980년에 '정보화 사회의 사회체제'에 대해서도 밝혔다.[4] 당시 미국은 1972년 오일쇼크 이후 기계화된 대량생산 시스템

---

3) ジェームズ・アベグレン, 『日本の経営』, ダイヤモンド社, 1958; 新版, 1974; 新訳版, 日本経済新聞社, 2004.

4) D. Bell, *The coming of post-industrial society: a venture in social forecasting*, New York: Basic Books, 1973(ダニエル・ベル, 『脱工業社会の到来-社会予測の一つの試み(上・下)』, ダイヤモンド社, 1975). D. Bell, *The social framework of the information society*, In: T Forester(ed.), The Microelectronics Revolution (Blackwell, Oxford, 1980).

(Fordism)을 지양하고, 정보(IT)산업으로의 이행을 시작한 상태였다. 마이크로소프트와 애플도 각각 1975년과 1976년에 창업했다. 그 뒤를 일본이 바싹 좇아가고 있었다. 공학도 니시 가즈히코(西和彦)는 잡지 기사를 읽고 빌 게이츠를 직접 찾아가 1979년에 마이크로소프트의 동아시아 시장을 담당하는 부사장이 되었고, 손 마사요시(孫正義)는 마침 1977년부터 캘리포니아 UC버클리에 유학하던 중 정보혁명에 눈떴다고 한다.[5] 1963년에 '정보산업'을 명명하고 정보사회의 도래를 일찌감치 예견한 인류학자 우메사오 다다오의 존재는 일본의 자랑거리이기도 하다.[6] 인간의 정신과 신체, 기술문명과 생활양식에 영향을 미친 산업구조의 변화가 일본의 경우 고도성장 직후에 일어났다.

산업구조의 전환과 맞물린 포스트 고도성장기는 결국 완전고용으로 임금노동을 상승시키는 성장구조와 복지사회로의 순환이 막히고, 숙련노동과 기술의 질적 고도화를 통해 소비욕구를 갱신하고 구매력의 격차를 구조화시키는 '경쟁사회'로 이행하는 과정이다. 그 와중에서도 20여 년간, 일본이 안정성장을 보이며 경제대국으로 부상한 이유가 미국과 유럽의 경제 부진 및 엔의 통화절상에 있는 것만은 아니리라. 경제전문가가 아닌 필자의 눈에도 일본의 장인정신과 가족적 경영방식은 대량생산 시스템보다는 개인의 기호를 탐색하고 기술 진보를 꾀하여 소비문화를 선도하는 포스트 포디즘(post-Fordism)에 어울리는 것으로 보인다.[7] 1979년에 개발되어 젊은이들의 문화상품으로 각광받게 된 소니 워

---

5) 関口和一, 『パソコン革命の旗手たち』, 日本経済新聞社, 2000.
6) 梅棹忠夫, 「情報産業論」, 『中央公論』 78(3), 1963.

크맨(Sony Walkman)은 1990년대 세계의 소비문화를 이끈 대표적 아이콘이다. 휴대용 미디어 플레이어의 개발이 음악감상의 취미 공간을 길거리로 확장시켰지만, 거리의 사회적 소통은 오히려 차단된다. 개인의 문화 소비는 이제 가족과 기업의 전통적 사회기반을 벗어나고 있었다.

2. 성장 패러다임의 내파(內破)와 '다문화 경쟁'사회

1980년대 후반, 기술 경쟁력의 쇄신과 소비 창출의 연계에 성공한 일본은 미국을 제치고 세계 1위의 경제대국으로 비약하는가 싶었다. 개인용 컴퓨터와 인터넷의 보급을 앞두고, 나카소네 정권의 민영화 정책도 매듭을 지었다. 1985년, 독점체제에 안주했던 일본전신전화공사(NTT)가 민영화하고, 전기통신산업의 자유화 조치로 DDI와 KDDI, 그리고 손 마사요시의 니혼텔레콤(SOFTBANK)이 출발하고, 일본마이크로소프트도 설립되었다. 1987년에는 적자 운영을 지속하던 국유철도가 노조의 반대를 꺾고 분할 민영화했다. 민영화와 자유화는 보수정권의

---

7) 포디즘은 포드 자동차가 시작한, 벨트 컨베이어에서 미숙련 노동을 투입해 표준화된 제품을 생산하는 대량생산 방식을 가리킨다. 포스트 포디즘은 시장의 변화에 대처할 수 있는 기술 혁신과 숙련 노동자들로 구성되는 혁신적인 생산 체제를 가리킨다. 이는 생산기술의 자동화와 정보화 사회로의 이행 등 생활세계의 총체적 변화를 가져왔기 때문에 이 개념은 사회학, 정치학, 문화비평의 개념으로 다양하게 구사되고 있다. Ash Amin ed., *Post-fordism: A Reader*, Blackwell Publishing, 1994; Krishan Kumar, *From Post-Industrial to Post-Modern Society: New Theories of the Contemporary World*, Blackwell Publishing, 1995.

신자유주의 정책으로 비판받았지만, 어느 정권도 정보화 사회의 구조변동과 생활양식의 변화를 일컫는 '제3의 물결'(앨빈 토플러)을 막아낼 수 없었을 것이다. 새로운 기술의 소비로 우리의 지각과 감각 영역은 시공의 한계를 점점 초월하여 4차원까지 표상해 내며 가상공간에서의 접속도 활발해졌다. 하지만 정작 3차원 생활세계에서 갖는 신체 접촉과 타자 접속은 점점 축소되는 문제도 떠안게 되었다.

1981년부터 일본에서는 15세 이하 인구가 감소하기 시작한다.[8] 이러한 현상은 가족 단위의 생활이나 공동체의 보호에 안주하기보다, 개인의 감각과 성취도를 중시하고 경계 이동이 활발해진 생활양식에 기인한다. 드디어 '저성장기'로 접어든 1992년 국민생활백서에 '소자화'라는 용어가 등장하고, 불황의 장기화가 명백해진 1995년부터 생산연령인구(15-64세)가 감소 추세에 접어들었다.[9] '소자고령화' 현상은 생산력과 구매력을 후퇴시키기 때문에 외국인 노동자의 수용이 불가피해지고, 그 결과 전통적 질서의식과 다문화의 개방적 혼종성이 갈등을 빚기도 한다. 일본은 서비스업계에 비숙련 노동을 공급하기 위해 1980년대부터 한국과 중국의 저임금 노동력을 수용했고, 1989년부터 일본계 브라질인을 수용하여 다문화주의 통합정책을 펼쳤다.[10]

---

8) 1981년 15세 이하 인구는 2,760만 명에서 감소, 1997년부터 65세 이상 노년층 인구보다 적어졌고, 2014년 5월 현재 1,636만 명, 총인구의 12.8%를 차지한다. 총무성 통계국(『人口推計』, 2014. 5. 20.).
9) 鬼頭宏, 『図説人口で見る日本史 縄文時代から近未来社会まで』, PHP研究所, 2007, 168-170쪽.
10) 梶田孝道, 丹野清人, 樋口直人, 『顔の見えない定住化：日系ブラジル人と国家・市場・移民ネットワーク』, 名古屋大学出版会, 2005, 114-119쪽.

'다문화 공생'이란 표어의 실질은 일본어와 일본문화로의 동화에 지나지 않는다는 비판은 영어권 논문에서도 흔히 본다.11) 그러나 일본의 폐쇄적 이민정책과 전체 고용 인구에 대한 외국인 노동자의 비율(1-2%)을 현실적으로 고려할 때, 일본어 문화로의 동화 현상은 불가피해 보인다. 그럼에도 불구하고 김치가 일본인의 식탁에 오르듯이, 일본문화의 혼성(混成)성이 배가되고 다국적 소비문화가 형성된 것도 사실이다. 뉴커머로 불리는 재일한국인들이 신오쿠보(新大久保)에 한인거리를 형성하고 한류를 전파한 것도 문화 혼성의 현상이다. '재일 특권을 허용하지 않는 시민 모임'(재특회)이 신오쿠보 한인 상점가에서 데모를 벌이는 것도 단순한 '혐한' 운동으로 보이지 않는다. 글로벌리즘의 개방성과 이문화(異文化) 소비가 활발한 상권 지역에서 소비자의 발길을 차단시키는 배외주의 데모가 벌어진 것은 '다문화 경쟁'사회의 치열한 갈등 양상을 보여준다.

3. 포스트모더니즘에서 네오내셔널리즘으로

1980년대부터 사상 담론에서도 전통적 공동체인 국민국가와 국민문화를 탈구축하는 포스트모더니즘이 유행하고, 학문 영역에서도 국학

---

11) Lie, J., "The discourse of Japaneseness," M.Douglass & G.S. Roberts (ed.), *Japan and Global Migration*, New York: Routledge. 2000, p.81; Eika Tai, "Korean Japanese - A new identity option for resident Koreans in Japan," *Critical Asian Studies* 36(3), 2004, pp.360-369.

이나 분과학문의 경계를 넘는 지역문화, 표상문화, 국제관계학, 상관사회학, 광역과학 등의 학제적 융합 개념이 양산되었다.[12] 국제화 흐름은 1990년대에 보다 광역적 차원에서 다문화 공존의 사상과 이종(異種) 융합의 방법적 개발을 이끌었다. 2001년 9·11테러와 2008년 세계금융위기의 충격 때마다 글로벌화에 대한 비판론이 궐기했지만, 지구촌의 공존은 산업과 학문의 모든 차원에서 중시된다. 2개 국어 이상을 구사하거나 전문 지식과 기술을 익힌 사람들은 국제환경과 글로벌 공생을 위한 다양한 프로젝트를 기획하고 수행한다.

그러나 한편에서는 글로벌리즘의 문화개방과 신자유주의적 경쟁 체제에서 기득권과 경쟁력을 상실한 소외 계층이 발생하고, 이들을 중심으로 새롭게 내셔널리즘이 강화하고 배외주의 분위기도 형성된다. 재특회를 결성한 사쿠라이 마코토(桜井誠)는 1972년 고도성장의 끝자락에 태어나 성년의 나이에 '취업 빙하기'를 맞이한, 이른바 "상실의 세대"(Lost generation)를 대표하는 선두주자다. 실업문제는 포스트 공업화 사회의 경쟁에서 뒤처진 지방을 먼저 격타했고, 미국과의 TPP 협정 등에 반대하는 풀뿌리 민족주의도 지역주의와 결합한다.[13] 규슈에서 자란 사쿠라이는 2000년대에 사이버 공간에서 활동하다가 국가주의를 옹호하며, 2010

---

12) 본문에 예시된 개념들은 1980년대 도쿄대학 대학원 고마바 캠퍼스에 설치된 전공 코스다. 1990년대에는 언어정보학, 생명환경과학, 광역시스템연구, 신영역창성과학연구과(新領域創成科学研究科) 등도 설치된다(도쿄대 홈페이지 참조).
13) 중앙정부와 대치하는 하시모토 도루(橋下徹) 오사카 시장의 지역주의는 대표적 사례다. 일본유신회(日本維新の会)의 강령에도 지역주의 노선이 제시되어 있다.

년 이후 거리의 '행동하는 우익'으로 나섰다. 반면, 진보적 활동가인 아마미야 가린(雨宮処凛)은 1975년생으로 닛쿄소(日敎組) 교사를 미워하여 우익으로 활동했으나, 젊은 세대의 삶을 규정하는 신자유주의 현실에 눈뜨면서 전향했다고 한다.

1992년부터 시작된 '취업 빙하기'에 비정규직 노동을 전전하는 젊은 세대들은 보수와 혁신이 공존한 전후민주주의를 부정하면서, 사회적 상실감을 극복할 활력을 찾아서 좌익과 우익의 경계를 넘나든다. 국제적으로도 냉전 질서의 붕괴로 국지전이 분출하자 1990년대 후반부터 일본의 국가적 안보 위기의식이 증가한다. '새 역사 교과서'와 풀뿌리 민족주의 담론은 '자기 성찰'보다 '자기 정당화'의 자긍심을 심어준다. 젊은이들이 기성세대와 신자유주의를 비판하며 정치화하고 복지국가의 기능을 강조하는 공공성 담론이 증대하는 가운데, 포스트모더니즘은 퇴조하고 내셔널리즘이 부상하는 현상이 필연적으로 나타난다. 2010년 이후 중국의 부상과 영토 분쟁으로 '강한 국가'에 대한 열망은 더욱 커진다.

경기침체의 장기화로 인한 네오내셔널리즘의 대두와 소자고령화 현상의 구조화는 글로벌 자본주의의 문명화 단계에서 나타나는 일반적 현상이다. 이민정책으로 인구 구조를 안정시킨 미국을 제외하고, 생산연령인구의 감소 추세는 유럽과 일본에 이어 한국 사회가 직면한 문제다. 그렇다고 국민국가의 성장신화와 경쟁력만으로 희망을 논할 수 있는 시대는 아니다. 미래 예측 보고서들은 한결같이 '부상하는' 개발도상국들이 2025년 이후에 미국을 비롯한 자본주의 선진국을 능가하는 경제력을 보이며, 다극적인 세계체제를 이룰 것을 전망해 왔다. "Global

Trends 2030"은 일본, EU, 미국의 중산층 구매력이 2000년에 세계시장의 50% 이상을 점유했다면, 2030년부터 중국, 인도, 브라질, 그 외 개발도상국에 의해 역전될 것으로 예견했다.[14] 각종의 미래 보고서는 현재의 인구 동태, 자원, 경제 지표, 격차사회의 갈등과 이데올로기 재편, 지정학적 질서 변화와 국제 분쟁 요인 등을 종합하고 있기 때문에, 미래를 정확히 예측한다기보다 현재적 문제 및 문제의식의 소재를 정확히 알려준다.

특히 "Global Trends" 시리즈는 미국의 정보기관들이 미국의 정책 입안자를 위해 세계질서의 15-20년 앞을 내다본 것으로, 미국의 전략적 관점과 입장을 반영한다. 1997년에 처음 발행된 "Global Trends 2010"은 중국의 고도성장을 명시했지만, 일본의 후퇴에 대해 언급하지 않았다. 2000년에 발행된 "Global Trends 2015"도 일본 경제가 구조개혁을 감행할 것인지의 불확실성을 지적하고 지역 안보를 위한 일본의 역할 증대에 대한 기대감을 표시한 정도다. 그러나 2004년에 발표된 "Global Trends 2020"은 일본이 직면한 소자고령화와 경제위기 및 외교 갈등의 문제를 염려하고, 중국과 인도의 경제대국화로 아시아의 지정학적 풍경이 변화할 것을 명시했다.[15] 이 보고서가 작성되고 발표된 무렵, 일본에서는 고

---

14) 〈Shares of Global middle-class consumption, 2000-2050〉(Source: OECD)는 2000년에 일본의 중산층 구매력이 10%, 중국이 1.5% 정도였다면, 2015년 무렵에 각각 6-7% 정도로 비등해진 이후 역전 현상을 보여 2050년에는 미국과 일본이 각각 3% 정도의 점유율을 보일 것으로 예측한다. 개발도상국의 구매력 상승은 자원 결핍을 가져오고 국제 분쟁의 소지는 더욱 증가하는 것으로 전망된다. National Intelligence Council, "Global Trends 2030," 2012, p.9.
15) National Intelligence Council(2004), "Global Trends 2020," pp.47-48.

이즈미(小泉純一郎) 내각의 우정국 민영화 방침으로 시끄러웠다. 미국의 보고서에서도 신기술 개발과 글로벌 경제성장이 사회 계층 및 국가 간의 질서를 바꾸고 격차를 심화시킬 것으로 예상했지만, 1990년대 말부터 일본에서는 정부가 금융시장 개방과 군사비 분담을 요구하는 미국의 신자유주의적 세계전략을 추종하고 있다는 비판이 일고 있었다.

2001년 4월 장기불황 속에서 출범한 고이즈미 정권은 5년의 집권 동안 경기 활성화를 이끌었다. 2006년 9월 출범한 제1차 아베(安倍晋三) 내각도 성장 우선의 개혁 정책으로 경기 확대 국면을 이어나가는 듯했다. 그러나 2007년 말 미국의 서브프라임 모기지(Subprime Mortgage) 위기와 국제 원자재 가격 상승 등으로 일본 경기는 또다시 움츠러들고, 결국 '잃어버린 20년'이란 신조어가 회자되었다. 2000년대 이후 비정규 고용의 비율은 계속 증가 추세로, 특히 25-34세의 비정규직 인구는 30.3%에 이르렀다.[16) 비정규직의 양산은 경제 효용성을 떨어트리고, 비혼(非婚)과 소자고령화를 가중시킨다. 마케팅 분석가인 미우라 아쓰시는 젊은이들의 소통능력과 노동의욕의 저하를 비관하며, 소득 수준만이 아니라 삶의 의욕이 총체적으로 저하된 일본사회를 하류사회로 명명한 적도 있다.[17)

미국 주도의 글로벌리즘에 대한 종속과 신자유주의 정책에 의한 사회적 격차가 논란되는 분위기 속에서, 열혈 애국심이 결여된 포스트모

16) 후생노동성(2014), 「「非正規雇用」の現状と課題」, http://www.mhlw.go.jp/stf/seisakunitsuite/bunya/0000046231.html(검색일: 2014. 05. 30).
17) 三浦展, 『下流社会: 新たな階層集団の出現』, 光文社, 2005. 이 책은 1년 안에 80만 부가 팔렸는데, 일본사회의 소비능력을 역설적으로 증명한 셈이다.

더니즘이나 리버럴 언론이 활동 무대를 잃었다. 2003년 미국의 이라크 공격 이후 고조된 반미 담론은 미일동맹을 탈피하자는 '반미 자주화'론으로 한층 격앙된다. 이러한 총체적 난국 속에서 미군기지 이전에 반대했던 민주당이 2009년 9월에 정권 획득에 성공했다. 하지만 소비세 인상과 미군기지 이전 철회 등의 '보수 회귀'로 국내적 지지기반을 상실한 민주당 정권은 외교 면에서도 센카쿠 국유화 선언과 야스쿠니신사 참배를 지지하여 동아시아 긴장 국면을 유발시켰다.

성장의 쇠퇴와 국제 질서 변화에 대한 일본 사회의 조바심과 불안증은 역사 인식의 수정과 애국심 교육의 강화로 이어진다. 1997년 '새 역사 교과서를 만드는 모임'(새역모)의 발족 이후, 국가주의와 군국주의 상징으로 금기시하던 '히노마루'와 '기미가요'가 국가 상징으로 법제화(1999)된다. 이로써 국기와 국가가 학교의 식전에 등장하고, 월드컵 축구 응원전의 '오락 내셔널리즘'과 결합하였다.[18] 2001년에는 『새 역사교과서』(후소샤)가 중학교의 사회과 교과서 검정을 통과했지만, 전후민주주의가 뿌리내린 교육현장에서 그 채택률은 아직까지 저조하다. 2011년 현재 역사교과서와 공민교과서의 두 종류가 약 2%의 학교에서 채택되었을 뿐이다. 이러한 사태를 타개하고 '강한 일본인'을 양성하기 위하여 아베 정권은 교육 개혁을 시도한다. 과연 전후일본의 대미 의존성과 전후민주주의의 허구성을 비판하던 일본인들이 '전후민주주의'의 퇴행을

---

18) 1990년에 일본 문부성은 입학식과 졸업식과 같은 학교의 식전에서 국기 게양과 국가 합창을 권유했다. 그러나 일교조 교사들을 중심으로 거부 운동이 지속되자 1999년에 국기·국가법을 제정하여 공식성과 강제성을 높인 것이다.

어떻게 극복할지 지켜볼 일이다.

4. '성장'의 쇠퇴와 시선의 '성숙'

　　1990년대까지만 해도 일본은 '성장'에 대한 한국인의 욕망을 투사시키는 모델이자 한국이 따라잡아야 할 목표의 하나였다. 그러면서도 '반일'은 한국인의 주체성을 확인하는 리트머스 시험지였고, 일본의 '상실'에서 '극일'의 성취감을 느낀 적도 있다. 그러나 일본이 직면한 문제들은 한국의 몫이기도 하다. 소자노령화, 실업, 양극화, 재정적자와 복지 위기, 지역경제 쇠퇴, 재해와 방재, 자원과 에너지, 국제사회의 지위 및 미래지향적 역할을 한국사회도 풀어가야 한다. '일본 안의 우리'인지, '우리 안의 일본'인지, 그 안팎을 구별하는 것이 무의미한 '뫼비우스 띠'와 같은 현실이 펼쳐지고 있다. 일본의 부정적 위기들은 글로벌 사회에서 교집합을 이루고 있으며, 어느 누구도 연이은 문제의 꼬리를 잘라내는 해방감을 만끽할 수 없다. 글로벌 사회에서 '격차'는 존재해도, '안팎'의 구별은 무의미한 것이 되었다.

　　일본인 스스로가 하류사회를 말하지만, 그렇다고 세계 3위 경제대국 일본의 생활세계가 '하류'로 전락한 것은 아니다. 2013년 중국의 GDP(국내총생산)가 일본의 2배 가까이 치솟았지만, 2012년 인구 1인당 국민소득은 일본이 47,879달러, 한국이 22,670달러, 중국이 5,680달러로, 일본인의 평균적 풍요는 중국의 8배로 환산된다.[19] 일본의 실업률은 유럽과 미국에 비해 양호하여 2003년에 최고 5.4%를 보인 후, 2014년 3월 현재 3.6%로 호전되었다. 비정규직의 증가는 글로벌 자본주의의 문제며, 중국의 경제규모와 성장 단계에 비교하여 일본의 쇠퇴와 박탈감이 상대적으로 크게 보도될 뿐이다. 따라서 위기의식을 조장하는 담론을 맹목적으로 흡수해서는 곤란하다. 특히, 문제의 소재와 책임을 외부의 적에게 돌림으로써 뫼비우스 띠처럼 펼쳐진 현실을 감추려는 민족 감정과 일국적 대응 논리에 감정이입하지 않는 지혜가 필요하다.

성장 뒤의 쇠퇴는 자연스러운 이치다. 그 이치를 깨닫는 사람들은 경제성장보다 성숙사회(mature society)를 추구한다.[20] '성숙'은 성장의 쇠퇴를 '국가적 위기'로 선동하지 않고 현실을 수용하는 태도에서 출발한다. '성숙'은 고령인구의 부양책임을 국가와 젊은 세대에게 요구하거나, 자본주의적 경쟁을 회피하고 생산성 향상의 효율을 거부하거나, 사회체제의 혁명적 변화를 추구하거나 하는 돌파력이 아니다. 구매력 없는 젊은이들이 '마이 홈, 마이 카' 소유를 체념하고 초식동물처럼 살아간다고 해서 그 '삶의 의욕'조차 무시할 수 없다. 그들이 신자유주의의 횡포와 격차 확대에 분노하여 데모하지 않는다고 해서 한심한 것도 아니다. 기성세대가 경험한 '애국=민주'의 틀을 벗어나도, 글로벌 사회에서 펼쳐질 삶의 가능성은 무궁무진하다. 고도성장 사회의 욕망과 가치 기준으로 포스트 고도(저)성장기의 미래를 준비할 수 없다.

---

19) http://data.worldbank.org/indicator/NY.GNP.PCAP.CD(검색일: 2014. 03. 11.)
20) Dennis Gabor, *The Mature Society*, London: Martin Secker & Warburg Ltd, 1972.

'성장'은 물리적 운동의 결과를 '수치'로 보여주고 국제사회의 승인을 얻으면 된다. 그러나 '성장'의 쇠퇴 과정에서 도달하는 '성숙'은 문화적 역사적 경험에서 배태되는 '연륜의 경험'이자 '개성적 분위기'로, 국제사회의 갈등을 직시하고 보편적 윤리 감각 속에서 문제를 조율해 내는 '문제해결 능력'이다. '성숙사회'라면 포스트 고도성장기의 젊은이들이 영토와 자원과 돈의 성취를 위해 공격성을 키우기보다, 소박한 소비에 만족하며 생태계의 선순환적 미래 질서를 창출해가도록 도울 것이다. 무한 경쟁이 지속되는 국제사회에서 어느 한 국가만이 성숙 지향성을 추구하기는 실질적으로 쉽지 않다. 사람들이 국경을 넘어서 최대한 공감하고 합의할 수 있는 가치와 체계를 일상생활에 구현하고 개개인의 의식 속에 내면화함으로써, 사회 전체의 문화적 가치 및 공공적 질서가 '성숙'해지는 것이리라. 그러한 사회문화 기반이 일국의 고도성장처럼 '빨리빨리' 실현될 리 만무하다.

소통과 협력, 정성과 인내 속에서 일본사회의 성숙을 돕고 우리의 성숙도 꾀할 수는 없을까? 기업들의 혁신경쟁은 글로벌 사회에서 더욱 치열하게 '따라잡기'를 반복하고 번복하겠지만, 글로벌 사회는 평화적 공존을 추구한다. 경쟁과 공존의 이중성이 갖는 분열은 결국 개별 사회의 '성장'이 아니라 '성숙'을 위한 국제적 공조와 상호 신뢰 속에서 극복될 것이다. 일본의 다양한 '성숙' 가능성을 일본의 역사와 문화, 정치 사회 구조 전반 속에서 치밀하게 탐구해내는 것도 새로운 일본연구의 가능성을 열지 않을까 생각한다. 그러나 '성숙'은 이 책의 화두가 아니었다. 이 책은 '성숙하지 못한' 일본사회의 불안과 상실감에서 출발했다.

5. '국민 주체'를 넘어 새로운 '윤리적 주체화'를 꿈꾸며

이 책은 포스트 고도성장기 일본의 사상·문화·표상을 다루기 위해 사상사, 정치학, 인류학, 종교학, 문학, 음악 전공자 7명이 참가한 학제적 공동연구의 성과물이다. 우리는 각각의 전공분야에서 포스트 고도성장기의 일본인들이 자신들의 문제를 진단하고 대응하며, 표상하고 치유하는 양상을 들여다보았다. 각자가 찾아낸 주제는 반미-아시아주의(조관자), 보수주의의 대중사회론(장인성), 위기의 국가전략과 평화담론(박정진), 젊은이들의 사회운동(박지환), 관계의 분열과 아이덴티티의 혼란(박규태), 청소년 폭력과 법치주의의 과잉 대응(남상욱), 향수의 정서와 문화소비(이경분)에 관한 것이다. 이 주제들을 다시 세 다발로 묶어서 3부 7장으로 구성하고, 서장에서 전체 논의를 아우르는 시대적 배경을 정리했다.

제1부는 일국적 민족주의가 강화되는 시대사상의 흐름, 그리고 고도화된 소비문화와 대중사회를 비판하는 보수주의 담론을 다룬다. 오구마 에이지는 전후 혼란기와 고도성장기에 생성된 일본의 '민주' 담론이 '애국' 정서를 먹고 자란 사실을 논증했다.[21] 그렇다면, 고도성장 이후에 전후민주주의를 비판하고 전후체제의 타도를 외치는 애국 정서는 또 어떤 '가치'를 탄생시키려 하는가? 조관자와 장인성의 논문은 이러한 궁금증을 자세하게 풀어주면서, 현재 일본의 사상운동이 갖는 문제점을 진

---

21) 小熊英二, 『〈民主〉と〈愛国〉 : 戦後日本のナショナリズムと公共性』, 新曜社, 2002.

단하고 새로운 사상과제를 제시한다.

제1장에서 조관자는 세기 전환기(1990-2010)에 일본과 한국에서 두드러졌던 '반미주체화'와 '아시아주의'가 미국의 쇠퇴와 중국의 부상이란 시대 변화 속에서 급격히 소멸된 이유를 전후 일본의 사상사적 맥락에서 밝힌다. 그에 따르면, 전후 일본은 고도성장 이후에도 '미국의 식민지'라는 콤플렉스를 버리지 않았고, '반미주체화'는 소비문화에 젖어든 일본인의 '사상적 식민화' 상태를 일깨우는 정언명령이었다. 일본의 대미관계는 '아시아 관계'와 대응하면서 변했지만, 대아시아 관계가 대미관계의 종속 변수는 아니라고 한다. 중심축은 일본의 국가적 방위 의식에 있으며, 대외관계는 시대 상황과 세계 패권의 역학 관계를 반영하는 변수라는 것이다. 이 글은 '반미주체화'를 우위에 놓고 '아시아의 평화와 해방'을 제시하거나 아시아주의의 한계를 지적한 모든 정치적 상상력에 대해 비판적으로 문제 제기한다.

흔히 탈냉전 이후 일본의 보수화와 우경화를 좌파 사상의 몰락으로 보는 견해가 일반적이다. 그러나 조관자의 연구는 일본의 보수화는 '반미 아시아주의'의 확산 속에서 진행되었으며, 우파 담론이 좌파의 전통적인 반미 자주화론과 민중적(풀뿌리) 민족주의를 흡수한 사실을 분석한다. 신자유주의 시대의 박탈감을 안고 사는 젊은이들의 '주체화' 욕구도 '강한 일본'을 재건하려는 내셔널리즘에 결합하고, 미일동맹과 평화헌법에 입각한 전후체제와 전후민주주의를 부정하는 태도로 이어진다. 이 연구는 '반미-진보-입아'와 '친미-보수-탈아'의 이항 대립적 인식구도를 넘어서, 일본 내셔널리즘의 교착과 갈등 구도 및 그 역사적 전개를 이해하는 데 도움을 준다. 아울러 이 글은 미국의 영향력이 쇠퇴하는 동아시아에서 새로운 질서를 구축할 주체의 '부재' 문제를 제기한다.

제2장에서 장인성은 일본의 경제발전으로 대중사회가 고도화하면서 보수화가 진행되고, 탈냉전과 지구화 맥락에서 커진 경제적·정치적 불안이 보수주의 운동을 강화한 현상에 착목한다. 그중에서도 이 연구는 대표적인 보수논객인 경제사상가 니시베 스스무(西部邁)가 1980년대부터 1990년대에 걸쳐 전개한 대중사회론과 전쟁평화론을 상세하게 검토한다. 니시베는 산업주의(근대화)와 민주주의(미국화)에 의해 일본인들이 목표와 가치를 상실하고 자기불안을 느끼게 되었다고 진단한다. 그는 쾌락주의와 평등주의를 빚어낸 산업주의와 민주주의의 과잉을 비판하면서 대중민주주의를 '회의'할 것을 주문하고, 고도 대중사회에서 배양된 상대주의 극복을 위해 공동체적 가치를 '신앙'할 것을 요구한다.

걸프전을 둘러싼 평화논쟁에서도 니시베는 진보적 평화주의를 의태(擬態)로 비판하고, 전쟁이 개인의 자유와 사회 질서를 규율하는 '공동환상'으로 기능함으로써 애국심이 강화되는 현실(리얼리티)을 수긍한다. 결국 니시베는 전쟁이란 파괴 상태를 상정함으로써 국가 방위를 실천할 '국민적 주체'를 소집하고자 한다. 국민 주체의 자각을 위해 '회의'와 '신앙' 사이의 평형감각으로 전통을 연마하자는 결론을 제시한 것이다. 이에 대해 장인성은 '전통'이 인위적으로 축적된 '공동환상'이라는 사실을 지적하고 '문화공동체'로 제시된 일본국가의 허구성을 비판한다. 이 연구는 일본의 보수담론이 국가와 전통을 강조하면서 진보적 역사관과 전면 투쟁에 나섰을 때 그들의 '평형감각'은 추락할 것이며, 대중사회에 대한 비판적 기능으로서 '회의적 보수주의'도 의미를 상실할 것이라고 충고한다.

니시베의 전쟁관과 전통론은 그와 공동전선을 펼치며 반미담론을 전개한 고바야시 요시노리의 만화 『전쟁론 3』의 결론과도 일치한다. 일본의 보수담론은 미일동맹을 근간으로 헌법개정을 막아 온 전후민주주의를 미국 추종의 산물, 또는 대중사회의 혼란으로 폄하한다. 보수주의의 전통론이 갖는 영향력은 미미하지만, 전후민주주의를 청산하고 '천황제' 공동체의 질서의식으로 국가 위기를 극복하자는 사상이 싹트고 있는 것도 사실이다. 이러한 시대에 니시베의 논리를 촘촘하게 추적한 장인성의 연구는 보수주의의 위험성에 대한 비판적 견제 시야를 넓혀줄 것이다.

제2부는 보수 담론과는 또 다른 한 축에서 일본의 위기를 진단하고 대응책을 모색하는 국가전략과 사회운동을 함께 모았다. 장기불황과 사회 양극화, 그리고 대미의존의 타개를 욕구하는 일본인들은 2009년에 전후 반세기 만에 야당 정권을 탄생시켰고, 2011년 이후 지금까지 탈원전 데모를 지속하고 있다. 그러나 민주당의 노다 정권은 원전 재가동을 결정했고, 아시아 외교에서도 보수적 흐름을 형성하다가 자민당의 아베에게 정권을 넘겼다. 이러한 흐름은 무엇이었으며, 어떻게 보아야 할까?

제3장에서 박정진은 아베 정권의 '적극적 평화주의'에 앞서, 과거 민주당 정권의 국가전략과 평화담론에 주목한다. 일본에서 국가위기에 대한 정치의식이 가장 선명하게 표출된 것은 아베 내각의 등장이 아니라 민주당 정권의 출범에 있었다고 보기 때문이다. 집권 이후 민주당은

동아시아 공동체 구상으로 중장기 전략 마련에 착수했고, 큰 폭의 시행 착오와 수정을 거치면서 '능동적 평화창조국가'라는 담론을 창출했다. 박정진은 대 한반도 정책을 중심으로 민주당의 국가전략을 검토하고, 아베 내각의 '적극적 평화주의'와의 연속과 단절을 논한다.

그에 따르면, 민주당 정권은 아베 정권과 같은 공식적 제도화를 실천하지 못하고 정책 규정력도 제한적인 상태에서 국가전략을 모색했지만, '능동적 평화창조국가' 담론은 그대로 '적극적 평화주의'로 승계되었다. 중국의 부상을 견제한 민주당 정권은 일본을 수동적 평화국가로 재인식하고, '경무장'에서 '중무장'으로의 이행과 평화헌법 개정의 필연성을 제기했으며, 국가전략의 중심을 동아시아에서 미일동맹으로 이동시켰다. 다만 민주당 정권은 대중 대미 관계에서 양 궤도 전략(Two-track approach)을 취한 반면, 아베 내각은 중국을 가상의 적으로 본다. 여기에서 '능동적 평화창조국가'론이 아시아주의가 아니었던 것처럼, '적극적 평화주의'도 미국 헤게모니에 의존하는 현상유지 전략으로만 보아서는 안 된다.

이 연구는 민주당 정권과 아베 내각의 국가전략에 수반된 평화담론이 평화국가의 특수성에서 벗어나 보통국가로 전환하기 위해 동원된 레토릭이자, 전통적 안전보장정책의 확장논리에 불과하다고 분석한다. 특히 아베의 적극적 평화주의가 상정하는 '보통국가'에는 대국 이미지가 잠재되어 있다는 것이다. 다만, 국민적 차원에서 비판과 논쟁이 아직 가시화되지 않았기 때문에, 정권의 평화담론은 아직까지 일본 전체의 담론으로 확장되지 않았다. 박정진은 일본 국내 평화헌법을 둘러싼 논의의 확산은 이제부터 시작될 것이며, 현시점에서 한반도 평화정착의 여부가 매우 중요한 국제적 요인이 될 것을 예상한다.

제4장에서 박지환은 후쿠시마 원전사고 이후 벌어진 탈원전(脫原發) 데모의 양상과 한계를 2000년대 일본사회의 시위문화라는 맥락에서 검토한다. 1970년대 이후 대중적인 데모가 사실상 사라졌던 일본사회에서 수십만 명이 참여하는 탈원전 데모가 일어났다. 박지환은 이 새로운 현상이 일어난 것은 원전사고의 위기에 대한 즉각적 반응이라기보다, 불안정한 사회적 조건을 정치적 변화의 계기로 전환시킬 수 있는 문화적 실천 형식이 존재했기 때문이라고 지적한다. '사운드데모'라는 축제 스타일의 시위가 이라크전쟁 반대운동에서 시작되어 비정규직 청년노동운동과 지역문화운동에까지 확산되었고, 드디어 탈원전 데모에서 기폭제 역할을 했다. 새로운 시위 양식은 양가적 의미를 갖는 것으로 분석된다. 그에 따르면, 유희적 행위의 재미는 일상의 불안 요소를 정치적 문제로 끌어올리고, 데모 참여자들의 자유로운 자기 연출을 가능케 한다. 하지만 재미야말로 탈원전 운동의 성공 요인인 동시에 제약요인이다. 자기 위안적 '재미의 정치'는 종래의 폭력적인 데모의 이미지를 불식하고 일반시민을 정치적 전선으로 이끄는 동인이면서도, 자연발생적 폭력이 이끄는 혁신의 가능성을 원천적으로 배제하는 원인도 된다는 것이다.

이 연구의 결론에서는 권력과 법치에 순응하는 '재미의 정치'가 현상 타개의 힘을 스스로 억제시키는 문제를 제기한다. 현재 진보적 시민단체 회원들이 매주 금요일에 소규모의 탈원전 데모를 지속하고 있지만, '반란의 의례'처럼 일상화되었을 뿐 정부의 에너지 정책 결정에 미치는 영향은 제한적이기 때문이다. 참여 민주주의는 대중들이 자기실현의 퍼포먼스를 펼치고 정치적 의사를 집결시키는 공공의 광장을 만들지만, 소비사회의 대중들은 '재미'와 '이권'을 넘는 정치적 역동성과 공공성을 좀처럼 창출하지 못한다. 이 연구는 포스트 고도성장기 대중의 정치적 주체화의 가능성을 묻고 있다.

그렇다면 과연, 원전의 방사능 피폭 가능성을 원천적으로 차단하는 '정치'는 어떻게 가능한가? 정부정책을 저지하는 결사투쟁을 벌이거나 원전을 폐기할 수 있는 정권을 새롭게 창출해야 하는가? 민주당 정권조차 원전 재가동을 용인했지만, 보수진영에서도 원전 반대론자들은 많다. 2014년 2월 도쿄도지사 선거에서 총리 출신의 두 노장 '고이즈미-호소카와'가 탈원전을 기치로 공동전선을 펼쳤으나, 도쿄시민들의 선택은 '성장 우선'의 현실주의였다. 그렇다고 니시베 또는 천황제론자의 주장처럼, 대중적 이기주의가 관철되는 의회제 민주주의를 '회의'하고, 국토보존이라는 공동체의 '신앙'을 집행할 수 있는 '천황제'로 회귀해야 하는가? 설령 일본이 탈원전 사회가 되었다 해도, 한국과 중국의 원전은 누가 어떻게 멈출 수 있겠는가? 이도 저도 마땅치 않다면, 미래의 완벽한 기술혁신을 기다려야 하는가?

비단 원전 문제만이 아니다. 공동체의 합의와 모든 합법적 의사 결정 과정에서 이해의 충돌과 손익의 격차, 사상의 대립과 방법의 차이가 복합적으로 수반된다. 이러한 근본적인 '정치와 소통'의 불가능성은 글로벌한 광역 사회에서 국가와 지역 사회, 그리고 원초적 사회 단위인 가족에 이르기까지 빈틈없이 재현된다. 시위 현장에서 '재미'를 찾을 수 있다면 그나마 숨통 트이는 사회임을 반증한다. 같은 규율이 적용되는 사회 안에서도 숨 막히는 일상을 견디지 못하고 관계의 단절과 균열의 상처를 껴안고 신음하는 사람들이 있다.

제3부는 그 신체적, 정신적 상처를 표상하는 영화, 청소년 범죄에 대응하는 사회담론, 상실감 치유를 위한 엔카의 소비문화를 다룬다. 일상을 지탱하게 도와주는 '관계'와 희망을 일깨워주는 '의미'의 상실은 새로운 표상과 오락 문화, 그리고 윤리(법) 담론을 만들어낸다. 그 다양한 문화적, 사회적 실천 속에서 '주체의 회복'은 어떻게 모색되고 있으며, 과연 새로운 '의미'를 희망할 수 있을까?

제5장에서 박규태는 우리에게는 아직 생소하지만, 세계적으로 주목받는 영화감독인 소노 시온(園子溫)의 영화 〈자살클럽〉(2001)과 〈노리코의 식탁〉(2005)을 소개하고 분석한다. 소노는 시적이고 철학적인 메시지를 담은 충격적인 폭력 장면을 연출하고, 기발하고 도전적인 터치로 섹슈얼리티를 묘사하는가 하면, 3·11 이후에는 소박한 방식으로 현실 참여적인 비전을 제시하는 영화도 만들었다. 박규태는 소노 영화를 통해 일본사회에서 변형되고 있는 아이덴티티의 문제를 심층적으로 규명한다.

우리는 태어나는 순간부터 국가, 사회, 가족의 수많은 관계 속에서 아이덴티티를 부여받는다. 그러나 소노 영화는 주어진 관계와 의미의 균열을 주시하고, '렌털 아이덴티티'로 형식적으로 살아가는 주체들에게 끈질긴 질문을 던진다. "당신은 당신과 관계하고 있습니까?"라고. 박규태는 소노의 문제의식이 포스트 고도성장기 일본의 특수한 정신적 위기감을 표출할 뿐만 아니라, 현대사회 일반의 구조적 병리 현상에 맞닿아 있음을 분석한다. 가령 〈자살클럽〉은 인터넷 카페에서 '금기의 자살'을 공유하고 향유하는 현대인들의 죽음 욕망을 보여주고, 사막(세계)을 건너는 낙타(주체)의 역할과 생명력을 사색하게 만든다.

박규태는 관계의 진정성을 묻는 소노 시온 영화의 집요함이, 존재의 충실감에 닿을 수 없는 현대적 일상의 위기를 단순히 재현하는 것이라고 보지 않는다. 소노 시온의 래디칼한 문제의식은 '새로운 윤리적 주체의 탄생'을 꿈꾸고 있다. 그 구체적 논증을 위해 박규태는 라캉의 정신분석학을 끌어들이고, 일본사회와 현대철학을 가로지르는 다층적인 해석을 구사한다. 이 연구는 소노 영화의 충격적이고 시적인 영상을 생생하게 재생시키는 묘미가 있다. 독자는 다소 난해한 정신분석학의 개념과 부닥치기도 하겠지만, 라캉과 지젝의 현대철학과 조우하면서 지적 상상력과 통찰력에 자극받는 즐거움도 누릴 수 있다.

제6장에서 남상욱은 소년범죄와 관련된 담론의 분석을 통해 현대 일본사회의 경직성을 고찰한다. 일본에서는 소년범죄가 출현한 원인을 고도성장과 소비사회로의 변동 속에서 규명해왔지만, 정작 소년범죄가 일본 사회의 변화를 초래한 현상에 대해서는 외면했다. 이러한 문제의식에서 남상욱은 1997년 고베에서 일어난 엽기적인 아동살해 사건과 '묻지마 살상' 사건의 영향력에 주목한다. 고베연속아동살상 사건은 일본의 '안전 신화'와 생활세계의 윤리적 질서 감각을 전복시키며, 마치 청소년 범죄가 증가한 것 같은 인식을 확산시킨다. 피해자 의식 속에서 생의 안

전을 지키고자 타자 배제를 당연시하는 감성이 자라나고, 미나토 가나에의 『고백』과 같은 복수의 감각을 일상화하는 문학작품이 탄생한다. 그 결과 소년법의 처벌 규정이 강화되고, 한동안 사회적 합의로 회피했던 사형 언도까지 부활한다.

　이 연구는 소년범죄에 대한 대응을 통해 일본이 포섭 사회에서 배제사회로 이동하는 점을 포착하고, 그 이면에서 배외주의 데모를 용납하는 사회 분위기가 형성되는 사실을 염려한다. 과거의 전쟁 범죄를 부인하는 불량한 윤리 의식만이 문제가 아니다. 오히려 과거의 폭력을 '제국주의 절대악'으로만 제기하고 평범한 일상의 폭력성을 돌아보지 않았던 '전후민주주의 교육'의 한계에 대한 문제도 제기된다. 타인 배제와 타살 욕망은 나의 분노 또는 자살 욕망의 전도된 표현이라고 볼 때, 우리는 다시 소노 시온의 질문을 떠올리게 된다. 우리는 인간 내부의 폭력성과 폭력으로 전도된 욕구를 성찰함으로써 "자기 자신과 관계하는"(소노 시온) 윤리적 주체가 될 때, 타자와 공생하는 사회에 한 발 가까이 접근할 수 있을 것이다. 이 연구는 일본과의 관계에서 일본을 '절대악'으로 내몰면서 스스로도 윤리적 주체가 될 책임을 방기하기 쉬운 우리 자신을 돌아보게 만든다.

　제7장에서 이경분은 1990년대를 전후한 엔카의 소비를 통해 일본 대중문화의 변모를 살피고 일본사회가 욕망하는 시대 정서를 분석한다. 엔카는 한국의 대중음악에서도 친숙한 장르이지만, 일본에서도 '마음신화'를 만들어낼 정도로 국민적 문화재로 취급받는다. 이 연구는 일본대중가요의 노스탤지어와 국민 정서의 상관성에 주목한 선행 연구 시점을

천착한 후, 대중의 엔카 소비 현상에 초점을 두고, 오사와 마사치(大澤真幸)가 '허구'의 시대로 명명했던 1990년대의 대중문화 정서를 분석한다. 이 연구는 1990년대 인기를 끌었던 방송 〈엔카의 하나미치〉 등 미디어에서 소비되는 엔카의 스테레오타입을 분석하고, 엔카의 인기가 상승한 원인을 과잉된 감정의 허구성과 픽션화, 그리고 '오리엔탈리즘적 향수' 정서로 서술한다.

1980년대 말 '가라오케 박스'의 대중적인 인기와 집단적 소비도 엔카의 부활에 기여했다. 그러나 시대 정서도 중요하다. 거품경제의 호화 소비와 테마 파크인 도쿄디즈니랜드(1983년 개원)로 상징되는 미국식 유희 문화가 정착한 1980년대 말부터 일본사회에서 사라져가는 것에 대한 애착심이 복고풍의 문화현상을 불러일으킨다. 1966년 비틀즈의 일본 방문 이후 젊은이들이 엔카에서 서서히 멀어졌다면, 대중문화의 미국화가 절정에 달한 시점에서 엔카는 국민적 문화로 소환되고 문화전통으로 승격된 것이다. 이 연구는 가라오케 박스 안이나 TV의 연출된 '고향' 영상에서 여유와 안도감을 찾는, 허구와 리얼리티의 경계가 사라진 현대 일본인의 마음의 풍경을 그려내고 있다. 제2장에서 본 니시베의 대중사회 비판론은 제7장에서 본 허구적 문화소비를 비판하는 내용이기도 하지만, 니시베가 제시한 '전통'도 마찬가지로 허구적 문화소비 속에서 재구성되는 것이었다.

이 책은 포스트 고도성장기 일본 생활세계의 변화를 살피고, 위기와 상실의 문제에 대응하는 각계의 움직임을 보수와 진보, 국가전략과 사회 심리, 표상문화와 문화소비에 걸쳐 두루 살폈다. 그러나 '상실의 시대'를 넘어설 구체적 가능성에 대해 아무도 딱 꼬집어 말하지 못했다. 다만, 공동연구의 결실을 모아놓고 우리가 발견한 핵심어는 '주체화'라는 낡고 익숙한 단어다.

냉전시대의 체제경쟁 속에서 고도성장기를 살아간 사람들은 국가 건설과 산업 발전의 주체, 또는 시민사회나 기업과 가족의 일원으로서의 아이덴티티를 정립할 수 있었다. 당시에 '주체의 결핍'을 문제 삼는 비판담론에서 상정하는 '주체의 완전체'는 민족적 자주성이나 계급적 당파성으로 채워지는 거대 주체였다. 포스트 고도성장기의 산업구조의 변화는 그러한 거대주체를 해체시켰고, 개인의 재능과 감각을 중시하며 새로운 생산과 소비의 주체를 요구했다. 그러나 정보화 사회, 고도 소비사회, 글로벌화 사회가 진전하면서 사람들은 복지국가의 축소, 가족의 해체, 사회의 양극화, 다문화 혼성과 다문화 경쟁의 새로운 문제에 직면하게 되었다. 그 결과, 개인의 아이덴티티도 혼란을 겪고 있으며, 국가적 위기의식과 배타적 사회심리가 팽배해지면서, 만들어진 전통 이념으로 새로운 국민주체를 확립하려는 보수적 사상운동이 활발해진 것이다.

이 책은 사상적 보수화와 정치적 우경화로 치닫고 있는 일본사회의 문제를 비판적으로 직시하면서도, 일본을 '절대악'으로 심판하기보다 일본과 함께 '성숙'해지기를 원하고 있다. 공동연구의 집담회와 학술대회에 참여한 토론자, 그리고 미지의 독자와 함께 꿈꾸는 미래가 있다면, 그 미래에 다가서기 위한 핵심어는 새로운 주체화에 있을 것이다. 상실의 시대를 넘어서는 미래는 '국민적 주체'가 아니라, '새로운 윤리적 주체'

를 기다릴 것이라고 믿는다. 성숙한 시선, 새로운 윤리적 주체를 구체적으로 밝히는 연구는 다음의 공동연구 과제로 남긴다.

제1부

시대사상과
대중사회론

현대일본생활세계총서 8

일본, 상실의 시대를 넘어서

반미주체화와 아시아주의의 이중변주*
세기 전환기(1990-2010) 일본의 사상 지형

조관자

1. 이항 대립적 인식 지형을 넘어서

세기 전환기(1990-2010), 일본과 한국에서는 반미의식이 고양하고 아시아 공동체 담론이 확산되었다. 하지만 미국 중심의 일극체제는 20년을 채 넘기지 못했다. 2008년 금융위기로 미국의 위신이 추락하고 2010년부터 중국이 일본을 초월하여 GDP 세계 2위의 강국으로 부상했다. 그러자 역설적인 배반 현상이 일어났다. 미국 헤게모니에 저항하던 동아시아 담론이 맥없이 사라지고, 영토 분쟁까지 터지면서 동아시아 내셔널리즘이 노골적으로 충돌한 것이다. 한일 간에 추구된 '공동의 역사인식'을 위한 노력도 한갓 '공동환상'으로 남고, 외교적 갈등도 교착 상태에 빠졌다. 본 연구는 이러한 현상이 일어난 사상사적 배경과 인식 문

---

* 이 글의 초고는 『아세아연구』 156호(아세아문제연구소, 2014. 6.)에 게재되었다.

제를 검토함으로써, 앞으로 동아시아의 사상과제를 찾는 새로운 계기가 되기를 희망한다.

　　한국에서는 2010년 무렵까지 '미국-일본-아시아'를 잇는 일본의 지정학적 사상지형을 비교적 명쾌한 이항대립 구도 속에서 그려왔다. 즉, '친미-보수-우익-개헌'과 '반미-진보-좌익-호헌'의 정치적 대립 구도 위에서, '탈아입구(대미종속-미일동맹)'와 '반미입아(대미자립-아시아 연대)'의 전략이 길항하는 모습으로 인식하는 것이다(〈표 1〉). 이러한 대립 구도는 냉전시대에 평화와 반제민족운동의 사상을 주도한 좌파적 패러다임의 산물이기도 하다. 그러나 현실의 정치적·사상적 지형에서는 〈친미-친아시아/ 친미-반아시아/ 반미-친아시아/ 반미-반아시아〉의 유형을 모두 찾아볼 수 있으며, 상황의 변화에 따라 정치적 입장과 사상적 입장이 어긋날 수도 있다.

〈표 1〉

친미-보수-우익-개헌-무장	반미-진보-좌익-호헌-평화
대미종속-미일동맹[탈아입구]	대미자립-아시아 연대[반미입아]

　　다만, 이 연구의 목적은 현실 정치의 판도를 정확하게 그려내는 것이 아니라, 사상 담론의 역사적 재편 양상을 분석하는 데 있다. 이 글은 특히, 세기 전환기 일본에서 두드러졌던 사상운동으로서 '반미주체화'와 '아시아주의'에 초점을 맞추고자 한다. 이러한 접근은 이항 대립으로 설명할 수 없는 일본 내셔널리즘의 갈등 구도와 역사적 전개를 이해하는 데 도움을 줄 것이다.

'반미주체화'란 점령하에 제정된 평화헌법과 상징천황제를 비판하며 미일동맹을 대미종속으로 인식하는 사람들이 일본의 자주성을 회복하고자 하는 의식과 운동을 가리킨다. 그 역사적 실체를 보면, 좌·우의 각 정파에 따라 입장이 다르고 시대 변화에 따라 의견이 변하기도 한다. 좌파(일본공산당)는 애초에 혁명적 무력행사를 옹호하기 위해 평화헌법에 반대했지만, 한국전쟁을 계기로 일본의 재무장이 허락되자 호헌과 평화주의로 선회했다. 탈냉전으로 인한 진영이념의 약화와 국가적 안보위기의식의 강화 속에서 개헌의 필요성을 인정하는 여론은 좌·우파를 막론하고 전체적으로 증가 추세다. 다만 현실 정치의 우경화와 국제적 갈등의 고조를 견제하기 때문에 개헌 개정에 신중한 자세를 유지하는 모습이 보인다.[1]

우파는 상징천황제를 옹호하고 미일동맹에 찬성하는 것으로 알려졌다. 하지만, 미시마 유키오(三島由起夫)가 일본 군대의 최고 통수권자로서 천황의 절대적 권위 회복을 호소하고 할복한 1970년 이후, 상징천황제와 평화헌법을 비판하는 신우익의 공공연한 목소리가 울리기 시작했다. '민족파'의 신우익은 '반미'와 '반소'를 동시에 외치며 '자위대의 군대화'를 통한 '무장평화'를 주장했다. 이들은 신좌익 학생운동의 학원 장

---

1) 2014년 3월 산케이신문과 FNN의 합동여론 조사에서는 아베 정권하에서 신중 자세를 견지한 공명당의 노력으로 개헌 개정의 찬성론자가 '개정 반대'로 역전하는 현상도 나타났다. 2013년 3월 조사에서 찬성 61.3%, 반대 26.4%였던 것이, 2014년 1월 조사에서 찬성 44.3%, 반대 42.2%로 변하고, 2014년 3월 조사에서는 찬성 30%, 반대 42.2%로 역전한 것이다.
http://sankei.jp.msn.com/politics/news/140331/plc14033123110017-n1.htm (검색일: 2014. 5. 21.)

악에 대항하여 1966년에 등장했지만, 1970년대 신좌익의 소멸과 함께 쇠
퇴했다가 1990년대에 '반미보수'의 등장과 함께 화려하게 부활했다. '민
족파 우익'은 미국으로부터 수혈받은 전후민주주의와 소비문화를 탈각
하고 천황제의 정치적, 문화적 '전통'을 복원하는 '문화방위'를 추구한다.

전후 일본의 우파는 시대에 따라 여러 분파를 형성하며 변천했는
데, 그 갈래와 사상적 차이 및 용어 규정은 별도의 연구 과제로 남긴다.
다만, 이 글에서는 패전 이후에 반공과 친미를 대표한 보수(제도권의
정치적 문화적 세력)와 우익(제도권 밖에서 좌익 운동에 대립한 전범과
폭력단), 1966년에 등장한 반미 민족파의 '신우익', 1990년대 후반에 등
장한 '반미보수'에 주목하고자 한다.[2] 2000년대 이후에 이들 우파가 혼
재된 채, 일본의 개혁 담론과 대중운동을 주도하고 있다. 반미 민족주의
와 '자주헌법' 개정론은 탈냉전 이후에 발언의 장을 꾸준히 확대하는 중
이다. 최근 인터넷에 떠도는 동영상에서 천황제로 돌아가 국가적 위기
를 극복할 수 있다는 '우익 혁명'적 발언을 찾는 것은 그다지 어렵지 않
다.[3]

---

2) '신우익'은 친미우익과의 차별성을 주장하며 '우익' 용어를 거부했고, '반미보
  수'는 미국의 승리사관(동경재판사관)과 좌익의 계급사관(코민테른사관)이
  '우익=전범'의 역사적 이미지를 만들어낸 것이라고 비판하며 '우익' 용어를
  거부했다. 신우익인 일수회(一水會)의 대표로 활동하는 기무라는 2000년대
  의 넷우익은 '타민족 존중'이라는 민족파 우익의 이념을 결여하고 폐쇄성에
  떨어졌으며, 고바야시 요시노리 만화의 가벼움에서 보듯이 문제의식의 진
  정성이 없다고 비판한다. 木村三浩, 「總保守化を檢討する」, 『右翼はおわって
  ねえぞ! 新民族派宣言』, 雷韻出版, 2001, 73-100쪽.
3) 2004년부터 보수계의 토론 프로그램 제작 및 동영상 배포를 전문으로 삼는
  '일본문화채널 사쿠라(日本文化チャンネル桜)'에 출연하는 민족주의자들 중
  에서 미국식 전후민주주의의 대안으로 일본 공동체에 고유한 천황제 직접

'아시아주의'란 서양 문명과 패권에 대응하여 아시아의 문화적 공동성과 연대의식을 강조하는 지역 협력주의와 그 실천을 의미한다. 일본에서 아시아주의는 서세동점의 1880년대에 태동했으나 일본의 식민지 팽창과 대동아공영권 건설에 협력함으로써 '연대'와 '침략'이란 양날의 행적을 남겼다. 일본의 패전 후 아시아주의는 좌파의 '인민연대'와 결합하여 동아시아 공산화 혁명을 추진하는 양상을 보인다. 하지만 한국전쟁의 휴전 협정 이후, 1955년에 일본공산당은 비합법 무장투쟁에서 합법적 의회투쟁 노선으로 돌아선다. 사회주의 혁명을 향한 인민연대의 흐름은 1966년 중국공산당이 일본공산당에게 문화대혁명을 수출하고자 의도하면서부터 결정적으로 악화되었다.[4] 한편, 1965년 한일수교와 1972년 일중수교로 이어진 데탕트 분위기를 타고, 아시아주의는 국가적 교류로 수렴되었다. 비록 역사인식 논쟁과 국가체제의 갈등이 상존했지만, 한·중·일의 관계는 2010년 무렵까지 비교적 원만하게 지속된 것으로 평가할 수 있다.

종군위안부 문제가 불거졌던 1990년대 일본에서는 오히려 '전후책임'론이 부상하고 '국민적 책임 주체'의 부재를 문제 삼는 발언들이 증가했다.[5] 일본 국민이 스스로 전후 책임의 주체가 되자는 차원에서 민관

통치를 제시하는 경우를 볼 수 있다.

4) 일중우호협회 ·일조우호협회 등을 통해 진보적 지식인과 재야 단체들의 교류는 지속했다. 내재적 발전론도 동아시아 진보 진영의 역사학적 교류를 보여준다. 조관자, 「내재적 발전론의 네트워크, '민족적 책임'의 경계-가지무라 히데키와 그의 시대, 1955-1989」, 『아세아연구』 153, 2013. 9., 332-349쪽.

5) 大沼保昭, 『東京裁判から戰後責任の思想へ』, 東信堂, 1997; 高橋哲哉, 『戰後責任論』, 講談社, 1999.

협동으로 '아시아여성기금'을 발족시키고 군위안부 피해자에게 보상하기를 원한 적도 있다. 그러나 주지하다시피 일본 국가의 공식적 배상 책임을 추궁한 한국 측(정신대문제대책협의회)이 '아시아여성기금'의 제안을 거절했고, 거꾸로 일본의 국가적 책임의식은 증발하고 말았다.[6] 한국인들은 일본의 파렴치에 분노한다. 반면에 '무한 사죄'의 국가적 책임 추궁을 '굴욕과 억압'으로 받아들이는 일본인들은 '친미-친아시아'의 국가 기조를 무시하고 '반미-반아시아'적인 발언을 내뱉으며 야스쿠니신사 참배를 고집한다.

　　동아시아 질서를 위협하는 갈등의 본질은 '일본의 우경화'라는 말로 다 표현될 수 없다. 작금의 문제는 과거의 불행과 갈등을 극복하려는 윤리적 감각과 지혜가 국가의 정치적 책임 논리와 국가적 이해관계에 갇혀 돌파구를 찾지 못하는 형상이다.[7] 유대인 학살을 심판하고 사죄한 유럽에서도 자신들의 식민 지배를 공식 심판하고 보상하지 않았지만, 오늘날 식민주의와 전쟁 폭력을 거부하는 것은 인류의 보편적 윤리 감각이다. 식민 지배에 찬성하거나 전쟁 폭력을 반복하려는 '미친 일본인'은 거의 없다. 그러나 일본조차 '미국의 식민지'로 규정해 온 동아시아에서는 내셔널리즘과 집단기억이 보편적 윤리감각을 밀어내고 있다. 문제는 한국의 언론이 내셔널리즘의 충돌 문제를 외면하고 '일본의 우경화'만을 비판하면서, 여전히 냉전시대의 좌파적 인식 패러다임에 갇혀 있

---

6) 박유하, 『제국의 위안부-식민지지배와 기억의 투쟁』, 뿌리와이파리, 2013, 167-191쪽.
7) 조관자, 「'우경화'의 마법 풀기-내셔널리즘의 충돌과 보편 윤리의 획득」, 『일본비평』 10호, 2014. 2., 7-12쪽.

다는 점이다.

일본의 사상 지형에 대한 이항 대립적 인식 구도는 『일본비평』 창간호(2009/08)의 특집 주제 '현대 일본사회의 형성과 미국'에 실린 논문들에서도 확인된다. 미국의 점령권력하에서 사산된 천황제의 전쟁책임 문제를 다룬 박진우의 논문 「상징천황제와 미국」은 일본과 아시아에서 '신뢰 회복과 공존'의 과제를 대미종속의 극복에서 찾는다. 그 맺음말의 한 구절에서는, "'친미'와 '반미'의 딜레마는 일본이 아시아에서 신뢰를 회복하고 아시아 속에서의 공존을 모색할 것인지 아니면 계속해서 아시아이기를 거부하고 대미종속에 머물 것인지의 문제이기도 하다"고 지적한다. 여기에서 딜레마란 일본의 보수세력이 대미종속에 대해 회의하기 시작했으나 여전히 미국에 의존하는 상황을 이르는 말이다. 인용문의 앞에서는 "헌법을 개정하여 자위대의 군사행동"을 허용하는 것도 "오히려 대미종속적인 군사행동"으로 귀결되며, "미일안보에 의존하고 있는 한 진정한 의미에서의 '반미'를 표방하기" 어렵다고 말한다.[8]

이러한 '대미 자주-아시아 연대'의 해법은 1945년 이후 동아시아 진보진영에서 추구한 전략적 가치이자 실천 방향이기도 했다. 그러던 것이 2000년대에 세계적인 반미의식의 고취 속에서 일본과 한국의 지식사회에서도 '친미의 극복'이 사상 과제로 유행했다. 동아시아 좌파 진영의 연대 관계에서 형성된 '반미-아시아주의'는 그러나 동아시아 내부의 역사적 갈등과 내셔널리즘의 견고한 장벽을 홀시했다. 그렇기 때문에

---

8) 박진우, 「상징천황제와 미국」, 『일본비평』 1호, 2009. 8., 58-59쪽.

2010년 이후 영토분쟁이 격화되자 '반미'도 '아시아주의'도 동아시아 각국의 내셔널리즘에 흡수되는 모습을 보인 것이다. 미국 패권이 쇠퇴했음에도 불구하고 동아시아 평화론이 '공동환상'으로 끝나려고 하는 이유를 밝히는 사람들은 아직 없다. 그저 일본 좌파의 '몰락'과 '우경화'를 탓하는 소리가 여기저기서 마구 들릴 뿐, 아시아의 미래 질서를 전망하고 사상과제를 제시하는 혜안은 좀처럼 만날 수 없는 현실이다.

한편, 『전후 일본, 그리고 낯선 동아시아』(2011)에 수록된 박철희의 논문 「일본 자민당 정치세력의 동아시아관－1960년대와 1990년대의 비교」는 일본 보수세력 내부의 동아시아관이 '화해 외교'(사과 외교)와 '자주외교'(야스쿠니신사 참배) 등으로 분열되는 과정을 밝혔다. 이 연구는 보수 세력이 아시아와의 관계 설정에서 갈등하는 문제를 밝혔지만 '반미'의 문제는 다루지 않았다. 1990년대에는 자민당의 친미 기조 속에서 보수세력 스스로가 반미 정서를 적극적으로 드러내지 못한 까닭도 있다. 일본의 반미의식과 아시아주의의 상관성에 대해 언급한 괄목할 만한 연구는 아직까지 일본에서도 찾을 수 없다. 그렇다면 일본에서 반미주체화는 어떻게 제기된 것이며, 아시아주의와의 연동 관계는 어떻게 인식하는 것이 바람직한가? 이하 본론에서는 먼저, 일본에서 반미주체화와 아시아주의가 갖는 역사적 상관성을 고찰한다. 다음으로, 탈냉전 이후 일본에서 반미보수화가 좌파 사상을 흡수하는 형태로 진행된 사실을 밝히고자 한다.

2. 반미주체화와 아시아주의의 이중변주

　　일본의 근대화는 미일수교에서 시작해서 대미전쟁의 패배로 끝났고, 전후 일본의 시작은 미일동맹에 입각해 있다. "근대 일본인의 삶을 송두리째 뒤바꾼 두 번의 체제 교체가 모두 미국의 입회하에 이루어진 것"이며, 일본사에서 근대와 현대를 구분하는 역사적 기준도 대미관계에서 제공되었다.9) '민족파 우익'의 스즈키 구니오는 친미든 반미든, 좌익이든 우익이든, 전후 일본에서 "아메리카를 생각하는 것은 일본을 생각하는 것"이 된다고 말한다.10) 근대 이후 지금까지 일본의 국가 정책과 국익에 결정적 영향을 미치면서도 '민족적 자존감'을 건드려온 타자는 다름 아닌 미국이었던 것이다.

　　일본에서 아시아 '인민연대'가 좌절하고 안보투쟁이 수습된 후에도 '탈아'와 '아메리카화' 현상을 비판하고, 소비사회에 안주한 탈정치화 현상을 자조하는 담론은 꾸준히 발신되고 있었다. "안락의 파시즘"에 빠진 '주체 부재'를 문제 제기하는 것이다.11) 그 내용은 다음과 같이 정리할 수

---

9) 윤상인, 「'말 걸기'를 시작하며」, 『일본비평』 1호, 2009. 8., 11쪽. 서양 중심의 시간의식을 거부하는 국수주의와 일본사 담론에서는 천황의 원호에 입각한 메이지(明治), 다이쇼(大正), 쇼와(昭和 전기/후기), 헤이세이(平成)라는 시대 구분법을 사용한다. 문명개화 이후에 태음력을 과감히 청산하고 태양력을 채택한 일본이지만, 일본의 행정 서류는 여전히 원호로 작성된다.

10) 鈴木国男, 『愛国と米国』, 平凡社, 2009, 10쪽.

11) 후지타 쇼조는 고도성장기의 생활양식이 갖는 사상적 문제를 제기해 왔으며, 그의 에세이 "'안락'의 전체주의─충실을 되찾아야 한다"에 집약적으로 표현했다. 藤田省三, 「全体主義の時代経験」, 『藤田省三著作集 6』, みすず書房, 1997, 29-41쪽.

있다. 즉, 전후 일본이 미국의 세계전략에 포섭되어 천황의 전쟁책임을 면피하는 등, 일본인 스스로가 아시아에 대한 전쟁책임을 청산할 기회를 상실했다. 세계 최초의 원폭 피해국인 일본이 미국에 군사기지를 제공하고 미국의 핵우산하에서 베트남전쟁, 이라크전쟁 등에 참여하여 '평화헌법'을 위반하고 미국의 아시아 침략을 원조했다. 위선적인 평화의식과 미국식 소비문화의 안일한 풍요에 빠진 일본은 결국 미국발 글로벌리즘과 신자유주의적 개혁으로 일본식 경영전통을 상실하고 사회적 격차를 확대시켰다. 일본인 스스로가 피폭의 역사를 망각하고 미국식 원전 개발을 수용하여 일본 국토의 안전을 훼손했다는 식의 정형화된 논조다. 이러한 반미 기조의 평화·문화·경제·탈원전 담론은 천황제의 전쟁책임론을 제외하면, 좌익과 우익(반미보수) 담론에 거의 공통되는 주제들이다. 아시아에서 식민지를 경영한 일본이 아시아의 다른 어느 나라보다 치열하게 '미국의 식민지'라는 민족적 콤플렉스를 키우면서 독립운동을 수행해온 셈이다. '반미주체화'는 경제대국 일본에서 소비문화에 젖어든 '사상적 식민화' 상태를 일깨우는 정언명령(categorical imperative)이었던 것이다.

일본의 대미관계는 '아시아 관계'와 대응하면서 변화했다. 일찍이 서세동점의 시대에 존왕양이론(尊王攘夷論)의 병학 사상가들은 일본과 아시아를 연결시켜 국가방위 전략을 구상하고 실천했다. 양이론의 지도자인 요시다 쇼인(吉田松陰)과 정한론의 제창자인 사이고 다카모리(西鄕隆盛)는 모두 일본의 '주권선' 보호에 필요한 조선과 만주의 경영 문제를 일찌감치 제기한 군사적 책략가들이다.[12] 한편, 대륙낭인의 지도자로 꼽히며, 김옥균을 지원하기도 했던 도야마 미쓰루(頭山滿)는 정한론과 자유민권운동을 대표하는 이타가키 다이스케(板垣退助)와 교류했던 것으로 알려졌다.[13] 결국 메이지 정부와 지배 권력에 대립한 일본의 재야세력이 모두 아시아에 대한 침략과 연대에 관련되었던 것이다.

근대 이후 일본 민족주의의 '지사'와 '열사'들은 미국(서양)과 아시아 사이에서 일본의 운명을 생각하고 행동했다. 미국과 불평등 조약을 체결한 막부를 토벌하고자 궐기했던 하급 무사들, 메이지 유신을 아시아에 수출하여 백인제국주의에 맞서려던 대륙낭인들, 대동아공영권 건설을 위해 '대미성전'에서 산화한 병사들, 1950년 미군의 한국전쟁 참전을 저지하고 일본 혁명을 꾀하려던 일본공산당의 비밀 무장조직들(재일조선인의 '조국방위대'를 포함), 1960년대에 안보투쟁과 반전반핵운동을 벌인 신좌익, 1970년대 '친미 반공 우익'에 반대한 '민족파 우익'과 베트남전쟁에 반대한 시민들, 오키나와의 일본 반환과 미군기지 철수를 외친 평화주의자들…. 정도의 차이는 있지만, 일본의 근현대사에서 '유신, 혁신, 혁명, 평화' 투쟁에 나섰던 투사들에게서 모두 반미와 아시아주의의 이념과 정서를 발견할 수 있다.

제1차 세계대전 이후의 세계적 패권 구도와 동북아시아의 끝자락 태평양 연안에 접한 일본의 지정학적 환경에서 일본의 정치적 의식과

---

12) 일본의 '주권선' 확보를 위해 중국·조선을 '이익선'으로 설정하고 방어할 군사 전략을 제시한 야마카타 아리토모(山縣有朋)는 이토 히로부미와 함께 요시다 쇼인(吉田松陰)의 제자로 유명하다.
13) 頭山滿, 『アジア主義者たちの声 Vol.1 玄洋社と黒龍会, あるいは行動的アジア主義の原点』, 書肆心水, 2008.

무의식에 결정적 영향력을 행사한 타자는 미국이었다. 그러나 그렇다고 해서, '반미주체화'를 위해 '아시아주의'가 동원되거나, 둘 사이에 주종 관계가 있는 것으로 이해하면 곤란하다. 만주사변 이전 일본의 대외관계에서는 미국보다 러시아(구소련)가 중요 변수로 작동했다. 일찍이 18세기 후반부터 일본에서는 러시아 이국선의 출현에 대응하여 다양한 해방론(海防論)이 제기되었다. 난학을 통해 서양 정보를 입수했던 당시의 경세가와 병학자들은 에조치(蝦夷地) 개발과 해외영토의 획득, 서구와의 교역과 중상주의 정책에 의한 부국론까지 제기했다.[14] 영일동맹 (1902-1923)은 러시아를 견제한 선택이었고, 러일전쟁의 승리로 일본은 서구와 경쟁하는 제국의 반열에 진입했다. 코민테른이 천황제 타도를 일본혁명의 제1단계 목표로 제시한 1927년부터 일본공산당의 혁명운동이 활발했던 1950년대 전반까지, 일본에서 구소련의 존재감은 미국 못지않게 중시되었다. 당시 우파는 '일본공산당의 대소종속'을 비판했고, 북방영토의 탈환 문제는 전후 일본의 숙원으로 남아 있다. 중국이 부상한 오늘날에는 중국 변수가 중요해진 만큼 미일동맹의 전략적 가치가 재인식되는 분위기다.[15]

---

14) 에조치는 현재 홋카이도를 가리키는 에도시대의 명칭으로, 당시에 러시아를 가리키는 말이기도 했다. 해방(海防)론과 부국(富國)론을 구축한 인물과 대표 저작으로 구도 헤이스케(工藤平助, 1734-1801)의 『赤蝦夷風説考』, 하야시 시헤이(林子平, 1738-1793)의 『海国兵談』, 혼다 도시아키(本多利明, 1743-1821)의 『経世秘策』, 『渡海日記』, 사토 노부히로(佐藤信淵, 1769-1850)의 『混同秘策』 등이 있다.

15) 2009년 9월, 미군 신기지(오키나와 헤노코) 이설에 반대 공약을 내건 민주당이 정권교체에 성공했지만 결국 공약 이행을 포기했다. 센카쿠에서 중국어선과 일본 해상보안청이 충돌한 사건 이후 중국에 대한 위기의식이 고조되

따라서 일본의 대아시아 관계를 대미관계의 종속 변수로 고정적으로 보아서는 안 된다. 기준은 대외관계가 아닌 일본의 국가적 방위 의식에 있으며, 대외관계는 그 자체가 시대 상황과 세계 패권의 역학 관계를 반영하는 변수일 뿐이다. 따라서 이 글의 제목에서 '이중변주'로 밝혔듯이, '반미주체화'와 '아시아주의'는 단순한 수직적, 수평적 결합을 이루는 대응관계가 아니라, 시대 상황에 따라 조응하면서도 독자적 의미 연쇄를 이루는 두 개의 선율로 보아 마땅하다. 바꾸어 말하자면, 이 글은 반미주체화를 우위에 놓고 '아시아의 평화와 해방'을 제시하거나 아시아주의의 한계를 지적한 모든 정치적 상상력에 대한 비판적 문제 제기로 보아도 좋다.

3. 탈냉전과 일본 전후체제의 균열

1990년대에는 냉전 진영의 구속력에서 풀려난 각지에서 민족 갈등과 국지전이 분출했다. 나 홀로 승리한 슈퍼맨 미국은 정의의 해결사를 자처하며 분쟁의 소탕에 분연히 나섰다. 2001년 9·11테러는 미국 중심의 세계질서에 대한 정면 도전이었고, 테러와의 전쟁을 선포한 미국은 세계평화의 통치자로서 행군을 지속했다. 그리고 미국이 통치하는 세계화의 시대에서도 민족주의는 여전히 세계 정치의 향방을 결정하는 중요한

고 '전략적 친미' 기조는 재차 강조되었다.

권력으로 작동했다.[16]

세기전환기의 세계사에서 두드러진 경험은 '네오내셔널리즘의 분출'과 '글로벌리즘의 진전'이라는 상반된 역학 운동으로 집약할 수 있겠다. 그 변화의 특징은 통합과 배제, 응집과 팽창, 탈(脫)경계와 재(再)경계, 세계화와 지역화와 같은 모순된 방향성의 동시 진행으로 설명된다. 바야흐로 유럽연합의 탄생에 이어 미국이 글로벌 거버넌스로 기능하는 세계제국이 탄생할 것인가? 주권국가의 한계를 벗어나 전 지구적 문제에 응답하려는 '미래 상상력'이 발동하였고, 세계 통치의 가능성과 불가능성을 가늠하려는 듯이 제국(사) 연구도 활발히 전개되었다.[17] 그리고 탈냉전으로 미국 패권이 부상하는 가운데, 냉전의 가장 큰 수혜국이었던 일본에서는 전후체제(전후 레짐)의 균열이 시작되었다.

1990년 무렵, 경제대국 일본은 정치대국으로의 도약까지 꿈꾸고 있었다. 정치대국 노선은 미일의 정치 경제 군사적 협력관계의 실질적 강화를 의미했다.[18] 이를 위해 경제회복을 우선시킨 '요시다 독트린'으로

---

16) Jerry Z. Muller, "Us and Them–The Enduring Power of Ethnic Nationalism", *Foreign Affairs*, March/April, 2008, pp.18-19.

17) 새로운 제국 연구는 '자본주의 최후 단계로서 제국주의'를 종식시키려는 레닌의 혁명론이나 '매판적인 반민족 세력을 타도하려는 마오쩌둥의 민족해방론'을 벗어나 있었다. 제국과 식민지는 중심과 주변의 길항관계에서 다시 포착되었다. 사람·권력·자본의 경계 이동 또는 문화의 혼성·혼종을 연구하는 흐름도 형성되었다. 한국에서는 2001년에 마이클 하트와 안토니오 네그리의 공저『제국』이 번역되어 대중적 관심 속에서 베스트셀러로 등극하는 현상도 생겼다. 일본의 제국연구는 서정완·임성모·송석원 편,『제국일본의 문화권력』(한림일본학연구총서I), 소화, 2011에 수록된 다수의 번역논문에 자세하다.

18) '중견국가' 외교노선은 중국 부상으로 세계 헤게모니가 다원화된 2000년대

부터의 탈각, 즉 안보문제를 미국에 의존하고 국제분쟁에 소극적 저자세로 관여하는 평화주의 노선이 수정되었다.[19] 이러한 흐름은 1980년대 신자유주의로의 정책 전환에서 리더십을 발휘한 나카소네 야스히로 정권(1982-1987)에서 시작했다.[20] 1981년 소련의 핵 우위에 위기감을 느낀 레이건 정부가 일본에 군사비 분담을 요구했을 때에도 당시 스즈키 젠고(鈴木善幸) 수상은 평화헌법을 이유로 거절했다. 그러나 나카소네 수상은 세계평화를 위한 '강력한 미국'(Pax Americana)의 군사비 분담 요구를 수용하고 한미일의 군사방위 협력을 강화한다. 한국의 진보진영과 중국정부는 그러한 일본의 행보를 '군국주의 부활'과 '우경화'로 비난했고, 일본 내 평화주의, 민족주의 세력도 대미종속의 심화를 비판했다.[21]

일본과 미국이 '넘버원'의 경제대국을 다투자, 일본의 보수진영에서도 독자적인 아시아 협력 방안을 제기했다. 1989년, 소니 회장인 모리

후반에 등장한다. 2005년부터 2010년까지 일본 외무성은 영향력 있는 중견국가(middle power)를 지향하고, 1998년 핵폐기를 위해 국제NGO네트워크가 설립한 Middle Powers Initiative에 참가했다. 외무성 보도자료, 「中堅国家構想(MPI)訪日団による岡田外務大臣表敬」(2009. 12. 21.).

19) 片岡鉄哉, 『日本は「政治大国」になれる : "吉田ドクトリン"からの脱却』, PHP研究所, 1992.

20) 나카소네 정권의 국영기업 민영화 정책에 관여한 경제학자 가토(加藤寛, 『日本の時代が来る : 政治大国への条件』, 山手書房加藤, 1981)도 자본주의 구조개혁을 통한 정치대국화를 논하고 있다.

21) "나카소네訪韓(방한) 반대", 『경향신문』 1면, 1986.08.30. 나카소네 외교와 그에 대한 평가에 대해서는 "中曽根外交第一幕の選択—訪韓→訪米", 『朝日ジャーナル』 25(3), 1983. 1. 21., 10-21쪽; 増山栄太郎, 「サミット後の中曽根外交—「政治大国」への重要な契機(世界の焦点)」, 『世界週報』 64(23), 1983. 6. 14., 4-5쪽; 中原正一, 「"政治大国化"狙う竹下首相—憲法の枠を越え"禁じられた火遊び"(政界メモ)」, 『公明』 319号, 1988. 8., 54-59쪽.

타 아키오(森田昭夫)와 소설가 출신의 정치가인 이시하라 신타로(石原愼太郎)가 공동 집필한 『"노"라고 말할 수 있는 일본』(『「NO」と言える日本』)이 출판되었다. 이 책은 미국의회에서도 촉각을 곤두세울 정도로 선풍적 반향을 일으켰으며, 이 책의 마지막 장에서 다룬 주제는 "아시아와의 공생"(日本はアジアと共に生きよ)이다. 모리타는 일본기업의 공동체적인 경영윤리가 미국기업의 이윤추구 논리보다 우월하여 미국의 대일무역적자를 가져왔다고 주장하며, 일본경제인이 미국의 '일본 때리기'에 당당히 대처할 것과 세계경제, 특히 아시아의 부흥에 기여할 것을 강조한다. 그러나 1980년대 일본의 풍요 속에서 미일동맹을 근간으로 삼았던 '전후민주주의'가 동요할 징후는 보이지 않았다.

전후체제의 균열은 걸프전쟁의 참전에서 시작된다. 1991년 걸프전쟁에 다국적군이 투입되자 일본은 미국의 전쟁 비용에 총 135억 달러를 지불하고 1992년에 유엔의 평화유지활동(PKO)에 참가한다.[22] 이 과정에서 일본은 국제사회로부터 '돈으로 때운' 국제 공헌이라는 비판을 듣고, 국내에서도 평화헌법에 위배되는 '자위대의 파견'이라는 양가적 비판을 듣게 된다. 석유자원의 안정화를 위한 국제공조에서 정치대국으로 인정받기는커녕, 전후 일본의 아킬레스건인 미일동맹과 평화헌법의 모순만 심각하게 부각된 셈이다. 냉전시대에는 현실과 이념의 모순이 당파적 경계와 진영논리에 묶여 있기 때문에 오히려 '모순'을 덮어 두고 진영 내부를 통제할 수 있었다. 그러나 냉전의 해체로 당파성은 무력해진

---

22) 걸프전쟁 관련 기록은 外務省北米局長·佐藤行雄の答弁, 「参議員 － 決算委員会 － 4号」, 『国会会議録』 126, 1993[平成05]年04月19日.

다. 보수정치 안에서도 리버럴리즘의 온건노선과 민족주의의 강경노선이 분열을 시작하고, 진보·혁신계와 그 지지세력 안에서도 무당파가 증가했다. 이리하여 세계적 냉전구도에서 양당체제로 정립된 일본의 '1955년 체제'는 1993년 총선거에서 막을 내리고 이후 군소정당의 난립상이 전개된다. 설상가상으로 1993년부터 일본의 성장 곡선도 주저앉기 시작했다. 걸프전쟁의 석유 위기가 세계 자본주의를 격타하고 일본의 거품 경기를 꺼트리는 계기로 작용했다.

일본의 '풍요 잔치'가 막을 내리자, 1994년 교토대의 사에키 게이시 교수는 『'아메리카니즘'의 종언』에서 개인적 자유주의와 민주주의, 시장 경제주의의 한계를 논한 후, 1998년 증보판에서 글로벌리즘을 비판하는 장을 가필했다. 신좌익의 마르크스주의 이론가인 히로마쓰 와타루는 달러를 기축통화로 삼는 자본주의 세계경제의 퇴조를 예상하면서 일본자본주의에 대한 "발본적인 사고 전환"을 요청한다. 히로마쓰는 이미 1980년대에 "근대의 초극"론에 대한 비판적 재평가를 시도하여, 중일전쟁 이후 전향좌파들의 '동아협동체론'과 '동아신체제'라는 프로젝트에 주목하고 있었다. 그랬던 히로마쓰가 아사히신문의 시론에서 "동북아시아가 역사의 주역이 되는, 중일을 기축으로 삼는 동아시아 신체제" 운동을 "반체제 좌익의 슬로건"으로 새롭게 제기한 것이다.[23)]

보수의 사에키와 진보의 히로마쓰가 동시에 예상한 '미국 중심의

---

23) 廣松涉, 「東北アジアが歴史の主役に-日中を軸に"東亜"の新体制を」, 『朝日新聞夕刊』, 1994. 3. 16.; 廣松涉, 『〈近代の超克〉論 昭和思想史への一断想』, 講談社, 1989(1980).

세계경제의 종언'은 2008년 이후에도 여전히 지연 중에 있지만, 일본에서 글로벌리즘과 신자유주의적인 구조개혁을 비판하는 논리는 1990년대 후반부터 본격화된다. 1998년, 이시하라 신타로는 히토쓰바시연구소의 연구팀과 함께 『선전포고, "노"라고 말할 수 있는 일본경제: 미국의 금융노예로부터의 해방』을 출판했다. 1999년, 신도정치연맹 소속의 자민당 의원으로 당시 법무성 장관인 나카무라 쇼자부로(中村正三郎)는 법무성 신년 하례식에서 반미 독설을 내뱉는다. 미국이 말하는 시장경제의 자유는 다른 나라에 뒤처지면 "원자폭탄과 미사일을 날리는 자유"로, 제조업 경쟁에서 일본에 뒤지니까 "이번엔 금융으로 위협"한다는 것이다.[24] 그는 개헌과 군비증강도 역설했지만, 그 발언은 다음날 즉각 철회되었다. 바야흐로 국제사회에 분출하는 국지전과 북한의 IAEA 탈퇴에 대비하여 '주변사태법'을 제정하고 미일동맹의 협력 기조를 강화하는 마당이었다.[25]

1990년대의 일본은 유엔에 협력하는 PKO법과 주변사태법을 제정하면서 국제 공헌의 방법과 헌법 9조의 해석을 놓고 공방했다. 거듭되는 논쟁으로 국제 현실에 부합한 국가 정체성의 확립이라는 과제가 부상하고 헌법개정론의 지지여론이 형성된다. 평화헌법의 이상과 국제 현실의 괴리에 대한 인식의 확장은 '친미보수와 반미진보의 공조체제'를 이루었던 '전후민주주의'에 대한 신념을 흔들고 역사수정주의의 싹을 틔운다.

---

24) 박정훈, "일 보수우파 연구 (중) "반미-군비증강" 목청 높여", 『조선일보』, 1999. 8. 17.
25) 「周辺事態に際して我が国の平和及び安全を確保するための措置に関する法律」 (1999年5月28日法律第60号).

도쿄대학 교수이자 공산당과 일교조(日敎組) 소속의 교육운동가였던 후지오카 노부카쓰는 일본 스스로 국가적 의지와 결단을 실천할 수 없는 전후 상황을 비판하고 그 극복을 주장했다.[26] 1995년, 그는 교사들을 중심으로 '자유주의 사관' 운동을 발족시킴으로써 전후체제의 균열을 가속화시키는 대중적 사상운동의 중심에 서게 된다.

자유주의 사관 연구회는 좌우 이념의 구속력을 '자유롭게' 극복한 새로운 역사관의 정립과 역사교육의 실천을 주장하면서 '도쿄재판사관' 과 '코민테른사관'을 비판했다. 처음에 그들은 '대동아전쟁 긍정사관'에 대해서도 비판적이었다. 대신에 후지오카는 메이지유신의 건국정신과 청일·러일전쟁의 국민적 승리를 긍정하는 시바 료타로(司馬遼太郎)의 역사관을 옹호했다.[27] 이러한 움직임에 니체 연구자인 니시오 간지(西尾幹二)가 의기투합하여 '새 역사교과서 만들기 모임(1997년 1월, 이하 새역모)'을 출범시켰을 때에도 '좌익의 자학사관'과 '우익의 대동아전쟁 긍정론'은 모두 부정되었다. 그러나 이들은 사료비판에 근거한 역사인식을 구실로 남경대학살 30만인 피살, 종군위안부 강제연행, 오키나와 집단자결 등을 미국의 전시 프로파간다와 점령정책을 위한 음모로 비판하고 역사교과서에서 삭제할 것을 주장했다. 새역모는 출범 당시에 "중일전쟁의 도화선은 중국공산당에 의해 만들어졌다", "남경대학살은 없

---

26) 藤岡信勝, 『汚辱の近現代史－いま、克服のとき』, 德間書店, 1996.
27) 藤岡信勝, 『近現代史敎育の改革：善玉·悪玉史観を超えて』, 明治図書出版, 1996. 자유주의 사관에 대해서는 姜尚中, 「国民の心象地理と脱−国民的語り」, 시바 료타로의 역사관에 대해서는 成田龍一, 「司馬遼太郎の歴史の語り」를 참조. 두 논문의 게재는 小森陽一·高橋哲哉 編, 『ナショナル·ヒストリーを越えて』, 東京大学出版会, 1996.

었다"라는 음모론을 제기한 와타나베 쇼이치(渡部昇一)와 일선을 그었다. 하지만 침략전쟁에 대한 반성을 '자학사관'으로 부정하고 전쟁의 피해상에 대한 불확실한 증거와 통계 수치를 음모론으로 덮으려는 그들의 역사인식 태도는 '대동아전쟁 긍정'의 기폭제가 되었다. 특히 인기 만화가인 고바야시 요시노리(小林よしのり)가 새역모에 가담하여 출간한 『전쟁론 1』은 새역모의 '대동아전쟁 긍정론'을 젊은 세대에게 확산시키는 데 결정적으로 기여했다.[28]

일본의 식민정책과 침략전쟁으로 상처 입은 아시아(할머니들)의 목소리를 배제하고 미국의 일본봉쇄와 점령정책으로 훼손된 일본의 자존심만을 보상하려는 새역모의 윤리적 문제의식은 그 자체가 역설적으로 '대미종속'의 상태에 머물러 있음을 반증한다. 2001년 9·11테러 이후, 새역모에서 대미관계에 대한 인식 문제는 내부 분열의 씨앗으로 거듭 작용했다. 진영 내 진흙탕 싸움의 명분은 '일본민족의 주체성'에 있을 뿐, 아시아와의 관계 회복과 보편적 윤리의 확립을 위한 분열은 아니었다. 고바야시는 대동아전쟁을 '미국의 아시아 침략에 저항한 아시아 해방 투쟁'으로 묘사한 것과 같은 논리로 미국의 테러와의 전쟁을 비판한 『전쟁론 2』(2001. 11.)를 펴냄으로써 좌파와 공감대를 넓힌 반면, 새역모에서 축출되었다. 2006년에는 국수주의 단체인 '국민회의'와 친밀한 세력이 새역모를 탈퇴했다.[29] '반미보수'와 '정통보수'와 모두 결별한 새역모는

---

28) 小林よしのり, 『新ゴーマニズム宣言special戦争論』, 幻冬舍, 1998.
29) 새역모의 내부 분열에 대해서는 하종문, 「새역모의 분열과 지유샤 교과서의 출현」, 프레시안, 2011. http://www.pressian.com/news/article.html?no=104038 (검색일: 2014. 3. 22.)

여전히 '대동아전쟁 긍정사관'을 비판하며 일본인의 자화상에서 "품격과 밸런스"를 중시하고 "세계평화와 번영"에 헌신할 것을 강조한다.[30]

그러나 새역모의 역사인식운동이 '아시아 침략전쟁'과 '전후민주주의'를 모두 부정하는 반미 민족주의 역사관에 대항하여 일본인의 품격과 세계평화를 지켜내고 있는 것으로 보이지 않는다. 새역모는 우익정당으로 지목되는 '일본유신회'(日本維新の会)와 함께 종군위안부 강제연행에 대한 재검증과 고노담화(1993, 河野洋平 관방장관 담화)의 철폐를 위한 서명운동을 펼치며 아베 정권에 압력을 행사함으로써 아베의 '소신외교'를 지지했다. 그 결과 2014년 아베 정권은 외교적 고립 상태에 빠지고 일본인의 품격은 세계적으로 실추되었다. 다극화된 국제 사회에서 공감하는 역사 인식의 태도는 '역사적 불행'의 정확한 검증이 아닌, 새역모가 스스로 중시했던 '품격과 밸런스'의 진정성에 있다. 세계인의 시선은 어느 한 국가의 명예나 국익, 또는 사실 인식의 오차 범위가 아닌, 인류의 불행했던 과거를 극복하고 반성적 가치를 공유하는 실천적 태도에 집중하기 때문이다.

4. '전략적 친미'를 부정하는 반미보수

1995년 이후 반미보수의 발흥은 정치인, 지식인, 문화인을 중심으

---

30) 새역모의 취지문은 http://www.tsukurukai.com/index.html. 역사관은 자유주의 사관 연구회(http://www.jiyuushikan.org/tokai.html(검색일: 2014. 3. 22.).

로 한 우익단체와 서브컬처의 대중문화 속에서 전개되었다. 그 선전 활동에서 주도적 역할을 한 사람들은 과거 일본공산당(藤岡信勝) 또는 신좌익 학생운동가(西部邁) 출신이거나 혹은 리버럴 좌파의 영향을 받고 있었다. 고바야시는 1996년까지 부락민 차별문제, 옴진리교 사건, 에이즈약물피해(HIV) 사건과 같은 사회문제를 비평하던 만화가로, 스스로 '사요쿠'였음을 인정한다.31) 그러나 탈냉전 이후 좌·우 대립이 형해화한 조건에서 반미 민족주의가 좌·우파의 목소리를 모두 흡수하는 흐름을 형성한다. 신좌익과 함께 퇴각했던 신우익도 1990년대에 부활하여 '반미보수'의 진영 확대에 기여한다.32) 중국을 비롯한 동아시아 좌파 진영과 일본의 진보적 지식인들도 일본이 "종속 내셔널리즘"으로부터 탈각할 것을 촉구해 왔다. 신우익과 반미보수가 그러한 좌파의 목소리를 거꾸로 흡수한 채 대중화 실천에서 주도권을 장악한 셈이다.33)

　　2000년대 일본의 사상 지형에서 가장 특기할 사항은 '전략적 친미'를 철저히 부정하는 '반미보수'의 등장과 '민족파 우익'의 부활이다.34) 고

---

31) 고바야시는 좌익과 사요쿠를 구분한다. 공산주의 사상·이론·조직을 형성한 세력을 한자어 '좌익'(左翼)으로, 좌익에 공감·동조하는 정치인, 전문가, 시민을 '사요쿠'(サヨク)로 표기한다. 小林よしのり, "あとがき 羞恥からの成長", 『ゴーマニズム宣言 9』, 幻冬舎文庫, 2000, 160쪽.

32) '민족파 우익'(신우익)은 1960년대 후반에 신좌익과 대립하면서도 그 영향력 속에서 탄생했고, 1970년대 초반 중일수교, 미중수교의 데탕트 분위기에서 '반공'보다 '반미·반소'의 태도를 취했다. 스즈키(2009, 188)는 1960년대 신좌익의 반미안보투쟁과 1968년 전학련 학생들의 반전반핵 운동에 자극을 받으며 사상적으로 각성했음을 고백했다.

33) 石田英敬·鵜飼哲·小森陽一·高橋哲也, 「21世紀のマニフェスト 脱「パラサイト·ナショナリズム」!」, 『世界』, 2000. 8, 189~208쪽.

34) 친미보수와 반미보수의 구분에 대해서는 佐伯啓思, 『自由と民主主義をもう

바야시는 새역모의 니시오 간지를 "미국에 꼬리를 흔드는 강아지(ポチ保守)"로 야유하며 '친미보수'와의 대립각을 세운다. 고바야시와 함께 새역모를 탈퇴한 니시베 스스무(西部邁, 전 동경대 교수)는 저술과 TV의 토론방송 등을 통한 대중교육에 전념한다.[35] 보수세력의 분열, 보수사상의 대중화 현상에 따라 우파 잡지도 전성기를 맞았다. 반미보수는 기존의 우파 매체인 『산케이 신문』(産経新聞), 『세이론』(正論), 『쇼쿤』(諸君!)이 반미주의를 표방하면서도 정책론에서 대미 종속적 태도를 취한다고 비판한다.[36] 매체의 자기검열로부터 자유롭게 '전략적 친미'를 비판하고 반미적 입장을 견지하기 위해 고바야시는 『와시즘』(わしずむ)을 발행하고 니시베는 『효겐샤』(表現者)라는 잡지를 주관한다.[37] 1972년에 탄생한 일수회는 '전후체제 타파'를 강령적 목표로 삼고서 기관지 『레콘키스타』(レコンキスタ; reconquista; 재정복)를 발행하고 대중 토론도 활발하게 조직하고 있다.

새로운 반미보수는 이라크전쟁을 시작한 미국을 괴물(鬼畜)로 야유하며 사담 후세인을 응원했다.[38] 일수회는 후세인의 추도회까지 열었

やめる』, 幻冬舍, 2008, 18-19쪽.
35) 西部邁, 小林よしのり, 『反米という作法』, 小学館, 2002; 小林よしのり, 『アホ腰抜けビョーキの親米保守』, 飛鳥新社, 2003.
36) 『산케이신문』은 1959년에 보수 여론의 확립을 표방했고, 우파의 대표적 월간지 『쇼쿤!』(諸君, 1969년 창간)과 『세이론』(正論, 1973년 창간)도 신좌익 운동에 대한 위기의식 속에서 발간되었다. 上丸洋一, 『「諸君!」「正論」の硏究 : 保守言論はどう変容してきたか』, 岩波書店, 2011.
37) 일본문화채널 사쿠라(日本文化チャンネル桜)와 니코니코채널(niconico)에 니시베, 고바야시 등의 전문 채널도 운영되고 있다.
38) 西部邁·木村三浩, 『鬼畜米英―がんばれサダム·フセインふざけんなアメリカ!!』, 鹿砦社, 2003.

다. 이들 반미론자들은 미국이 규정한 '악의 축'을 민족운동의 관점에서 본다. 일수회의 최고 고문이자 평론가로 활동하는 스즈키 구니오는 2008년 4월에 북한을 방문하고 북한의 '반미 적개심'과 일본의 '반미 감정'과의 온도 차를 비교하는 글을 쓴 적도 있다.[39] 산케이신문 기자 출신의 다카야마 마사유키(高山正之)는 사담 후세인을 이라크의 영웅으로 칭송하는 칼럼을 저술했다.[40] 자유민주주의를 제국주의 문명 이념으로 비판하고 일본의 전후민주주의를 부정하는 반미 민족주의의 입장에서 이라크와 북한의 정치적 실정이나 인권의 실태 등은 관심 밖의 일이다.

　다국적군의 이라크 점령에 대한 비판은 일본의 '점령기' 비판으로 이어지고, 미국의 '아시아 봉쇄와 침략'의 역사를 입증하는 구실로 활용되었다. 반미 자주론자들의 생각에 '미국식 민주주의와 정의'는 히로시마와 나가사키 원폭 투하를 결정하거나 후세인 정권을 '악의 축'으로 몰아서 이라크를 점령하려는 미제국주의의 위선적 폭력이다. 고바야시는 "미국은 일미전쟁을 모델로 이라크전쟁을 수행했다"고 진단한다.[41] 『전쟁론 2』와 『전쟁론 3』은 서구 제국주의에 의한 아시아 아프리카 침탈을 강조하고 백인제국주의와 자본주의 문명론을 비판함으로써 승자의 사관인 '동경재판사관'의 부당성에 대한 공분을 불러일으켰다.[42] 그의 만

---

39) 鈴木邦男, 『愛国と米国―日本人はアメリカを愛せるのか』, 平凡社, 2009, 19쪽. 스즈키는 신천박물관에 전시된 한국전쟁 그림을 보고서 '귀축미영'(鬼畜米英)과 싸웠던 일본인의 의식에서 사라져버린 '괴물과의 투쟁정신'이 북한에 살아 있다고 말한다.
40) 高山正之가 「週刊新潮」에 연재한 칼럼이 단행본 『変見自在 サダム·フセインは偉かった』(新潮社, 2011)로 출판.
41) 小林よしのり, 『新ゴーマニズム宣言SPECIAL戦争論3』, 幻冬舍, 2003, 44쪽.

화는 '아시아의 공영과 해방'을 명분으로 삼았던 '대미성전'에 대한 일본인의 기억을 정당화하는 것이었다. 이 시기부터 좌파 지식인의 고바야시 비판은 수그러졌고 고바야시와 '친미보수'의 대립이 격화되었다. 2003년 11월의 TV 심야토론 프로그램(朝まで生テレビ!)에서 고바야시는 스스로 비판했던 좌파(사요쿠)의 논진에 배석된 적도 있다.

　아직 일본과 중국의 대립이 심각하지 않던 2009년 무렵까지 미일동맹의 탈각은 중국과의 우호관계를 전제하고 있었다. '친미 재무장'에 반대하는 노선은 미국 주도의 전쟁에 개입하지 않으려는 전통적인 '중립평화노선'과 맥락을 공유한다. 외무성의 국제정보국장과 방위대학교수를 역임했던 마고사키 우케루(孫崎享)는 미일동맹 탈피와 친중 우호협력을 일관되게 주장했다. 마고사키는 미국의 이라크전쟁의 실패를 지적하며 일본의 미국 추종과 자위대의 해외파견을 비판하는 한편, 북한을 글로벌 경제에 포섭하는 전략적 사고 전환으로 일본의 안보를 평화적으로 해결할 것을 제안한다.[43] 센카쿠 분쟁 이후에도 마고사키는 중국과의 경제교류를 강화하고 영토 문제를 거론하지 않는 방식으로 정치적 대립을 회피할 것을 거듭 주장한다. 미일동맹은 중국의 군사대국화에 대한 견제 수단으로 무효하며, 동아시아 공동체의 구축만이 일본의 국익에 합당하다는 생각이다.[44] 그러나 동아시아의 실질적인 군사적 불균

---

42) 고바야시는 2001년 9·11테러 이후 '아메리카의 정의'를 정면으로 공격하고, 「아메리카 제국주의 VS 이슬람 원리주의」를 주제로 삼은 만화에서 알 카에다의 테러를 전면 옹호하였다. 「アメリカ帝国主義VS.イスラム原理主義」(新ゴー宣151章, 2001. 11. 10.)는 전쟁론 2권에 수록되었다. 친미보수에 대한 격렬한 비판은 전쟁론 3권에 수록되었다.
43) 孫崎享, 『日米同盟の正体~迷走する安全保障』, 講談社, 2009, 제8장 참조.

형과 긴장감 문제에 대한 언급을 회피한 동아시아 공동체론은 일본의 자주방위론 확산을 막아내지 못하고 있다.

니시베는 2007년에 "당연한 이야기를 해야지 않나"라는 부제로 『핵무장론』을 출판한다. 북한의 핵개발이 보도된 2006년 1월 이후 자민당에서 핵무장 문제를 정책적 의제의 하나로 거론하자는 주장이 제기된 상황이었다.[45] 미일동맹을 벗어나 일본의 독립을 보장할 최선의 자위는 핵무장이라는 생각은 조금씩 퍼져 나가고 있다.[46] 2010년부터 '국방론'을 제기한 고바야시 요시노리는 3·11 이후부터 '핵(원자력)발전 없는 핵무장'을 주장한다. 『국방론』의 마지막 장 '원전과 국방'론에서 고바야시는 미국이 이식시킨 핵발전소야말로 국토방위의 최대 불안 요소며, 미국은 일본의 핵무장을 억제시킨 세력이라고 비판한다. 인도와 파키스탄이 핵개발로 고립된 선례가 없으니 국제사회의 시선을 두려워하지 말

---

44) 孫崎享, 『不愉快な現実 中国の大国化、米国の戦略転換』, 講談社, 2012.
45) 당시 아베 정권의 아소 타로(麻生太郎) 외상이 핵무장에 대한 논의의 필요성을 문제 제기했다. 2006년 10월 28~29일에 걸친 아사히TV 여론조사에 따르면, "비핵3원칙을 유지해야 한다"에 찬성 82%, 반대 10%였고, "수권 정당 차원에서 핵무장을 논의할 필요가 있다"에 찬성 39%, 반대 46%를 보였다. 아사히TV 여론조사 http://www.tv-asahi.co.jp/hst/poll/200610/(검색일: 2014. 4. 5.). 핵무장에 찬성 여론은 여전히 2~3할 사이에 머무르고 있지만, 핵무장 논의는 꾸준히 활발해졌다. 伊藤貫, 『中国の「核」が世界を制す』, PHP研究所, 2006; 『中国の核戦力に日本は屈服する 今こそ日本人に必要な核抑止力』, 小学館, 2011; 田母神俊雄, 『日本核武装計画—真の平和と自立のために』, 祥伝社, 2013.
46) 니시베의 대중교육 활동은 '니시베 세미나'(西部邁ゼミナール) 형식으로 TOKYO MX 텔레비전 방송국에서 제작, 방송 중이다. 징병제와 핵무장에 대한 공론화를 촉구하는 내용으로 「戦後タブーをけっとばせ~「徴兵制と核武装」の議論に踏み込むべし」(2010. 7. 31.); 「核武装論に本気で取り組め」(2013. 3. 2.) 등은 유투브에서도 검색 가능. 西部邁, 『核武装論: 当たり前の話をしようではないか』, 講談社, 2007.

것이며, 중국과 북한이 핵병기로 일본을 위협하는 현실에서 핵무장은 독립국의 당연한 국방의 권리라는 주장이다.[47] 이라크전쟁 당시 좌파의 반미론과 공감대를 형성했던 고바야시는 중국 부상 속에서 '핵무장 중립 노선'으로 귀결했고, '전략적 친미'에도 반대하여 『탈원전론』(2012)과 『반TPP론』(2012)을 펼쳤다.

일본 국민의 과반수는 방위력 강화의 필요성을 느낀다.[48] 하지만 자위대의 국군화와 집단적 방위권의 행사에 찬성하는 사람은 3할 정도에 머물고 있다.[49] 다만, 북한의 핵개발이 확실시되고 중국이 핵무장한 현실에서 영토분쟁까지 분출한 마당에, 최근 러시아의 패권주의까지 대두하였기 때문에 군사적 비대칭성을 해소하려는 일본의 국가적 의지는 오히려 절박해진 현실이다. 이러한 상황에서 궁극적으로 핵무장을 전제하는 자주방위론자들은 아베 정권의 집단적 방위론과 헌법개정이 미국의 세계 방위 전략에 협력한다는 이유로 반대 입장을 취한다.[50] 결국, 향후 일본의 선택은 미일동맹을 전제한 집단적 방위체제인가, 미일동맹을 부정하고 일본 자신의 핵무장을 전제한 독자적 방위체제인가의 문제로

---

47) 小林よしのり, 『ゴーマニズム宣言SPECIAL 国防論』, 小学館, 2011.
48) 2013년 12월 17일에 의결된 '국가안전보장전략'(NSS)은 비핵3원칙을 재확인하면서도 동북아 힘 균형의 변화에 대응하여 "방위력을 강화하고, 우리나라의 국가안전보장의 강인성(強靭性)을 높인다"고 한다. 후지테레비(フジテレビ)의 여론조사(2013년 12월 19일 조사, 22일 방송)에서 "NSS의 방위력 강화"에 대한 생각을 묻는 질문에 필요 54.5%, 불필요 40.4%로 나왔다.
49) 아사히신문의 여론조사(2014년 4월 19·20일 실시, 22일 보도)에 따르면 "아베 수상이 계획하는 헌법의 해석 변경에 의한 집단적 자위권의 행사"에 대해 반대 56%, 찬성 27%로 나왔다.
50) 고바야시의 헌법개정안에 대한 반대론은 小林よしのり, 「自民党の憲法改正案の恐ろしさ」, 『小林よしのりライジング』 Vol.36(2013. 5. 7.)

좁혀질 가능성이 높다. 2010년 이후 현재적 상황에서는 미국을 배제하든 혹은 포함하든, 동아시아의 역사적 화해를 바탕으로 일본의 평화적 경무장이 유지될 가능성은 더욱 희박해진 것이다.

전전의 실패한 아시아주의와 전후에 부활한 아시아주의는 언제나 같은 사상적 출발점에 서 있었다. 그렇기 때문에, 2010년 이후 아시아주의는 각국의 민족주의에 소환되었고, 국가적 갈등 속에 파묻힌 상태가 되었다. 아시아주의의 궁극적 토대는 서구적 근대화에 저항한 자민족의 역사를 정당화하고 자민족의 생존과 자존감을 옹호하려는 '사상적 공통성'에 있었던 것이다. 결국 자민족 중심의 '독립' 환상이 '반미 연대'로 뭉쳤다가 시세의 바람을 맞고 분열한 것이 아닌가. 자민족 중심의 생존 감각에서 볼 때 '반미'는 '반일', '반중', '반한'으로도 전변할 수 있다. 본디 동아시아 각국의 '반미'는 자국 내셔널리즘의 연장선에 있을 뿐이지만, 미국의 존재는 동아시아의 질서 유지에도 일본의 우경화 견제에도 아직까지 유효하다. 그렇기 때문에 핵무장을 전제한 반미 자주방위론의 대두에도 불구하고 그들의 여론 장악력은 아직 미약한 형편이다.

5. 좌익이 '사요쿠〉사요'가 된 일상에서 '진보·혁신'의 깃발은 어디로?

한국과 중국, 일본의 좌파는 새로운 긴장국면을 조성한 책임을 일본의 역사인식 왜곡과 야스쿠니신사 참배, 군사적 재무장을 추진하는 정치적 보수화와 사상적 우경화에서 찾는다. 한국의 지일파들은 종종 일본 내부의 비판 세력인 좌파(진보, 혁신)의 무력화를 한탄한다. 더 이상 아시아의 '강자'가 아닌 일본에서 과거 일본의 '양심'을 대표하던 좌파(진보 혁신)는 한국·중국의 '반일 내셔널리즘'에 침묵하고 있는 모습이다. 2000년대 전반까지 이른바 '반일, 자학사관'으로 공격당하면서도 한결같았던 일본 내 '자성'의 목소리와 아시아를 향한 '연대'의 손길이 2010년 이후 급격하게 사라진 것이다. 그렇다면 '반미보수'의 활약 속에서 좌파의 존재감은 어떤 것이었나?

세기 전환기에 좌파 운동의 무력화와 좌·우(보수·진보) 개념의 모호성은 한국과 중국에서도 공통적으로 나타나는 현상이다. 중국은 자본주의 경제대국으로 탈바꿈하면서도 일당주의 체제 일탈에 대한 통제력을 강화시켰고, 한국은 경제성장과 민주화를 통해 '혁명' 충동을 합법적 제도권으로 흡수했다. 반면, 동시대 일본에서는 한국·중국의 경제성장과 비교하여 일본의 상대적 퇴조가 강조되는 국면이었다. 그럼에도 제2의 경제대국인 일본에서 '쇼와(昭和)의 황금시대'를 그리워하는 가진 자의 상실감이 '잃어버린 10년'이란 시간의식을 만들어낸다. '잃어버린 10년'의 끝자락에 집권한 고이즈미 준이치로(小泉純一郎)는 만성적 적자 구조에서 기득권을 지키려는 '저항세력'에게 '성역 없는 개혁'을 선포하였다. 대중은 나카소네 이후 고갈되었던 정치적 리더십의 부활을 반겼고 일본사회의 변화 욕구가 고이즈미의 장기 집권(2001-2006)을 지지했다.

한편, 고이즈미의 신자유주의 개혁에 대항하여 좌파와 반미보수는 국민의 생활 문제를 중시했다. 좌파는 '아시아의 이념 분쟁'보다 일본사회의 양극화와 복지정책의 쇠퇴를 비판하고, 세금의 '재분배'를 관장하는 국가의 공공적 역할 증대에 집중한다. '생활보수주의'와 신자유주의 비판의 접목은 지역의 표밭을 중시하는 보수 정치인의 활동 목적과도 일치한다.51) 이러한 상태에서 동아시아 영토분쟁과 방위 문제가 충돌하였다. 국민의 생활과 안전을 위해 '애국'적 선택에 기운 좌파가 보수 세력의 국가적 위기의식을 침묵으로 옹호하는 것은 그다지 놀랄 일이 아니다. 더군다나 반미보수가 일본의 대미 종속 내셔널리즘을 전면 부정하고 나온 것은 좌파 지식인의 이론 전개를 실천적으로 보완하는 형태로 봐도 무방하다.

그렇다면 정치운동이 쇠퇴한 공간에서 좌파의 사상, 문화 담론은 어떻게 변했는가? 1970년대 고도 소비사회에서 신좌익이 자멸하고 베트남전쟁도 종료한 후, 좌파는 혁명적 유토피아의 '피어린' 비약을 꿈꾸지 않게 되었다. 그들에게 가능한 것은 일상의 '지속가능성' 속에서 '풍요의 재분배'를 욕구하고 실천하는 것이다. 1983년 시마다 마사히코(島田雅彦)의 소설『부드러운 좌익을 위한 희유곡』과 1986년 이소다 고이치(磯田光一)의 평론『좌익(左翼)이 사요쿠(サヨク)가 될 때』는 그러한 변화를 집약적으로 표현했다. 저술가 아사바 미치아키(浅羽通明)는 "주의(主

---

51) 경제 저널리스트 히가시타니 사토시(東谷 暁)도 우파 정론지인『表現者』,『正論』,『諸君!』,『わしズム』 등에서 같은 논조로 활동하고 있다. 이정환은 내향적인 생활보수주의의 감각 속에서 신보수주의의 정치적 기획에 대한 찬반의 입장이 표명되지 않고 있다고 진단한다. 이정환,「장기불황, 구조개혁, 생활보수주의」,『일본비평』 10호, 2014. 2., 98-123쪽.

義)가 취미로서만 살아남는 상황은 좌익이 사요쿠가 된 1980년대에 이미 완성되었다"고 말한다.[52]

한편, 좌파의 '주의≒취미'는 내셔널리즘과 근대주의를 극복하려는 포스트모더니즘을 보급했다. 1980년대에 미국에서 체류한 가라타니 고진(柄谷行人)은 1990년대 이후 일본의 새로운 이론 좌파를 대표한다. 자본주의 화폐-소비경제와 국민(주권)국가의 경계를 넘어서려는 포스트모더니즘의 평론가들은 세기전환기에 번역과 저술 활동을 지속했다. 그러나 이론적 추상화가 높은 지식인의 내셔널리즘 비판 담론은 풀뿌리 민족주의의 대중정서를 추월할 수 없다.[53] 고바야시 요시노리와 같은 인기 만화가를 앞세운 역사수정주의를 막아낼 만큼, 지식 담론은 서브컬처 담론의 대중적 파급력을 갖추지 못했다. 민속학자 오쓰카 다카히로는 죽창(펜)을 들고 싸우는 지식인과 핵무기(만화)를 갖고 나타난 고바야시로 비유한다.[54]

1990년대 이후에 주목받는 평론가들은 "사요쿠 취미"에 머물지 않고 애니메이션, 만화, 광고, 2ch 등의 대중매체를 통한 대중문화와 결합하기 시작했다.[55] 그 배경에서는 오타쿠 체질의 서브컬처나 소비사회의

---

52) 浅羽通明, 『右翼と左翼』, 幻冬舍, 2006, 194-196쪽.
53) 코모리 요우이치·타카하시 테츠야 엮음(이규수 옮김), 『내셔널 히스토리를 넘어서』, 삼인, 1999.
54) 大月隆寛, 「小林よしのり"反米一直線"のコーマニズムに一筆啓上いたします」, 『諸君!』, 2005. 3., 200쪽.
55) 서브컬처의 일본문화론을 대표하는 평론가로서 오쓰카 에이지(大塚英志), 미야다이 신지(宮台真司), 아즈마 히로키(東浩紀), 기타다 아키히로(北田暁大) 등이 있다.

중심으로 부각된 소녀문화가 인터넷을 비롯한 현대적 미디어 공간에서 장기불황 시대를 살아가는 젊은 세대의 '감성 공동체'를 형성해내고 있었다. 소비문화를 자양분으로 삼고 성장한 서브컬처는 기성세대에 의해 '탈정치화'를 비판당한 적도 있다. 하지만 젊은 세대는 2000년대 '격차사회'에 대한 자각과 '반미의식'의 고조 속에서 '주체화'의 욕구를 키웠다. 그들은 반미의 사운드 데모에 참가하는가 하면, 월드컵 축구 경기에서 한국의 '자유분방'한 내셔널리즘을 선망하고 히노마루의 깃발을 높이 들기 시작했다.56) 사요쿠 취미와 논리를 겸비한 미야다이 신지는 2000년대에 와서 일본 내셔널리즘의 활기를 옹호하고, '경(輕)무장과 대미의존'이 아닌 '중(重)무장과 대미중립'을 제시한다.57) 1990년대 후반에 대립했던 미야다이와 고바야시는 2000년대에 서로 의기투합하고 있었다. 90년대 이후 담론의 장을 이끄는 일본의 평론가들은 과거의 좌·우파 진영 구도를 자유롭게 넘나들고 있다.

　　1975년생 여성작가이자 사회운동가로 한국에도 잘 알려진 아마미야 가린의 경험은 세기 전환기 일본사회에서 좌우 양익의 의미가 어떻

---

56) 2002년 월드컵 축구경기에서 '붉은 악마'의 '대한민국' 열기를 본 일본인들은 "국가 내셔널리즘이 아닌 민중 내셔널리즘"을 양성하는 방향으로 선회하였다. 黒田勝弘, 「赤い群衆」たちの愛国心」, 『Vocie』, 2002. 8., 104-111쪽. 그 결과, 2000년대 중반에는 학교 교육에서 국기계양과 국가제창을 정식화하고, 2006년 교육기본법의 개정으로 애국심 양성을 중시했다.
57) "試される憲法 社会学者　宮台真司さん　国家操縦の『憲法意思』大事", 『東京新聞』, 2007. 5. 8.
　　젊은 사회학자들이 복지국가의 공공성의 제고를 위해 내셔널리즘을 긍정하는 논조는 宮台真司, 鈴木弘輝, 堀内進之介, 『幸福論〈共生〉の不可能と不可避について』, NHK出版, 2007.

게 변용되었는지를 보여주는 사례로 주목된다.[58] 그녀는 학창시절에 이지메와 등교거부를 체험했고, 일교조 교사들에게 저항감을 느끼기도 했다. 고바야시 요시노리의 만화를 통해 '민족파 우익'을 접한 이후 '미니스커트 우익'으로 활동했던 그녀는 2001년 이후 신자유주의의 문제에 눈뜨면서 좌파로 전향했고, 현재 좌파 정론지인 『주간 금요일』(週刊 金曜日)의 편집위원으로 활동한다. 그런데 '민족파 우익'이야말로 1960년대 신좌익의 반제 투쟁에 동화되었던 새로운 감성의 신우익이었으며, 2000년대 반미보수를 선행하여 전후민주주의를 비판한 세력이었다. 이러한 역사적 배경까지 감안한다면 아마미야의 좌우 행보가 그다지 새롭거나 특별할 이유는 없겠다.

일본에서 좌·우익의 의미는 더 이상 이념적 정당성이나 조직의 지도성이 아닌, 실존의 생동감과 일상의 충실감을 추구하는 '유희적 감성' 차원에서 가볍게 유동한다. 현재 서브컬처에서 좌익/우익의 용어는 가타카나의 표음어 '사요쿠/우요쿠'도 아닌 '사요/우요'로 약칭된다고 한다. 다만, '상실의 시대'를 살아가는 젊은 세대의 실존 감각은 1970년대와 80년대 고도성장기의 흥청거림과 무기력에서 배태된 '부드러운' 취미나 여유와도 다른 것으로 보인다. 시대적 분위기에 배태된 '상실감'과 '우울'에 맞서려는 극복 의지에는 '까칠한' 공격성과 '치열한' 경쟁 심리도 자라난다. 이는 '상실의 시대'에 태어난 젊은이들이 아시아에 대한 '사죄 감각'을 버리고 '잃어버린 풍요'를 찾아서 강한 국가를 욕망하기 쉬운 까닭이

---

58) 雨宮処凛, 『生き地獄天国 : 雨宮処凛自伝』, 筑摩書房, 2007.

기도 하다. '공기의 흐름'에 따라 가볍게 부유하는 젊은이들의 감성은 2012년 8월 이명박 대통령의 독도방문과 천황 발언 이후 '반한류'의 정서로 분출되고, '거리의 행동하는 우익'으로도 등장했던 것이다.[59]

그렇다면 신자유주의 시대의 박탈감을 안고 사는 젊은이들의 '주체화' 욕구와 일본 내셔널리즘의 결합이라는 현상에 유의할 때, 일본사회에서 '좌파의 몰락'과 '우경화'를 그리 단선적으로 진단할 수 없게 된다. 다양한 세대의 경험이 공존하는 일본사회에서 진보와 혁신의 가치를 대변하는 '좌파'의 행방에 대한 본격적 논의는 별도의 지면에서 이루어져야 할 것이다. 확실한 사실은 한국 언론에서 '우경화'로 지적한 현상이 사실상 중국 부상의 국제 사회에서 좌우 대립을 넘어 '강한 일본'을 재건하려는 내셔널리즘 운동이라는 점이다.[60] 이 글에서 밝히고자 한 것은 그러한 일본 내셔널리즘이 세기 전환기의 반미 운동 속에서 진척되었으며, 그 과정에서 좌파의 전통적인 반미 자주화론과 민중적(풀뿌리) 민족주의가 우파담론에 흡수되었다는 사실이다. 오늘날 반미우파 담론은 미일동맹과 평화헌법에 입각한 전후체제를 부정함으로써 냉전시대의 좌파가 점유했던 '진보와 혁신'의 깃발을 탈환한 것으로 보인다.

---

59) 황성빈, 「넷우익과 반한류, 배외주의의 여론─주요 언론의 담론 분석을 중심으로」, 『일본비평』 10호, 2014. 2.; 야스다 고이치(김현욱 옮김), 『거리로 나온 넷우익 : 그들은 어떻게 행동하는 보수가 되었는가』, 후마니타스, 2013.
60) 내셔널리즘의 문제가 '우경화'로 인식되는 역사적 배경에 대해서는 조관자, 「'우경화'의 마법 풀기─내셔널리즘의 충돌과 보편 윤리의 획득」, 7–14쪽.

6. '주체화'에서 핵심 문제는 미국이 아닌 아시아

한국사에 간절한 '자주독립'이란 용어가 일본에서 맹렬한 바람을 일으키며 회자되어 온 사실은 어떻게 이해하면 좋겠는가? 한국에서 우익만화가로 비난받는 고바야시 요시노리는 만화 『전쟁론 3』의 마지막 장 "국익과 도덕"에서 미일동맹을 국익의 생명선으로 간주하는 리얼리즘을 '보신주의'로 맹렬하게 배격하고 "독립"을 촉구했다. 그는 "안전보다, 생존보다 우위의 가치가 독립"이라고 외치며 "독립이란 의존하지 않는 것"이라고 정의한다.[61] 그러나 19세기에 '만국공법'과 함께 이식된 '독립'이란 의식 자체가 제국주의 팽창 질서를 '주인과 노예', '문명과 야만'의 위계질서로 재편시키는 서구적 개념이 아니었던가? 『전쟁론 3』의 마지막 그림은 아메리카식의 '자유'와 '민주주의' 일색으로 지구촌을 색칠하지 못하도록 "반드시 일본의 '도덕'이 국제사회의 조정에 기여할 때가 올 것"이라는 호언장담으로 끝난다. 고바야시를 비롯한 '반미 자주론자'들은 전후민주주의는 부정하면서도 미국의 '독립 선언'에서 비롯된 '독립 정신'은 절대 가치로 내면화하고 있는 것이다.

한국의 담론 공간에서도 흔히 접하는 '독립 정신'이지만, 고바야시의 어법에 공감하는 한국인은 없을 것이다. 식민주의를 청산하고 반성하지 않는 일본의 도덕이란 '어불성설'임에 틀림없다. 하지만 가벼운 필치의 고바야시 만화에서 외치는 '대미 독립'론은 전후 일본의 좌·우익 혁

---

61) 小林よしのり, 『新ゴーマニズム宣言SPECIAL戦争論3』, 幻冬舎, 2003, 304-305쪽.

명(유신)론에서 모두 절체절명의 과제로 삼아 온 것이다. 고바야시가 그린 '독립'은 아시아의 반제 민족해방론과 같은 맥락에 놓인다. 반제국주의 민족 독립 정신은 20세기 후반 비서구권의 보편사상이었던 만큼, 고바야시의 어법에 공감하는 일본인들은 적지 않다. 그렇다면 과연 '타자 의존성'을 탈피한 자주와 독립이란 가치는 온전히 실재할 수 있는 것일까? 그 명분은 불균등한 위계질서와 복잡한 역학 관계에서 '주인과 노예의 변증법'을 형성하면서 '상호 의존'하는 인류 사회의 현실을 무시한 철학적 오독이자, 데카르트 이후 근대인의 '주체 환상'에서 출발한 형식 논리가 아닐까?

근대인과 근대국가, 제국과 식민지의 어느 주체도 타자에 대한 의존 없이 독자적으로 자주와 독립의 가치를 실현할 수 없는 불완전한 존재이다. 그럼에도 불구하고 근대의 국민국가는 그 형식 논리를 전제로 구성되었으며, 미국의 '독립 선언' 이후 세계사의 원동력은 역시 '독립'이었다. 일본의 문명개화론자인 후쿠자와 유키치의 테제도 결국 '독립'이었고, 식민지에서 해방된 제3세계 민족해방론의 정치 테제도 역시 '독립'이었다. '독립'과 '자주'는 20세기에 주권국가를 인증하는 용어였고, 일본은 아시아에서 최초로 '대미 성전'에 도전하고 패배한 나라다. 그렇기 때문에 일본의 '독립'을 좇는 정치적 무의식과 '주체 환상'에 미국이 따라붙는다.

'반미주체화―아시아 연대'론은 '미국 부재'의 일본과 아시아에서 '주체'의 문제가 무엇인지를 묻지 않았다. 현실을 인식하고 의제를 발신하는 사고력 자체가 '미국 문제'(반미 민족해방론)에 종속되어 있었던 셈이다. 2010년 이후, 일본의 반미 기조는 새로운 조정 국면에 접어들고 현재 '전략적 친미'가 강조된다. 그렇다고 대미 자주성을 요구하는 일본인의 목소리가 소멸된 것은 아니다. 언제까지나 일본이 '쇠퇴하는 미국'에 의존할 수 없기 때문이다. 미일동맹을 대신하여 평화를 유지할 수 있는 수단은 현실적으로 일본 자신의 무장을 전제한 '자위력'이기 때문이다. 미국의 군사력이 후퇴해도 동아시아 스스로 새로운 협력 질서를 정립하지 못한다면 동아시아의 무력 충돌 가능성만 높아진 것이다.

과연, 미국의 군사력으로부터 자립적인 일본은 어떠한 모습으로 변화할 것이며, 한반도와 중국의 타자들은 일본과 어떻게 공존할 것인가? 미국의 대미의존을 '종속'으로 비판했던 동아시아의 좌파진영은 일본의 '군사적 주권'을 어디까지 용인할 것인가? 미국이 쇠퇴한 후, 동아시아의 '독립국'들은 상호 경쟁과 공존 협력을 유지할 것인가? 그렇지 않으면 영토 분쟁을 위해 무력 충돌로 나갈 것인가? 일본의 미래는 곧 동아시아의 미래로 직결된다. 비로소 '미국 부재'의 동아시아에서 '주체 부재'가 심각한 문제로 떠오른 것이다.

현대일본생활세계총서 **8**

일본, 상실의 시대를 넘어서

고도 대중사회 일본과 보수주의*
니시베 스스무의 보수이념

장인성

1. 정치경제학과 문화

걸프전 종결(1991년 2월) 직후 니시베 스스무(西部邁)는 일본은 화폐주의와 기술주의에 기초한 경제성장과 평등한 분배를 추구함으로써 경제대국을 달성했지만, 목표상실, 목적상실, 가치상실과 같은 자기불안을 자초했다고 실토하였다. 일본사회가 근대화와 미국화 노선, 미국에 대한 과잉적응, 근대에 대한 순수적응으로 초래된 자기불안, 그리고 진선미에 관한 절대기준을 부정할 뿐 아니라 탐색하려는 시도마저 거절하는 상대주의의 자기불안에 빠졌다는 것이다. 니시베는 경제적 소유와 정치적 참여를 갈구하는 욕망이 강했을 때는 상대주의가 확산되었지만, 풍요로움의 과잉을 보이고 욕망의 취약성을 드러내면서 니힐리즘이 출

---

* 이 글의 초고는 『일본사상』 제26권(한국일본사상사학회, 2014. 6.)에 게재되었다.

현했다고 보았다.[1]

실제 1990년대 들어 일본인의 불안감을 조성한 조짐들이 나타났다. 주식과 부동산 가격이 폭락하면서 거품경제가 파탄하고 경제불황이 뒤따르면서 일본경제에 대한 불안감이 확산되었다. 또한 냉전종식 이후 일본국가의 국제적 역할 확대를 둘러싸고 국내의 논란이 비등하면서 불안감은 가중되었다. 걸프전 참여를 둘러싸고 국제사회에 대해 자기존재를 증명해야 했을 때, 일본사회는 경제대국의 자신감에 충만했던 1980년대와 달리 국제적 역할에 불안감을 감추지 못했다. 자기불안은 탈냉전과 정치경제적 변동과 겹치면서 역사적 필연성을 지닌 듯했다.

니시베는 일본의 자기불안을 진단하고 전후체제의 일본사회를 비판하는 비평에 열중이었다. 그는 불안의 원인을 일본의 근대화와 미국화, 이것들에서 초래된 고도 대중사회화에서 찾았고, 일본 대중사회 비판을 통해 불안을 극복할 길을 모색하였다. 걸프전을 둘러싼 전쟁과 평화를 성찰함으로써 목표상실, 목적상실, 가치상실의 자기불안을 극복하고자 했다. 니시베의 대중사회론과 전쟁평화론은 탈냉전기/탈고도성장기 일본의 사회와 국가를 바라보는 보수적 관점을 잘 드러낸다. 대중사회론은 일본의 고도 대중사회를 배태한 민주주의와 산업주의에 대한 비판이며, 전쟁평화론은 걸프전을 계기로 폭로된 전후일본의 평화와 평화주의에 대한 반발이다. 두 담론은 전후체제 비판론이었다. 탈냉전/탈경제성장 맥락을 응시하면서 전후체제와 공서(共棲)해온 일본의 민주주

---

1) 西部邁, 『戦争論』, 日本文芸社, 1991, 25-27쪽.

의와 근대화를 사상적으로 전복시키려는 보수주의자의 심리와 논리를 담고 있다.

경제사상가 니시베 스스무(1939-)는 사에키 게이시(佐伯啓思)와 더불어 현대일본의 사회와 국가에 관한 비평 활동을 활발히 펼치고 있는 일본의 대표적인 보수지식인이다.[2] 니시베는 에드먼드 버크의 보수주의에 의탁하면서도 탈냉전/탈경제성장 맥락의 일본사회와 전후체제를 비판/부정하는 일본 보수주의의 견해를 보여주고 행동가들에게 보수적 논리를 제공해왔다. 니시베의 보수적 일본론을 통해 탈냉전기/탈경제성장기 일본사회가 봉착한 문제상황을 이해할 수 있고 일본 보수주의의 모습을 포착할 수 있다.

니시베의 보수이념은 경제사상에 기초하며, 니시베의 정치경제 비평은 현대경제학에 대한 불신에서 출발한다. 니시베는 "경제학이라는 이름의 섬나라", "경제학이라는 폐쇄권" 속에서 "인간과 사회에 관한 단원적 이해를 미친 듯이 추구하는" 경제학자들의 행태에 비판적이다. 케인즈 이후 경제학은 발명된 모형과 기술적 합리성이라는 단일한 시각을 가지고 인간과 사회를 기계론적, 결정론적, 균형론적으로 묘사하는 "단

---

2) 니시베 스스무에 관한 연구는 한국은 물론이고 일본에서도 거의 전무하다. 연구나 비평의 대상이 되고 있지 않다. 그가 현재 활동 중이기 때문이기도 하지만, 근본적으로는 일본의 보수주의자/보수논객이나 보수주의에 관한 연구를 하지 않는 지적 분위기 때문일 것이다. 사에키 게이시도 마찬가지다. 보수사회 일본에서 보수를 연구하지 않는 것은 대단히 역설적인 현상이다. 사에키 게이시의 보수사상에 관해서는 장인성, 「현대일본의 보수주의와 '국가'」, 『일본비평』 창간호, 2009, 240-281쪽.; 장인성, 「현대일본의 애국주의: 전후공간과 애국심론」, 『일어일문학연구』 제84집, 2013, 37-71쪽을 참조할 것.

순한 경제학"으로 후퇴해왔고, 경제학의 과학적 지식은 "기술 이데올로기의 시녀"로 전락해 있다는 생각에서였다. 니시베는 정형화된 경제학적 사고를 벗어나려면 오랜 투쟁이 필요하다고 보면서[3] "신정경학(新政經學)"을 주창한다. 신정경학은 탈냉전/지구화 맥락의 일본이라는 시공간(topos)에 투영된, 현대 미국의 정치경제학과 구별되는 고전 정치경제학의 일본적 표현이라 하겠다. 신정경학은 정치경제 현상을 문화 문제로 보는 관점에 기초한다.

쇼와[昭和] 종언부터 헤이세이[平成] 초에 걸쳐 정치에서 전대미문의 대소동이 벌어지고 경제에서도 미증유의 포말현상이 오랜만에 대규모 불황 현상으로 전환되는 큰 파도가 밀려오고 있다. 이에 따라 사회를 구조화하는 권력과 화폐라는 두 미디어가 세인의 관심을 끌고 있다. 그런데 지나치게 고도로 발달한 민주주의와 산업체제에서 따져야 할 것은 이들 미디어 속에 은밀히 내포된 가치이며 규범이다…'문화'의 문제가 정치·경제의 포말이 확산되는 가운데 확실하게 드러나고 있다.[4]

여기에는 정치적 변동의 대소동과 경제적 변환의 큰 파도는 권력

---

3) 西部邁, 『經濟倫理学序説』, 中央公論社, 1991[원저 1983], 104-109쪽. 니시베는 케인즈혁명 이래 경제학은 친케인즈론자이건 반케인즈론자이건 경제학자들의 인식론상의 한계와 직업상의 방어기제로 인해 "단순한 경제학"으로 끊임없이 후퇴했다고 보면서 현대경제학에 대한 전면적 비판을 시도한다. 니시베는 경제논리에 한정된 모형화로써 경제현상을 파악한 케인즈에 비판적인 반면, 철학, 심리학, 인류학의 관점을 받아들여 경제현상을 총체적으로 이해하고 정론가로서 언론전을 펼친 베블렌에 훨씬 친화적이었다. 니시베가 정치경제의 총체적 이해와 언론전을 중시한 것과도 연관된다.
4) 西部邁, 『「成熟」とは何か』, 講談社, 1993, 1-2쪽.

(정치)을 다루는 정치학이나 화폐(경제)를 다루는 경제학만으로는 대응할 수 없다는 인식이 깔려 있다. 니시베는 고도로 발달한 민주주주의와 산업제로 분칠된 일본 전후체제를 극복하기 위해 문화의 문제를 반영한 정치경제학을 상정한다. 신정경학은 문화—역사와 전통—을 중시하는 보수주의 관점에서 탈냉전기 일본의 정치경제를 포착하고자 한다. 니시베는 1990년대 들어 부풀어터진 일본 정치경제의 포말(버블)을 보면서 문화를 재발견한다.

걸프전은 일본의 정치경제체제를 문화의 관점에서 성찰하는 계기로 여겨졌다. 니시베는 걸프전을 평화국가 일본에게 "반세기 만에 찾아온" "문제로서의 전쟁"으로 보았고, 걸프전 참가를 둘러싸고 돌출한 걸프문제가 전후일본이 은밀히 혹은 노골적으로 대면해온 전쟁과 평화에 관한 의식을 소환해내고 보수주의 관점을 부활시킬 것으로 생각하였다. 이러한 의미에서 걸프문제는 "사상문제"였다.[5] 사상문제가 문화문제와 등치하는 지점에 니시베의 보수주의가 성립한다.

2. 고도 대중사회로서의 일본

고도 대중사회: 민주주의와 산업주의

1980년대 경제대국 일본은 민주주의와 경제적 풍요를 향유하는 국

---

5) 西部邁, 『戦争論』, 13-14쪽.

가와 사회를 이룩한 듯이 보였다. 나카소네 야스히로(中曽根康弘) 정권은 경제적 성공을 토대로 신보수주의를 표방하면서 국민화를 지향하는 국내개혁과 경제대국에 합당한 국제역할을 모색하는 대외정책을 추진하였다. 문화의 관점에서 일본의 경제적 성공을 설명하는 일본문화론도 성행하였다.[6] 경제적 성공을 가져온 일본 자본주의의 역사적 존재 양태를 일본문명과 결부시켜 파악하려는 보수학자들의 시도도 나타났다.[7]

　　1980년대의 니시베는 경제발전과 더불어 부상한 일본 대중사회를 냉철하게 응시하였다. 니시베는 일본을 고도 대중사회로 규정한다. 그는 기술전문인이 현대 대중의 전형이라는 오르테가의 견해에 동의하면서 산업사회/정보사회 발전과 대중교육 보급으로 누구나 전문인이 될 수 있기에 고도 대중사회가 도래했다고 진단하는 한편, 일본도 민주화와 산업화가 괄목할 성과를 거두면서 "풍요로운 무계급사회", 즉 고도 대중사회에 진입했다고 말한다. 민주주의와 산업주의에 대한 "경신"(輕信)으로 가득 찬 고도 대중사회가 찾아왔다고 주장한다.[8]

　　니시베의 대중사회론은 경제적 성공(근대화)으로 산업주의[9]와 민주주의가 과도하게 작동하고 그 결과 일본사회가 쾌락주의(hedonism)

---

6) 일본문화론은 일본의 경제발전을 설명하는 이데올로기로 기능하면서 경제적 상황에 따라 변용하는 모습을 보였다. 이에 관해서는 아오키 다모쓰 지음(최경국 역),『일본문화론의 변용』, 소화, 2000.

7) 村上泰亮·公文俊平·佐藤誠三郞,『文明としてのイエ社会』, 中央公論社, 1979; 村上泰亮,『反古典の政治経済学』(上·下), 中央公論社, 1992.

8) 西部邁,『大衆の病理』, 日本放送出版協会, 1987, 74-75쪽.

9) 니시베는 산업주의를 "산업의 기술적 성과인 재화, 서비스의 소유와 소비를 가치로 여기는 태도"라 정의한다. 中曽根康弘·佐藤誠三郞·村上泰亮·西部邁,『共同研究「冷戦以後」』, 文藝春秋, 1992, 제7장(西部邁 집필), 325쪽.

와 평등주의(egalitarianism)에 빠졌다는 현실 인식에 기초한다. 일본사회는 "다원적 자유와 전체적 관리를 양손에 들고 평등주의와 쾌락주의의 복합적 가치를 향해 달리는 사회"로 비쳤다.[10] 다원적 자유와 전체적 관리는 각각 민주화와 산업화를 골자로 하는 근대화의 소산이다. 근대화는 민주화의 성과로서 사회적 평등(평등주의)을, 산업화의 성과로서 물질적 행복(쾌락주의)을 초래했다는 것이다.[11] 평등주의는 "민주주의의 평균적 가치", 쾌락주의는 "산업주의의 평균적 가치"로 간주된다.[12] 고도 대중사회는 민주화에 따른 평등주의와 산업화에서 비롯된 쾌락주의의 소산이었다.

니시베는 이러한 민주화와 산업화가 전후체제에서 전개된 미국화(아메리카니즘)에서 비롯된 것으로 본다. 니시베는 일본의 대중사회를 "미국화의 외관을 지닌 대중화"라고 표현한다. 외관이란 말에서는 일본사회에 내면화된 미국문명에 대한 심리적 거리가 느껴진다. 니시베는 미국화를 허용하는 일본적 토대에 주목한다. 일본적 집단주의라는 문화양식이 적절한 토용(土踊)을 제공했다는 것이다. 일본적 집단주의는 집단이 시스템으로 작용하면서도 구성원의 의견과 행동의 자유를 허용하는 개방적, 신축적 집단주의인데,[13] 이러한 개방성, 신축성이 미국화에 유효하게 작동했다는 것이다. 니시베는 일본의 신축적 집단주의가 개방

---

10) 西部邁, 『大衆の病理』, 44쪽.
11) 上揭書, 『大衆の病理』, 9쪽.
12) 上揭書, 『大衆の病理』, 36쪽.
13) 니시베는 개인주의와 집단주의를 원자적/상호적 개인주의, 신축적/경직적 집단주의로 분류하여 상론하고 있다. 西部邁, 『大衆の病理』, 38-44쪽.

적 집단시스템인 산업제에 적합하다고 보았다. 민주주의(데모크라티즘)는 평등주의와 거의 동일한데, 구성원의 안정된 관계를 위해 평등주의를 허용하는 일본형 집단주의의 문화적 토용에 "아메리카니즘이라는 신선한 의상"을 걸친 산업주의와 민주주의가 도입되면서 "미국인도 놀랄 만한" "산업주의와 평등주의의 과잉 발달"이 나타났다는 것이다.[14]

미국문명(근대화)의 영향과 일본문화(일본적 집단주의)의 토용을 병치시키는 문화론은 대중사회론과 일본문화론의 접점을 찾아야 한다는 니시베의 주장과 부합한다. 니시베도 당시 성행한 일본문화론에서 자유롭지 못했음을 보여준다. 하지만 니시베에게 일본형 집단주의는 근대화(민주화와 산업화)를 설명하는 본질적 요소가 아니라 아메리카니즘의 수용을 유발하는 요인이었을 뿐이다. 1980년대 후반 경제대국의 자긍심이 충만했던 문화론적 해석과는 달리 제한적인 것이었다. 니시베의 대중사회론은 기본적으로 근대화와 미국화에 비판적이었고, 근대화를 긍정하는 입장에서 경제성장과 더불어 출현한 신중간대중을 일본 보수정치를 지탱하는 사회적 기반으로 보는 일본사회론[15]과도 거리를 두는 것이었다.

민주주의의 과잉, 산업주의의 왜곡

니시베가 신축적 집단주의를 끌어들인 것은 "산업주의와 평등주의의 과잉 발달"을 비판하기 위해서였다. 니시베는 산업주의와 평등주의

---

14) 西部邁, 『戦争論』, 21-23쪽.
15) 村上泰亮, 『新中間大衆の時代』, 中央公論社, 1984.

자체를 부정하지 않고 과잉을 문제 삼았다. 그는 "대중화", "대중의 천국"이란 말을 사용하여 미국과 일본의 근대화를 경멸하는데, 이러한 경멸은 아메리카니즘과 일본형 집단주의를 향한 것이다. 아메리카니즘으로 덧칠된 민주주의와 그것이 "속류화"한 평등주의, 그리고 산업주의와 그것이 속류화한 쾌락주의를 향한 것이다. 니시베는 일본의 고도 대중사회에 만연한, 민주주의와 산업주의에 대한 "경신"(輕信)을 경멸한다.16) "속류화"와 "경신"이라는 말은 미국식 민주주의와 산업주의에 쉽게 영합하여 산업주의와 평등주의의 "과잉"을 초래한 일본의 대중민주주의(데모크라시)에 대한 심리적 거리를 표현한다.

이 심리적 거리는 산업주의와 결부된 대중민주주의에 대한 거부감에서 비롯된다. 니시베는 민주주의라는 말이 "마어"(魔語)로서 유통되었을 때 민주주의는 이상으로서 기능했지만, 비즈니스문명과 결부된 고도 대중사회에서는 민주주의가 실제로 기능하게 되었다고 본다. 하지만 "데모크라시"17)는 대량의 인간이 참가하기에는 중우정치에 빠질 위험이 크다고 보았다. 인간은 지적, 도덕적으로 불완전한 존재이므로 무제한의 권력을 허용해서는 안 되며, 국민주권 개념은 "인간의 완전가능성(perfectability)에 대한 경신(輕信)"에서 나온, 데모크라시를 정당화하는 강력한 이데올로기이며, "성숙한 민주주의"에 유해하기 때문에, 여론을

---

16) 西部邁, 『大衆の病理』, 74–75쪽.
17) 니시베는 데모크라티즘(democratism)과 데모크라시(democracy)를 구분한다. 데모크라티즘은 이념으로서의 민주주의, 데모크라시는 다중의 인간이 참여하는 중우정치라는 뜻으로 사용한다. 그는 '민주주의'를 데모크라티즘의 번역어로 사용하며, 흔히 말하는 민주주의(democracy)는 '데모크라시'로 표기한다.

대중의 "방자한 언동"에 맡겨서는 안 되고, 대중의 욕망과 행동을 법과 전통으로 제어해야 한다는 것이다. 법은 대중의 여론에 따르는 제정법(statute law)이 아니라 대중의 여론에 반성과 회의를 압박하는, "현존 생자들의 견해"뿐 아니라 "기존 사자들의 지혜"를 참조하여 사회질서를 구축하는 관습법(common law)을 가리킨다.[18]

고도 대중사회의 출현은 대중교육으로 기술전문인이 대중의 전형이 된 것과 관련된다. 산업주의 경신은 민주주의 경신과 더불어 고도 대중사회 출현의 조건이었다. 니시베는 고도 대중사회를 지배하는 기술적 합리성을 비판한다. 근대화(산업화)나 산업제가 추구하는 목적합리성을 부정하지는 않지만, 목적합리성이 지나쳐서 "합리성이 자동으로 추구되는", "기술의 의미를 묻지 않고 기술 자체가 자기운동을 개시하는" 기술주의를 경계하였고, 대중과 기술의 무자각적 결합을 우려하였다. 니시베는 기술주의의 병폐가 대중사회의 기술이 사회와 인간관계를 규율하는 정보를 과도하게 제어하는 데서 비롯된다고 보았다. 인간관계는 기술(경제), 이미지(정치), 관습(사회), 도덕(문화)의 네 가지 정보가 서로 얽혀 규율되는데, 기술과 관련된 정보가 압도적 우세를 보이면서 네 정보 간의 평형이 무너지고 여기서 "기술주의의 병리"가 발생했다는 것이다.[19]

---

18) 西部邁, 『大衆の病理』, 60–65쪽.
19) 西部邁, 『大衆の病理』, 72–76쪽.

대중과 지식인, 회의와 신앙

니시베가 아메리카니즘에의 과잉적응, 근대에의 순수적응에서 초
래된 민주주의와 산업주의의 과잉 발달에서 주목한 것은 욕망주의와 상
대주의다. 그가 보기에 1980년대 일본은 화폐와 기술이라는 수단을 사
용해 발전을 이루었지만, 민주주의와 산업주의로 배태된 욕망과 상대주
의가 자기불안을 초래하였다. 욕망은 애증 병존의 감정으로서 커지면
애증 선택의 문제가 발생하는데, 욕망체계에는 가치기준이 없기 때문에
욕망주의는 자기모순에 빠지고 애증 선택은 불가능해진다. 그런데 인간
은 선택 불능의 니힐리즘 속에서 살 수 없기에 유행이나 여론에 의탁하
는 "속류 집단주의"나 포퓰리즘을 추종하게 된다. 니시베는 1980년대 후
반 이래 소비생활을 지탱해온 신상품 개발이 둔화되면서 일본 자본주의
와 산업주의가 커머셜리즘을 동원하여 시장을 유지하고 상대주의자들
이 포퓰리즘에 편승하여 니힐리즘에 빠지지 않을 수 있었지만, 진선미
의 절대 기준을 부정하는 상대주의가 존속하는 한 욕망주의는 커머셜리
즘과 포퓰리즘으로 해결될 리 없고 자기불안이 나타날 수밖에 없다고
주장한다.[20] 물론 자기불안을 초래하는 욕망주의와 상대주의는 산업주
의와 민주주의가 만들어낸 쾌락주의와 평등주의의 소산이다.

고도 대중사회에서 쾌락주의와 평등주의를 향유하면서 자기불안
을 갖는 주체는 누구인가. 대중과 지식인이다. 니시베는 대중과 지식인
의 구분을 무너뜨린다. 니시베에 따르면, 지식인은 전통, 종교, 학문에

---

20) 西部邁, 『戦争論』, 26–29쪽.

의해 지탱되는 귀족적 권위에 기초한 자유를 중시하는 귀족주의자와 자율적 인간을 상정하고 인간성이라는 권위에 기초한 자유를 중시하는 민주주의자로 구분될 수 있지만,[21] 고도 대중사회에서는 이러한 구분이 무의미하다. 반민주주의와 반산업주의 색조를 띤 귀족주의자는 살아남기 힘들고 민주주의자도 산업제를 받아들여 산업주의에 우호적일 수밖에 없기 때문이다. 지식인은 더 이상 대중을 비판하고 지도하는 존재가 아니다. 오르테가는 대중을 1930년대라는 특수한 시대의 양상을 과장해서 소외, 원자화, 부동성(浮動性)의 존재로 보았지만, 이제 대중은 소외와 더불어 참가도 향유하고 원자화와 더불어 시스템화도 받아들이며 부동(浮動)과 부동(不動)을 함께하는 존재다.[22] 더 이상 교양이나 재산이 없거나 지도자에게 조작되는 우매한 비합리적 군중이 아니라 산업발전과 대중교육으로 교양과 재산을 갖게 되고 전문인으로서 기술정보체계에 참여하여 영리한 조직인으로 행동하는 합리적 존재이다.[23] "균질적, 표준적, 평균적"인 단순한 존재가 아니라 "거의 균질하면서 서로 간의 미소한 차이에 민감하고, 그 차이를 해소하고자 애쓰면서 아직도 남은 차이에 더욱 신경을 곤두세우는" 존재다.[24] 고도 대중사회에 들어 전통의 역사적 운반자인 서민과 전통의 창조적 표현자인 지식인은 소멸하였고, 문명의 평형을 이루었던 지식인과 서민 사이의 묵계는 와해되었다.[25]

---

21) 西部邁, 『大衆の病理』, 24쪽.
22) 西部邁, 『大衆の病理』, 27-29쪽.
23) 西部邁, 『大衆の病理』, 72쪽.
24) 西部邁, 『大衆の病理』, 62쪽.
25) 西部邁, 『大衆の病理』, 138-139쪽.

대중과 지식인의 구별은 모호해졌다.

니시베는 고도 대중사회에 대한 회의 여부를 가지고 지식인과 대중인[26]을 구분한다. 대중사회는 "회의의 심성을 잃은 사람들의 지배가 진행되어 수용되는 가치세계, 혹은 가치상실의 방향으로 멈춤 없이 진전해가는 세계"다.[27] 근대화와 그 성과인 쾌락주의와 평등주의를 받아들이는 것은 지식인이나 대중인이나 같다. 대중(인)은 "회의하는 것을 포기해버린 사람들"이다. 대중은 쾌락주의와 평등주의가 이념화했을 때 문화에 미칠 악영향에 대해 회의하지 않는다. 일본의 대중이 회의하기를 포기한 것은 "평등주의와 쾌락주의를 두 다리로 서 있는" 존재이기 때문이다.[28] 대중을 이렇게 보았을 때, 회의를 하지 않는 정치가, 학자, 경영자와 같은 "진보이데올로기의 사제들", 즉 진보적 지식인도 대중인에 포함된다.[29] 니시베는 오르테가를 원용해 "진정한 지식인"과 "소위 지식인"을 구별하면서 양자의 차이를 "지식에 대한 회의의 깊이"에서 찾는다.[30] 진보이데올로기의 사제들은 쾌락주의와 평등주의를 회의하지 않는 소위 지식인으로 니시베가 말하는 대중인에 해당한다. 소위 지식인의 야만성은 자신의 앎이 얼마나 적은지를 모르는, "무지의 지"에 대한 "방약무인적인 무지"다. 니시베는 야만성이 부와 권위와 위신의 배당이 늘어나는 고도성장 과정에서는 잠복해 있었지만, 이제 "만(대중)인의 만

---

26) 니시베는 '대중'과 더불어 '대중인'이란 용어를 다용한다. '대중인'은 교양인, 전문가로 등장한 고도 대중사회에서의 대중을 지칭하는 말로 보인다.
27) 西部邁, 『大衆への反逆』, 文藝春秋, 1983, 44쪽.
28) 西部邁, 『大衆の病理』, 9쪽, 29쪽.
29) 西部邁, 『大衆への反逆』, 44쪽.
30) 西部邁, 『大衆の病理』, 10쪽.

(대중)인에 대한 투쟁"이 시작되었다고 강조한다. 이러한 투쟁과 회의는 고도 대중사회 일본의 우경화 추세 저변에 은밀하게 똬리를 튼 자기불안의 출처를 응시하는 데서 출발한다.[31] 자기불안의 출처를 응시하는 회의는 소위 지식인에서 벗어나 진정한 지식인이 되기 위한 조건이다.

진정한 지식인에게는 회의뿐 아니라 신앙도 요구된다. 회의가 허무주의로의 추락을 막아주는 응시라면, 신앙은 믿을 만한 가치기준을 탐구하는 노력이다. 회의와 신앙 사이의 평형은 진정한 지식인과 대중인을 가르는 기준이다. 신앙은 전통에 구현된 "숭고한 것에 대한 사념", "숭고의 차원에 승화되고 싶다는 원망(願望)"[32]이다. 대중사회에서는 숭고에 대한 생각과 바람이 소멸하고 있다. 지식인은 숭고의 차원과 숭고함에 관해 말할 능력을 단념하였다. "신은 죽었다." 진정한 지식인은 "회의와 신앙의 사이에서 평형을 지키려는 영위" 속에 현명과 고귀의 빛이 켜진다고 생각한다.[33] 니시베는 보수적 회의의 심성을 강조한다. 니시베는 "두 바퀴의 주의[산업주의와 민주주의]가 돌고 도는 과정에서 형적도 없이 짓밟힌 것은 보수적 회의의 심성"이라 말한다. 보수적 회의주의자는 "스스로를 지적으로도 도덕적으로도 불완전한 뒤떨어진 자로 자각하고, 그 자각에 기초하여 무한원(無限遠)의 완성태를 향해 한 걸음 한 걸음 남모르게 조심스럽게 쌓아가는" 태도를 가진 자다.[34] 회의는 인간의 불완전성에 대한 자각, 무한한 완성태를 향한 점진주의, 조심스러운 사

---

31) 西部邁, 『大衆への反逆』, 46-48쪽.
32) 西部邁, 『大衆の病理』, 138-139쪽.
33) 西部邁, 『大衆の病理』, 9-10쪽.
34) 西部邁, 『大衆への反逆』, 48쪽.

려(prudence)를 중시하는 보수주의를 자각하는 행위다. 회의하는 진정한 지식인은 전통에서 가치를 찾는 보수적 존재로 상정된다. 신앙(무거운 믿음)은 민주주의와 산업주의에 대한 경신(가벼운 믿음)에 대항하는 회의하는 정신의 준거라 말할 수 있다.

3. 평화주의와 전쟁

"의태로서의 평화주의"

1990년대 들어 고도 대중사회 일본은 탈냉전의 국제질서 변동과정에서 평화국가로서의 국제적 역할을 수행할 것을 국제사회로부터 요구받고 있었다. 1990년 8월 발생한 걸프전은 평화국가 일본의 국제적 취약성과 고도 대중사회 일본의 국내적 취약성을 동시에 드러낸 사건이었다. 걸프전은 베트남전쟁 때 진보주의자들이 제기한 반전평화와는 다른 차원의 전쟁과 평화에 관한 논쟁을 불러일으켰고, 전후일본의 평화주의와 경제대국 일본의 국제적 역할에 대해 문제를 제기한 사건이었다. 걸프전은 사상문제였다.

니시베는 걸프전을 둘러싼 일본 국내의 반응과 논의에서 고도 대중사회와 평화주의의 사상문제를 읽어냈다. 고도 대중사회 일본에 배태된 권리의 비대화가 지속되길 바라는 욕망에 착근한 "평화주의의 허망"을 간파하였다.[35] 평화주의는 고도 대중사회와 결부된 현상이었다. 니시베는 국제관계의 현실을 무시한 채 "극도로 순수화된" 절대평화 이념이 여론을 주도하는 상황을 못마땅해했고, 걸프전의 정당성과 걸프전 정책을 둘러싼 해석, 논의, 행동을 통해 목표상실, 목적상실, 가치상실의 자기불안을 이겨낼 실마리를 찾기를 기대하였다.36)

평화주의의 분출은 "퇴행(regression)의 병리"로 비쳤다. 걸프전을 계기로 재분출한 평화주의가 패전기의 이상주의적 평화주의로 역행하는 듯이 보였다. 니시베가 보기에 일본의 평화주의는 오랫동안 낯설어진 전쟁에 관여할 것을 요구받고 생긴 두려움의 소산이며, 자기불안으로부터 자신을 방어하기 위한 "의태"(擬態)에 불과하다. 전쟁에 대한 "감정적인 반발로서의 평화주의"다. 이러한 퇴행의 병리는 평화주의를 자기 정당화의 구실로 이용하는 "합리화의 병리"를 수반한다. 니시베는 일본인들이 평화주의에 의탁하고 평화주의에 대중적 명분을 부여함으로써 정신의 공허함을 채우고 심리적 안정을 얻으려 한다고 주장한다. 걸프전 대응을 둘러싸고 부활한 평화주의는 퇴행의 병리와 합리화의 병리가 겹쳐 나타난 "일본의 문화적 병리"로 여겨졌다.37)

여기서 니시베는 감정적 반발로서의 평화주의를 깨기 위해 전후 평화주의에 대한 "합리적인" 설명을 시도한다. 전후일본의 평화주의는 전쟁에 대한 감정적 반발로서의 평화주의였지만 그 이상주의는 전쟁의 상흔과 포연이 떠도는 당시 상황에서는 호소력이 있었고, 좌익이든 반/비

---

35) 西部邁, 『戦争論』, 120쪽.

36) 西部邁, 『戦争論』, 26-27쪽.

37) 西部邁, 『戦争論』, 30-31쪽. 니시베는 평화주의는 호전주의적 전시에는 영향력이 강하지만 평시에는 허망에 불과하다고 주장하며, 평화주의를 인간 정신이 "기형"이거나 인간 정신의 발달 상태가 "유형"(幼型)임을 보여주는 확실한 증거로 보았다. 西部邁, 『戦争論』, 104쪽.

좌익이든 소련의 불침략성과 군비의 불요성을 예상한 국제정치적 판단에서 제시되었다.[38] 니시베는 전후 평화주의의 감정적인 반발을 패전 상황과 냉전체제의 현실을 고려하는 상황 논리로 설명함으로써 전후 평화주의의 이념적 절대성을 타파하고자 했고, 탈냉전기의 (걸프) 전쟁에 대해 감정적 반발이 아니라 합리적 해석을 투사할 것을 요구하고 있다.

니시베는 걸프전을 문명의 관점에서 보았다. 그에 따르면, 걸프전은 유엔 결의의 국제규칙에 따라 이라크의 "문명파괴" 행위에 가해진 제재였다. 국제사회에 규칙과 강제력이 작동해야 한다는 사실을 보여주는, 세계사 수준을 한 단계 끌어올린 "문명의 성숙"이자 "진보"였다. 평화주의자들의 감정론적 걸프전쟁관은 대중민주주의와 더불어 매스컴이 성장하면서 "매스컴에 유도된 감정적 여론"의 영향을 받아 "감정에 의한 지배"가 확산된 것이다. 문명이 비문명에 압도된 것이다. 니시베가 말하는 문명은 "규칙에 의한 지배의 필요를 자각하는 삶의 방식"이며, 비문명은 "감정에 의한 지배에 몸을 맡기는 것을 꺼리지 않는 사람들"의 삶이다. 걸프전은 규칙에 의한 지배를 요구하는 문명의 전쟁이며, 진보주의자들의 감정론적 평화주의는 절대평화의 염불에 흡수되어버린 비문명에 불과하다. 탈냉전의 국제사회는 규칙과 강제력이 행사되는 문명사회여야 한다. 니시베가 보건대, 걸프전의 인적 공헌을 부정하는 진보주의자들은 규칙을 벗어나 책임 없는 자유를 계속 향유하려는 자이며, 이들이 내세우는 평화주의와 반권력주의는 질서관념의 소생을 두려워하는

---

38) 西部邁, 『戦争論』, 30-33쪽.

반질서주의의 표현이었다. "의태로서의 평화주의"는 규칙 위반에 책임을 지지 않는 방종으로서의 자유에 불과할 따름이다.[39)

규칙, 전쟁, 공동환상

니시베는 절대평화는 무한한 목표이거나 머나먼 이상으로서 한 걸음 한 걸음 다가서려면 규칙이라는 매개항이 필요하며, 규칙 없는 목표와 이상은 공상, 허망일 뿐이라 말한다.[40) 규칙이란 무엇인가. 규칙은 절대평화라는 공상, 허망에 현실성을 부여하는 매개물이다. 규칙은 "다양한 종류의 모순, 갈등, 배반을 동반하는 인간생활과 인간관계에 평형의 지렛목"이 되는 것으로 역사적 형성물이다.[41) 규칙은 인간이 성악(性惡)에서 자유로울 수 없어 승인된 "금지의 체계"다.[42) 성악설적 인간관에서 나온 규칙이다. 규칙은 개인, 집단뿐 아니라 국가, 국제관계에서도 요구된다. 인간악뿐 아니라 국가악을 규제하기 위해서도 필요하다. 국제규칙은 국가들의 장기적 국익과 이를 위한 국제사회의 안정을 보장하는 장치로 간주된다. 국제사회의 진보는 패권과 분쟁이 국제규칙에 의해 제한됨으로써 안정되는 것을 뜻한다.[43) 니시베는 전쟁을 수행할 때 신뢰성 있는 국제조직의 규칙이 중요하며, 걸프전 수행에서 유엔 결의라는 국제합의가 문명의 진보를 보여준 규칙이라 보았다. 하지만 동시에

---

39) 西部邁, 『戰爭論』, 43-48쪽, 83-84쪽.
40) 西部邁, 『戰爭論』, 86-87쪽.
41) 西部邁, 『「成熟」とは何か』, 59쪽.
42) 西部邁, 『戰爭論』, 40-41쪽.
43) 西部邁, 『戰爭論』, 83-84쪽.

유엔 결의가 미국의 에고이즘에서 비롯된 권력정치의 산물임을 잊지 않았다.[44] 국제규칙은 국민국가와 국익 관념의 불가피성과 불가결성을 전제로 상정되고 있다.

국제규칙은 국제 차원에서 보면 전쟁 수행에 정당성을 제공하는 문명표준이지만, 국내 차원에서는 국제규칙에 따르는 국가의 국제적 행동(대외정책)을 정당화하는 근거가 된다. 니시베는 전쟁에 대비하는 국가를 상정한다. 국가가 전쟁 없는 상태를 유지하려면 전쟁에 대비한 최소한의 조건을 갖추어야 한다고 주장한다. 국가방위에 필요한 자위군, 지역방위에 관여할 동맹군, 세계분쟁을 규율할 국제군을 적절히 갖추어야 한다는 것이다. 니시베는 일본의 군사력이 최저 조건을 "훨씬 밑도는" 현실을 비판하는 한편, 군사적 취약성이 "평화주의의 귀결"이라는 예찬을 받고 평화주의가 "이치 없는 억지"와 "시야 좁은 감정론"에 기초하여 군사 논의를 배제시켜 버리는 언설 상황을 개탄한다. 전쟁 없는 상태는 평화를 보장하는 것이 아니라 누구도 견딜 수 없는 열악한 상태를 초래할 수 있다고 강조한다. 니시베에게 이라크의 쿠웨이트 침공은 군사력이 취약한 전쟁 없는 상태가 군사점령을 허용할 수도 있는 "부정의(不正義)의 상태"임을 보여주는 사례였다. 일본의 평화주의도 "정의의 전쟁"보다 "부정의의 평화"를 선호하는 것에 지나지 않는다. 군사는 "규칙에 의한 지배"를 담당하는 요소로 여겨졌다.[45]

니시베는 전쟁을 규칙과 강제력을 요소로 하는 문명을 지탱하는 장

---

44) 西部邁, 『戰爭論』, 70–71쪽.
45) 西部邁, 『戰爭論』, 108–110쪽.

치로 본다. 전쟁은 가치라는 삶의 목적을 추구하는 육체를 파괴하기 위해 사람의 가치관을 교란시키지만 가치판단의 중요성을 깨닫게 해준다. 니시베는 전쟁을 피할 수 없다면 전쟁을 통해 분출되는 가치의 중요성을 응시해야 한다고 말한다. "전쟁은 진보를 위한 절호의 찬스"라는 것이다.[46] 걸프전은 규칙과 강제력의 소재를 분명히 보여주는 전쟁이었다.[47] 니시베는 평화를 가치로 삼는 진보주의자들과 달리 전쟁을 가치로 상정한다. 기능론적 발상이 엿보이는 전쟁관이라 하겠다. 규칙과 강제력을 중시하는 니시베의 국제사회관에는 국가는 권력을 중시하는 현실주의와 규범을 중시하는 제도주의의 두 관점이 섞여 있다. 전쟁에 대비하는 국가라는 발상은 권력적 합리성과 규범적 합리성에 의탁한 것처럼 보인다.

한편 니시베는 국가를 공동체로 상정한다. 니시베가 생각건대, 국제행동을 하는 국가는 "네이션"이어야 한다. 네이션은 "사람들이 공통의 문화에 지탱되고, 또한 한층 확실한 공통의 문화를 만드는 방향에서 협력할 수 있어야 한다는 공동의 이미지", 즉 "공동환상"이다.[48] 공동환상으로서의 네이션은 공통의 문화에 기초한다. 인간과 네이션은 문화적 존재이며 문화를 통해 지속성을 가진다. 니시베는 편협한 민족주의나 편협한 국가주의는 경계해야 하지만, 인간은 문화적 존재이며 네이션의 지속력은 문화에서 확인된다고 말한다. 하지만 상이한 네이션 사이에

---

46) 西部邁, 『戰爭論』, 84쪽.
47) 西部邁, 『戰爭論』, 47–48쪽.
48) 西部邁, 『戰爭論』, 60쪽.

오해와 반발이 생길 수 있으므로 네이션을 방위하는 전쟁의 가능성을 늘 염두에 둬야 한다고 말했을 때, 네이션의 불가결성과 전쟁의 불가피성을 강조했을 때, 편협한 내셔널리즘은 생겨날 수밖에 없다.

상이한 네이션 사이에는 상호이해뿐 아니라 상호오해가, 상호의존뿐 아니라 상호반발이 있다. 따라서 네이션의 자위를 생각할 때 전쟁의 가능성을 언제나 염두에 두지 않을 수 없다. 네이션의 방위를 전쟁 이외의 형태로 이루는 것이 인간의 지혜지만, 인간이 완전한 존재가 아닌 한 그러한 지혜에 전적인 신뢰를 보낼 수는 없다. 가능성으로서, 그리고 특수한 상황에서의 현실성으로서 전쟁은 인류에 불가피한 것이라 생각해야 한다. 네이션의 불가결성과 전쟁의 불가피성을 고려해야 한다.[49]

네이션은 의회, 세무서, 경찰, 재판소, 학교, 도로와 같은 국가의 실체적 제도를 통해 실체화한다. 국가는 공동환상으로서의 네이션에 제도적 실체를 부여하는 것이며 규칙의 체계로 정의된다. 규칙은 "사람들에게 대체로 공통되는 삶의 방식을 표현하는 것"이다. 공통되는 삶의 방식은 문화로 치환될 수 있다. 그렇다면 규칙도 문화의 표현이며 규칙의 체계인 국가도 문화의 체계이기 마련이다. 실제 니시베는 "말과 문화에 따라 규칙도 다르다. 상이한 규칙에 기초한 상이한 국가의 병존은 필연적이다"라고 말한다.[50] "상이한 규칙에 기초한 상이한 국가의 병존". 니시베가 상정하는 국제사회의 모습이다. 하지만 문화의 상위(相違)에 따른

---

49) 西部邁, 『戦争論』, 62쪽.
50) 西部邁, 『戦争論』, 63-64쪽.

국가별 상이한 규칙과 국제사회에서 요구되는 공통의 국제규칙은 어떻게 공존할 수 있을까. 상이한 문화와 상이한 규칙체계를 가진 개별국가들이 국제사회에서 어떻게 공통의 규칙체계를 만들어낼 수 있을까. 문화에 기초한 국가와 문명의 진보를 이루어야 할 국제사회가 어떻게 병존할 수 있을까. 니시베는 이러한 질문을 생각하지 못한다. "공동환상으로서의 네이션"과 "규칙체계로서의 국제사회"는 그의 머릿속에서 분열되어 있는 듯이 보인다.

"위기로서의 삶": 국가, 자유, 질서

니시베에게 평화주의는 허망에 불과하다. 그는 일본의 평화주의자들이 "수단가치"에 불과한 생명을 최상의 "목적가치"로 간주하기 때문에 현실과의 간극이 생겨나고 여기서 정신적 공허함이 생겨난다고 보았다. 니시베는 미시마 유키오(三島由紀夫)의 말을 빌어 반문한다. "생명만을 존중하고 혼은 죽어도 되는 것인가". 평화를 "더 살아가는 것에 고생을 느끼지 않는 상태" 정도로 이해하는 니시베에게 생명을 최고의 목적가치로 삼는 평화주의는 "기형의 정신"으로 비쳤다.[51] 니시베 같은 보수주의자에게 특정 이념을 목적화하여 절대 신뢰하는 행태는 무엇이건 기형적으로 보이기 마련이다. 인간에게 무한한 신뢰와 희망을 보내는 휴머니즘도 예외는 아니다.

평화주의를 부정하는 심리는 인간을 신뢰와 불신, 이상과 정상, 허

---

51) 西部邁, 『戦争論』, 104-106쪽.

구와 실체가 공존하는 존재로 보는 인간관에 기초한다. 니시베는 이상(異常)과 허구를 받아들이고 이를 제어하는 데 힘써야 하지만 게을리하면 폭력에 의존할 수밖에 없다. 폭력은 타자에 대한 신뢰와 불신을 이어주는 일체의 언론을 절멸시키면서 신뢰와 불신의 병존이나 균열을 인정하지 않는 데서 생겨난다. 사회도 쾌락과 고통이 공존하고, 사교성의 장이면서 비사교성의 장이기도 하며, 인간관계에 대한 희망과 절망이 교차하는 장이다. 개인의 자유는 동맹과 적대, 희망과 절망의 균열을 낳으며, 심리의 균열을 메우고자 "픽션으로서의 사회제도"를 만들어낸다.52)

여기서는 개인의 자유와 사회의 질서 사이에서 긴장감을 찾으려는 의지가 느껴진다. 니시베는 대립적 이항관계에 내포된 괴리, 모순, 간극에서 발생하는 "활력"을 중시한다. 사회의 활력은 자유와 사회질서 사이의 긴장에서, 개인의 일상생활과 사회여론과 국가권력 사이의 상관 속에서 생겨난다. 국가는 "우리에게 가장 위험한 타인이며, 우리들을 가장 강하게 매혹하는 타인"이다. 국가는 필요하지만 "잔인한 제도"다. 국가는 권력(강제력)을 통해 개인과 사회에 관여한다. 국가는 법적 강제력을 사용하여 반대자를 배제하면서 공동의 프로그램으로 사람들을 통합하는 주체다. 국가권력은 신뢰와 불신의 여론에 의해 활력을 받는데, 여론이 신뢰와 불신 사이의 긴장에 견뎌내지 못할 때 국가권력은 폭력화한다.53) 니시베에게 활력은 인간, 사회, 국가를 추동하는 생명인 것이다.

활력은 일상생활에서 국가가 매개하는 "위기로서의 삶"에 대한 개

---

52) 西部邁, 『大衆への反逆』, 70–71쪽.
53) 西部邁, 『大衆への反逆』, 72쪽.

인의 자각에서 생겨난다. 개인은 국가로부터 자유로운 자율적 주체이자 국가에 연결된 타율적 복속체로서 주체와 복속체의 양면성 사이에서 균형을 취하면서 총체적 인격을 형성한다. 그런데 일본인들은 개인과 집단 사이의 모순 갈등이 적고 일본적 집단주의가 개인과 국가 사이의 균형감각을 방해하기 때문에 위기로서의 삶에 대한 자각이 결여되어 있다. 일상생활에서 개인과 집단 간의 평형을 취하면서 위기감과 위기관리 능력을 배양하고, 이로써 국가적 위기에 민첩히 대응하는 서구인들과 다르다.[54] 국가의 위기관리 능력은 일상생활에서 위기로서의 삶을 자각하고 평형을 유지하는지 여부에 달려 있다. 그러한 자각은 위험에 대처하는 "국민의 지혜의 역사적 축적"에서 나온다.[55] 규칙은 위기로서의 삶에서 균형을 찾아준다. 규칙은 연대와 적대, 혹은 의존과 반발의 양면성을 지닌 인간관계에서 균형을 취하는 방식의 집대성이다. 규칙의 체계인 국가는 인간관계에서 "평형의 지혜"를 구현하는 역할을 담당한다.[56] 요컨대 국가는 규칙을 통해 개인이 자율적 주체와 타율적 복속체 사이에서, 자유와 질서 사이에서 평형을 보지하면서 위기로서의 삶을 자각하는 행위에 관여한다. 개인의 위기의식은 국가에 의해 체화된다는 말이다.

니시베는 개체의 자유는 용인해도 개체 간 평등은 인정치 않는다. 니시베는 1991년 글에서 "자유, 평등, 박애"의 이념을 가지고 걸프전을

---

54) 西部邁, 『戦争論』, 37-38쪽.
55) 西部邁, 『戦争論』, 57-58쪽.
56) 西部邁, 『戦争論』, 63-64쪽.

이해하는 평화주의와 평등주의를 비판한다. 니시베에 따르면, 인간이나 국가는 개성, 능력에서 불평등한 존재이며, 인간, 국가라는 개체는 개체 간 불평등을 숙명으로서 받아들여 그 숙명에 대항하는 투쟁의 밀도에서 자유를 부여받는다. 인간은 박애와 이기심 사이에서 자유롭지 못하며, 이기심에서 자유롭지 못하는 한 박애는 기만이나 위선으로 추락할 수밖에 없다. 니시베는 "자유, 공정, 규칙"을 내세운다. 악평등을 초래하기 쉬운 평등 대신에 시빌 미니멈을 전제로 일정한 격차를 허용하는 공정을 제시한다. 개인의 감정에서 나오는 감정주의적 박애를 버리고 타자와의 신뢰를 구축할 매개물로서 역사의 지혜가 반영된 규칙을 제시한다. 걸프전은 자유, 공정, 규칙의 문제를 드러낸 전쟁이다.[57] 공정과 규칙은 질서에 관한 것이므로 결국 자유와 질서를 말하는 셈이다. 질서는 국가악(국가 에고이즘)과 불평등(격차)을 용인하면서 이것들을 규율하는 공정과 규칙에 의해 상정된다. 자유는 개체 간 불평등을 숙명으로 받아들이는 전제에서 성립한다. 자유는 질서를 전제로, 질서 속에 존재한다.[58]

그런데 자유, 공정, 규칙은 1993년 논고에서는 "질서, 공정, 소통"으로 대체된다. 자유, 평등, 우애(박애) 이념은 표면적 진실일 뿐이며, 안쪽에는 책임, 격차, 경합이라는 대항가치가 있다고 주장한다. 책임 없는 자

---

57) 西部邁, 『戦争論』, 97–100쪽.
58) 니시베는 이렇게 말하고 있다. "진정한 자유는 생득적 혹은 환경적인 불평등 속의 적지 않은 부분을 오히려 자기의 벗어나기 어려운 숙명으로서 받아들이고 그 숙명 속에서는 아직도 활력 있는 삶을 조립하려는 노력이다. 자유는 질서와의 상대로 성립하는 것이며, 질서 속에는 다양한 불평등이 포함되어 있다. 질서의 제약을 받으면서 질서와 항쟁하는 양면적 과정이 자유의 본질이다(西部邁, 『大衆の病理』, 63쪽)."

유, 격차 없는 평등, 경합 없는 우애는 빈말이다. 사회는 자유와 책임, 평등과 격차, 우애와 경합이라는 길항관계의 복합에서 평형을 보전할 때 인간은 살만한 가치를 가진다. 자유와 책임의 평형인 질서, 평등과 격차의 평형인 공정, 우애와 경합의 평형인 소통이 사회의 이념이어야 한다. 자유와 책임, 평등과 격차, 우애와 경합이 서로 충돌하므로 질서, 공정, 소통은 혁명주의, 급진주의로는 안 되고 점진주의, 온건주의로만 실현될 수 있다. 그것은 인간의 이성으로 파악되는 것이 아니라 인간의 이성이 질서 있는 회화, 공정한 토론, 의지소통을 통해 배양된다. 그것은 역사적 형성물이다. 역사의 지혜, 전통의 정신은 역사적으로 형성된 질서의 존재 방식이며, 공정의 측정 방식이며, 소통의 보전 방식이다.[59] 니시베의 이러한 주장에서는 자유마저도 (좁은 의미의) 질서에 포섭되고 있다. 이항대립적 이념들의 평형을 모색하는 과정은 (넓은 의미의) 질서를 전제로 하고 있는 것이다.

4. 회의적 보수주의

진보의 '환각', 보수의 '도착'

흔히 일본의 보수지식인들은 산업주의와 민주주의로 무장된 일본의 전후체제를 진보주의가 지배하는 체제로 본다. 니시베도 "보수적 감

---

59) 西部邁, 『「成熟」とは何か』, 58–59쪽.

각을 상실한 체제"로 본다. 일본의 전후체제는 진보적 가치가 지배하는 세계이며, 자본주의와 사회주의, 경쟁과 통제, 자유와 평등, 효율과 공정의 조합에 따라 차이가 날 뿐, 보수화 흐름의 저변에도 진보 이념이 있다는 것이다.[60] 그가 보기에 현대일본의 여론은 전통파괴에 의한 과거 단절과 사회계획에 의한 미래 창조에 극히 낙관적 태도를 보이면서 진보주의에 기대어 왔다. 현대일본의 비즈니스문명은 "인간이 지적으로도 도덕적으로도 보다 완전한 것으로 나아간다는 가설을 믿는 태도", 즉 "완전가능성(perfectability)의 신념"인 진보주의 위에 성립한다.[61]

니시베는 진보주의가 고도 대중사회에 흡수되어 점진적 개혁에 편입된 채 "엷어진 진보주의"의 모습을 띠면서 대중의 욕망과 원망(願望)을 규율하는 내면적 규범이 와해되어 있다고 진단한다.[62] 엷어진 진보주의는 인간의 완전가능성이라는 가설을 수용하면서도 반쯤 의구심을 가지기에 점진적 변화를 추구한다. 하지만 엷어진 진보주의는 희석되어 도수는 낮아도 상습벽과 중독성이 강하다. 엷어졌지만 진보주의가 여전히 지식사회를 주도하고, 보수적 감각은 억압받고 있다.[63] 더구나 기술적 합리성에 대한 낙관주의가 충만해진 상황에서 지식정보의 주체인 인간이 기호(말)에 의해 생산되고 소비되는 객체가 되면서 말이 물질과 조합되어 말의 의미가 분절되고 물질과 말이 자유의 조건을 붕괴시키는 역전 현상이 벌어지고 있다. "진보의 환각"으로 충만해 있다.[64]

---

60) 西部邁, 『大衆への反逆』, 41–42쪽.
61) 西部邁, 『幻想の保守へ』, 文藝春秋, 1985, 216–217쪽.
62) 西部邁, 『大衆の病理』, 87–90쪽.
63) 西部邁, 『幻想の保守へ』, 216–217쪽.

진보주의는 역사의 불연속을 초래하는, 장소(토포스)를 갖지 않는 유토피아 사상이다. 보수주의는 유토피아 사상을 기피한다. 과거로의 소급이 현재의 과제이며 미래는 창조되지 않고 현재에서 생겨나는 것이라 믿는다. 하지만 니시베는 근대화 이념과 진보적 여론이 지배하면서 보수 지식인들은 옅어진 진보주의에 익숙해졌고, 진보적 문화인과 보수적 지식인을 구별했던 이상주의와 현실주의의 대립은 "온전한 진보주의"와 "옅어진 진보주의"의 차이에 불과하다고 본다. 1980년대의 신보수주의도 진보주의의 한 형태에 불과하다. 신보수주의는 정부의 개입과 급진적 개혁을 거부하므로 진보주의를 벗어난 듯이 보이지만, 실제로는 개인주의를 지향하고 자유주의 시장경제를 토대로 사회질서의 자율적 형성을 지지하며, 진보의 점진적 실현을 꾀하는 정치이념으로서 신자유주의와도 중첩된다.[65]

니시베가 보기에 보수지식인은 역설적 상황에 놓여 있다. 어떤 정치세력도 보수주의를 표방하지 않는 상황에서 보수주의가 "어디에도 없는 나라"를 구상하고 있다.[66] 보수주의는 시대착오와 유토피아를 기피하는데, 현대일본에서는 보수주의가 시대착오이며 유토피아일 수밖에 없는 "커다란 역설"이 성립해 있다. 옅어진 진보주의에 중독되어 보수적 감각이 억압받고 전통이 파괴되는 상황에서 일본 보수는 유토피아를 꿈꾸면서 보수주의를 표방해야 하는 역설적 상황, "도착(倒錯)된" 정신상

64) 西部邁, 『大衆への反逆』, 31-33쪽.
65) 西部邁, 『大衆の病理』, 88쪽.
66) 西部邁, 『幻想の保守へ』, 207-208쪽.

황에 있다.[67] 니시베는 "도착의 감각"을 감내해야 하는 이러한 상황에서 "컨서버티브"(보수주의자)가 할 수 있는 최대한의 자기증명은 부서진 전통의 파편을 주워 모아 "과잉된 계획적 혁신(진보)"으로부터 자신을 지키는 "컨서버티브"(방부제)로 삼는 것이라 말한다.[68]

물론 니시베가 방어적 컨서버티브에 머물러 있을 리는 없다. 그는 수세에 몰린 콘서버티브가 언제까지 방어적일 수만은 없다고 말한다. 전통을 보수하는 태도가 지배적일 때에는 과격주의와 극단주의적 열광과 개혁에 반대하며 "무하유향"(無何有鄕, 유토피아)을 배척하지만, 개혁을 선(善)으로 생각하는 도그마에 빠져 지속에 대한 애착이 없는 진보주의가 위장된 이데올로기로서 전통파괴를 계속할 때에는 보수파도 전통을 보수하기 위한 현상개혁에 나서야만 하고 이를 통해 도착의 감각을 벗어날 수도 있다.[69] 보수주의는 지난날에는 전통파괴로 질주하는 진보주의의 열광을 가장 혐오했지만, 전통파괴가 일상화된 고도 대중사회에서는 전통을 보수하고 평형감각을 보지하는 데 열광적이어야 한다. 니시베는 보수에게 전통의 부활을 유토피아로 상정하는 "과격한 심성"을 요구한다. 정치가(statesman)는 전통의 지혜가 다시 돌아오는 것을 바라는 원래 의미의 혁명가(revolutionary)여야 한다고 주장한다.[70]

니시베는 복지삭감, 군비확장, 헌법개정과 같은 정책을 "가볍고 자신 있게" 주장하면서 "소위 보수주의의 대중화"를 시도하는 신보수주의

---

67) 西部邁, 『幻想の保守へ』, 221-222쪽.
68) 西部邁, 『幻想の保守へ』, 206-207쪽.
69) 西部邁, 『「国柄」の思想』, 德間書店, 1997, 11-12쪽.
70) 西部邁, 『大衆の病理』, 110-111쪽.

자들에도 비판적이었다.[71] 이들 "자칭 보수파"는 변화에 대한 신중성을 결여하고 있다. "소위", "자칭"이라는 수식어에는 신보수주의 정치가들의 보수개혁에 대한 빈정이 담겨 있다. 자칭 보수파는 과반이 반좌익 근대주의자, 즉 위장된 보수파다. 니시베는 나카소네 정권이 "일억 총보수화"를 구가하는 맥락에서 보수의 정치와 사상을 되살리려면 "진정한 보수"와 "위장된 보수"를 구분하고 보보 대결의 언론전에 착수해야 한다고 주장한다.[72] 진정한 보수는 좋은 전통을 보수하는 자이고, 위장된 보수는 나쁜 인습을 보수하려는 자다. 전통은 신앙과 회의 사이에서 균형을 유지하려는 지혜의 집적이며, 인습은 경신(輕信)과 허무 사이에서 절충을 꾀하는 것이다. 전통파괴의 인습을 보수하려는 자는 위장된 보수이고, 그 인습을 거스르는 자가 진정한 보수다. 인습을 거스르는 것이 불가능한 꿈일지언정 부단히 꿈을 얘기하는 것이 진정한 보수다.[73] 니시베는 이렇게 말한다.

보수주의: 감성, 평형, 지속성

니시베는 보수주의를 "진보에 대한 철저한 회의"로 이해한다. 보수주의의 핵심은 인간은 진보를 추구하기에는 불완전한 존재라는 회의에 있다. 보수적 회의주의는 복고주의나 반동주의와 달리 불완전한 거처인 "역사의 대지"에서 보수할 전통을 찾아내고자 끊임없이 노력한다.[74] 보

---

71) 西部邁, 『大衆への反逆』, 44쪽.
72) 西部邁, 『「国柄」の思想』, 9쪽.
73) 西部邁, 『幻想の保守へ』, 221쪽.
74) 西部邁, 『大衆への反逆』, 1983, 43쪽.

수주의는 현상(status quo)에 대한 단순한 집착, 변화에 대한 능동적 공포, 미지에 대한 공포에서 나오는 것이 아니라 "기지(既知)에 대한 반발"에 기초한다. 불변의 항상성에 구애받기 때문에 미지에 대한 도전을 시도한다.[75] 이 점에서 보수주의는 리얼리즘과 닮았지만 같지 않다. 니시베에 의하면, 리얼리즘이 가치, 이상, 신앙 같은 관념적 요소를 경시하는 것과 달리, 보수주의는 현실 속에 이상적인 것들이 합리적으로 설명할 수 없는 환상이 되어 충만해 있다고 생각한다. 보수주의는 확실한 비합리에는 저항하지만, 합리적 설명이 안 된다고 관습과 거기에 내장된 환상을 폄하하지는 않는다. 보수주의는 가치, 이상, 신앙을 향한 사람들의 "의도하지 않은" 모험이 관습 속에 서서히 축적된 것이다.[76] 보수주의론은 전통에 기반을 둔 역사적 합리성을 모색하는 담론인 셈이다. 니시베는 역사적 합리성을 욕망, 평형, 지속성의 세 측면에서 이해한다.

기술적 합리와 개인적 자유라는 이데올로기 위에 성립한 근대주의는 자율적 개인이 기술적 합리성을 자유자재로 전개한다는 이상적 삶의 방식이다.[77] 니시베는 과학적 계몽이 합리성과 자유의 한계를 성찰하는 것을 게을리했고, 보수사상의 반과학주의와 반계몽주의는 이러한 나태함에 대한 반발에서 비롯되었다고 본다. 니시베는 "집단의 오래된 감정"을 편견으로 보고 배척하는 근대주의자들에 대항하여 "편견의 옹호"(Edmund Burke)를 말한다. "사전의(pre) 판단(judgement)"을 뜻하는 편

---

75) 西部邁, 『幻想の保守へ』, 206쪽.
76) 西部邁, 『幻想の保守へ』, 210쪽.
77) 西部邁, 『保守思想のための39章』, 中央公論新社, 2012 [초판은 筑摩書房, 2002], 27쪽.

II. 고도 대중사회 일본과 보수주의 109

견(prejudice)은 합리적 판단의 전제가 된다. 판단은 선행하는 판단, 즉 편견 없이는 불가능하다는 것이다.[78] 판단은 분석(analysis)을 중시하는 "과학으로서의 합리"보다도 감정의 갈등을 통일적으로 파악하는 총합(synthesis)을 지향하는 "도리로서의 합리"에 기초한다.[79] 집단의 오래된 감정과 도리로서의 합리를 중시하는 관점에는 욕망을 긍정하는 사유가 들어 있다. 니시베는 일찍이 공동성 차원의 욕망은 종교, 도덕, 윤리와 같은 관습에 의해 실체적 내용을 가졌는데, 근대의 진보주의가 이러한 관습을 해체하면서 개별성 차원의 욕망만이 실체적 의미를 갖게 되었다고 말한다. 그는 공동성과 개별성을 통합하는 차원에서 욕망을 긍정한다. 차이화와 동일화의 이원적 통합이 아니라 전통에서 형성된 공동성(동일화)에 개별적 욕망을 정초한다. 개별적 욕망을 집단적 욕망 위에 성립시킨다. 도덕, 윤리, 법이 의탁할 기반뿐 아니라 인간의 욕망까지도 전통에 정초해야 충실해질 수 있다. 개인의 욕망을 표현하는 자유 관념도 역사적 성격을 지닌다. 개인의 인격도 공동의 심벌이라는 관습에 기초해 성립한다.[80]

공동체적 규제(동일화 규제)와 개인적 자유의 사이, 공동체성과 개체성의 사이에는 감성의 갈등이 발생한다. 니시베는 자유(를 수행하고 있다는) 감각과 규제(에 복종하고 있다는) 감각 사이에 발생하는 갈등에 주목하고, 감성의 갈등에서 "활력"을 찾아낸다. 자유를 발휘하는 것과 규

---

78) 西部邁, 『「国柄」の思想』, 11쪽; 西部邁, 『保守思想のための39章』, 30-31쪽.
79) 西部邁, 『保守思想のための39章』, 33쪽.
80) 西部邁, 『大衆の病理』, 66쪽, 126-127쪽.

제를 수용하는 것 사이, 즉 자유와 질서 사이의 평형을 주장한다. "감성의 갈등을 받아들이는 것은 그 갈등에서 밸런스를 취하는 것이다". 감성적 갈등을 해결하는 길은 규제를 받아들이고 나서의 자유(혹은 자유에 조리를 부여하는 규제)라는 평형감각을 활력을 가지고 보수하는 데 있다.[81] 이 평형은 공동체성과 개체성 사이의 대등한 균형이 아니라 어느한 쪽에 귀일하는 형태의 통합이다. 감성의 갈등에서 생겨나는 활력은자유와 질서 사이의 완전한 평형이 아니라 양자 사이에 긴장을 조성하는 감성의 갈등을 해소하고자 하는 "평형감각"에서 비롯된다. 니시베는정신의 갈등을 받아들였을 때 보수주의는 동적일 수 있고, 언어와 같은사회적 제도를 이용하여 다이내미즘에 대처할 때 극적일 수 있다고 말한다.[82] 평형감각은 자유가 질서의 규제를 받아들이는 형태로 감정의갈등을 해소하는 과정에서 긴장감과 동태성을 부여하는 감성이다. 자유와 질서 사이에서 "평형의 지렛목"을 탐구하는 지혜는 전통에 축적되어있다. 기성의 것(전통) 속에 현재적 삶의 활동에 치명적으로 중요한 평형의 규준이 제시되어 있다.[83] "전통의 지혜"는 과학의 일원적 과잉(과학주의=이성일원론)과 종교의 일원적 과잉(종교주의=감성일원론)을 배척하는 방법적 개념이기도 하다. 과학과 종교의 상호응답을 통해 "이성과 감성 혹은 이론과 신화를 종합시킬", "과학과 종교의 동시존재"를 허용할 중용이나 평형도 전통의 지혜에서 찾아진다.[84]

---

81) 西部邁, 『保守思想のための39章』, 36–37쪽.
82) 西部邁, 『保守思想のための39章』, 39쪽.
83) 西部邁, 『保守思想のための39章』, 37쪽.
84) 西部邁, 『大衆の病理』, 112쪽.

전통은 역사상 존재한 시간적 지속이나 관습을 뜻한다. 니시베에게 보수/보수주의의 요체는 지속적인 것에 대한 애착이다. 보수란 지속하는 것(전통)에 대한 애착이거나 그것을 지키려는 태도다. 보수는 역사적 지속(관습)에 포함된 역사적 예지(전통)에 의탁한다.[85] 니시베는 버크의 시효(prescription) 개념을 끌어들여 시간적 지속을 설명한다. '프리스크립션'은 지금은 '처방전'을 의미하지만, 원뜻은 '사전의(pre) 규정(scription)'이다. 시간(지속)의 효과가 사전의 규정이 무엇인지를 정하기 때문에 프리스크립션(prescription)은 '시효'라는 뜻을 가진다. 프리스크립션은 시효(지속의 효과)가 일차적인 의미이고, 처방전은 이차적인 뜻이다.[86] 선험적으로 부여된 종교적 캐논은 지속의 효과를 가지므로 처방전이 필요 없다. 하지만 종교적 캐논이 더 이상 존재하지 않는 현대에서는 역사가 지속의 효과를 갖는다. 역사라는 관념은 지속의 효과를 전제로 성립한다.[87] 그리고 역사에 축적된 지속의 효과에서 리얼리티가 성립한다. "현실성(reality)이란 안정적으로 지속하는 가상성(virtuality)"[88]이다. 또한 역사는 "사(史)를 드러낸다"는 것, 즉 이야기인데, 이야기로서의 역사는 계승되어 얘기될 때 성립한다.[89] 역사는 지속적 시간 속에 축적된 역사적 현실의 기록이지만 이야기로 재구성되는 가상의 세계이며, 역사라는 가상물은 지속성에 의해 리얼리티를 갖게 된다는 것이다.

---

85) 西部邁, 『「国柄」の思想』, 10쪽.
86) 西部邁, 『大衆の病理』, 113–114쪽; 西部邁, 『保守思想のための39章』, 49쪽.
87) 西部邁, 『保守思想のための39章』, 49쪽.
88) 西部邁, 『保守思想のための39章』, 47쪽.
89) 西部邁, 『保守思想のための39章』, 50쪽.

전통: 관습과 언어

보수주의는 전통의 파편을 주워 모아 역사 속에 운반되어온 전통을 지키는 태도다. 보수주의는 전통에 대한 인식에서 진보주의와 가장 대비된다. 니시베에게 전통은 두 가지 점에서 의미를 가진다. 먼저 고도 대중사회에서 대중인이 자기상실(가치상실)을 벗어나기 위해 자기를 찾고자 할 때다. 니시베는 자기가 종교, 전통이라는 사회적 가치와의 상호 응답 속에서 형성된다고 본다. 이상주의에서조차 미래의 희망을 육성하는 토양은 과거이며, 진보의 질량과 방향은 과거와의 비교에 의해 측정되며 지시된다. 과거와 단절된 진보주의는 지속적인 유행의 창출로 가치상실, 자기상실을 극복할 수는 없다.[90] 또한 전통은 자유와 억압, 개인과 집단, 유행과 불역(不易), 분화와 획일, 신앙과 회의와 같은 회피할 수 없는 모순, 갈등 속에서 평형을 보전하고 종합하는 지혜를 내장하고 있다.[91] 이율배반의 갈등에서 평형의 지점을 찾을 때 참조하고 의탁할 곳은 전통의 지혜다. 현상유지뿐 아니라 현상개혁을 추구할 때도 전통의 지혜를 소홀히 해서는 안 된다.[92] 전통은 현재의 갈등을 치유할 평형감각을 제공하는 곳이자 미래의 희망을 육성하는 토양이라는 것이다.

전통은 문화와 연관된다. 니시베가 "개성은 전통과의 관련에서만 규정할 수 있다"[93]고 말했을 때, 전통은 문화를 의미한다. 하지만 문화가 곧 전통은 아니다. 니시베는 일본형 문화인 신축적 집단주의가 산업주

---

90) 西部邁,『大衆の病理』, 91-92쪽.
91) 西部邁,『大衆の病理』, 33-34쪽.
92) 西部邁,『大衆の病理』, 110-111쪽.
93) 西部邁,『大衆の病理』, 33-34쪽.

의를 낳기 쉽지만 산업주의는 전통파괴와 연결되기 쉬운 문화라고 보았는데,[94] 여기서 문화는 전통을 변화시키는 요소다. 니시베가 전통의 요체로 생각한 것은 도덕적 관습이다. 도덕은 "미세한 가까운 것과 거대한 먼 것 사이를 연결하는 지혜의 집적"이다. 니시베는 도덕을 "역사의 퇴적 속에 굳어진 습속(mores)", 즉 전통(관습)과 동일시하면서 정치까지도 전통의 지혜가 집적된 도덕에 수렴시키고 있다.[95] 니시베의 전통 개념에서 핵심은 도덕이다.

　니시베는 전통에서 인간과 삶의 이율배반성(모순, 역설)이 만들어내는 실체적 모습을 보고자 한다. 이는 천황제론에서 잘 드러난다. 니시베는 천황제를 인간의 모순, 역설이 극한까지 진전되었을 때 만들어진 픽션, 허구로 본다. "만들어진 허구"는 중시해야 하지만, 오로지 애지중지하는 동안 허구임을 잊어버리고 허구에 얽매이는 천황주의자는 인간의 이율배반성을 단순화, 일면화시킨 점에서 반천황주의자와 같은 통속이라 단언한다.[96] 천황제가 일본인이 품은 모순, 역설을 해소하기 위한 픽션이라면 천황제가 픽션임을 알면서 픽션의 의미를 아는 것이 중요하며, 천황제를 일본인 자신이 안고 있는 모순, 역설의 결절점으로 생각할 때 천황제는 나의 의식, 정신에서 가까운 것으로 느껴진다고 말한다. 신이 아니지만 신으로 여기고 신이라 말하지만 신이 아니라는 순환 논리를 상식으로 인정할 때 역동성을 찾을 수 있다고 말한다.[97] 보편종교가

---

94) 西部邁, 『大衆の病理』, 76쪽.
95) 西部邁, 『批評する精神』, PHP硏究所, 1987, 72쪽.
96) 西部邁, 『幻想の保守へ』, 299쪽.
97) 西部邁, 『幻想の保守へ』, 299-301쪽.

부재하고 종교감각이 희박한 일본인들에게 천황제와 천황이 종교와 신과 유사한 기능을 수행하는 것으로 알려져 있다. 니시베는 픽션으로서의 천황제에서 세속적 인간의 이율배반성(모순, 역설)을 읽어내고 있지만, 동시에 모순을 해소할 종교성을 찾아내고자 했을지도 모른다. 단지 경신(輕信)의 대상이 아니라 나의 의식, 정신에서 가까운 것으로 느끼는 종교성을 찾고자 했을 것이다. 고도 대중사회 일본에서 "신은 죽었다." 니시베는 숭고한 것에 대한 사념은 소멸해버린, 숭고의 차원(에 관해 말할 능력)을 단념한 고도 대중사회 일본에서 숭고한 것에 대한 사념, 숭고의 차원에 승화되고 싶다는 원망을 드러낸다.98) 종교적, 미적 숭고함은 보수주의의 핵심적 가치다.

니시베는 화폐와 더불어 인간의 삶을 규정하는 매개로서 언어에 주목한다. 화폐가 물질적 가치의 표준이 되고 저장수단과 유통수단이 되며 신제품 개발에도 관여하듯이, 언어는 문화적 가치를 척도, 보존, 전달하며 새로운 가치의 창조에 관계한다는 것이다.99) 언어는 역사적 시간 속에서 형성된 전통에 기초한다. 이야기로서 전승되는 전통은 말의 역사다. 어휘, 문법, 문체도 역사와 관련된 소여물이다. 말의 전달 기능은 전달 수단에 따라 조작할 수 있어도 말의 코드 구조는 과거로부터 운반된 전통이다.100) 그런데 고도 대중사회에서는 말은 새로운 기술에 의해 쉽게 전달되지만, 말의 의미와 가치는 기술로 인해 공허해지고 있다. 산

---

98) 西部邁, 『大衆の病理』, 138쪽.
99) 西部邁, 『大衆への反逆』, 34쪽.
100) 西部邁, 『保守思想のための39章』, 50쪽.

업주의가 말의 전통을 파괴하고 말의 기초를 무너뜨리고 있다.[101] 새로운 것(신제품, 신조직, 신어 등)이 끊임없이 모색되는 가운데 말의 의미는 내구성을 상실하고 있다.[102]

　　전쟁과 평화의 문제도 말의 문제로 인식된다. 니시베는 평화주의를 말하는 것은 말에 대한 무이해—단면적 이해, 낙관적 오해—를 드러내는 행위라 생각한다. '반전', '평화'라는 말은 일상생활과 단절된 극단적 관념어이며 "일상언어와의 연락을 결여한 인공언어"일 따름이다. 이러한 언어 사용으로는 일상생활에서 위기의식은 배양될 수 없다. 걸프전 문제에서 드러난 일본인의 불안과 두려움도 일상의 언어생활에서 위기극복과 관련된 언어 사용이 미숙하기 때문이라는 것이다.[103] 니시베는 언어에 구속받는 것과 언어를 구사하는 것 사이에서 밸런스를 보전하는 "말 사용의 지혜"가 필요하다고 말한다.[104]

　　또한 말의 문제는 문체로 연결된다. 말은 뛰어난 산문정신에 의해 효과적으로 표현되는데, 정치가와 지식인은 단정벽(斷定癖)을 드러내는 언론의 문체[105]를 극복할 수 있는 뛰어난 산문정신을 가진 자다. 뛰어난 산문은 이상과 현실 사이에서, 종교와 과학 사이에서, 감성과 이성 사이에서 평형을 취한다. 정치가에게 정신의 고귀함과 현명함은 뛰어난 산문의 이야기로써 역사의 정통을 전하는 데 있다. 정통의 전달이 전통

---

101) 西部邁, 『大衆の病理』, 79-80쪽.
102) 西部邁, 『大衆への反逆』, 36쪽.
103) 西部邁, 『戦争論』, 37-38쪽.
104) 西部邁, 『大衆への反逆』, 35쪽.
105) 西部邁, 『大衆への反逆』, 67쪽.

이다.[106) 지식인은 숭고의 가능성이 단절된 긴장 속에서 유머라는 문체에 의존한다. 이성과 감성, 절대와 상대, 이상과 현실과 같은 상극 사이의 평형은 뛰어난 산문정신에 의해 이루어지지만, 뛰어난 산문은 신의 존재를 실감할 때 가능하다. 일본의 지식인은 신의 존재를 실감할 수 없음을 알기에 유머 감각에 의해 겨우 숭고한 차원에 대한 희망과 절망을 드러내고 있다.[107)

5. 문화공동체와 평형의 붕괴

니시베 스스무의 일본사회론은 쾌락주의와 평등주의를 만들어낸 산업주의와 민주주의의 과잉을 비판하는 보수적 견해다. 니시베는 고도 대중사회를 회의할 것을 요구하는 한편, 고도 대중사회에서 초래된 상대주의를 극복하기 위해 공동체의 가치기준을 중시하는 신앙을 요구한다. 니시베의 회의적 보수주의는 대중사회에 대한 회의와 공동체에 대한 신앙 사이의 평형에서 성립한다. 니시베가 지식인에게 회의와 신앙 사이의 평형을 요구했을 때, 산업주의와 민주주의의 과잉을 얘기했을 때, 과잉에 따른 평형의 붕괴, 혹은 과잉에 따른 대중사회의 고도화를 경계하면서 대중사회에 불가피한 산업주의와 민주주의를 양해한 듯이 보인다. 신앙은 전통에 구현된 숭고한 것에 대한 사념이며 숭고의 차원에

---

106) 西部邁, 『大衆の病理』, 112쪽.
107) 西部邁, 『大衆の病理』, 139쪽.

승화되고 싶다는 원망(願望)이다. 전통에 대한 신앙이다. 대중사회 비판은 숭고함과 그것을 생각하는 바람이 소멸하고 있는 것에 대한 비판이다. 회의와 신앙 사이의 평형을 지킬 때 진정한 지식인은 가능하다. 하지만 보수적 회의를 지탱하는 신앙의 가치기준을 전통에서 찾을 때, 그 평형을 유지하기는 어려울 수밖에 없다.

보수주의자가 전통을 내세우는 것은 자연스러운 일이다. 하지만 니시베에게 전통이 무엇인지는 분명치 않다.[108] 니시베는 냉전종식으로 초역사적인 정의의 지배가 출현할 여지가 사라진 상황에서 고도 대중사회의 중우정치에 만연한 감정의 지배를 극복하기 위해 전통에 의거한 규칙의 지배를 강조한다. 합리적 개인과 민주주의의 다수결 원리, 개인주의가 무질서를 초래하는 것을 막는 항체로서 국민국가(nation-state) 혹은 문화공동체로서의 나티오(natio)를 제시한다. 문화공동체인 나티오는 개인과 국가, 자유와 질서 사이를 매개하고 전통의 규칙에 의해 연속성을 가지며, 국민성(nationality)은 개인생활과 국가정책에 형식을 제공하는 전통의 규칙으로 이해된다.[109] 전통의 핵심은 문화공동체와 결부된 국민성인 셈이다. 니시베는 미국화되기 이전의, 대중사회화 이전의 문화공동체에서 영위되었던 문화(전통)에의 복귀를 염원하고 있다.

문화공동체에 내장된 전통의 규칙으로 개인과 국가, 자유와 질서를

---

108) 니시베는 보수와 관련된 개념이나 어휘를 해설한 최근 저작에서 '전통'을 '보수'에 이어 두 번째 항목으로 다루고 있다. 여기서도 '전통'은 막연히 국민정신을 규정하는 관습이나 역사의 지혜를 나타내는 언어 사용이라는 측면에서 막연히 서술되고 있을 뿐 명확히 규정되어 있지 않다. 西部邁, 『保守の辞典』, 幻戯書房, 2013, 20–26쪽.
109) 中曾根康弘·佐藤誠三郎·村上泰亮·西部邁, 『共同研究 「冷戦以後」』, 60–69쪽.

규율하고자 할 때 신앙이 중시되기 마련이다. 회의와 신앙 사이의 평형은 무너지고 평형이란 말은 전통의 부활을 바라는 심정을 분식하는 명분이 될 수밖에 없다. 탈냉전 국제질서에서 일본의 국가가 취약하다고 자각되었을 때, 보수적 심성의 근저에 자리 잡은 공동환상과 문화공동체로서의 국가상은 강해지고 평형감각은 깨질 수밖에 없다. 전쟁평화론에서 보듯이 국제사회에서 일본국가의 존재 양태를 모색했을 때 국가가 개인과 자유를 규율하는 질서의 주체로서 상정된다. 복지삭감, 군비확장, 헌법개정과 같은 정책을 추구하는 신보수주의 정치가에 대한 비판은 정책 자체보다는 '개혁'이라는 마법어에 도취되어 변화에 신중치 못한 태도에 대한 것이었다. 니시베는 회의와 신앙 사이의 균형을 말하는 동안에도 신보수주의 정책을 추진한 나카소네 야스히로와 보수정치 이론가 사토 세이자부로(佐藤誠三郎), 무라카미 야스스케(村上泰亮)와 전후체제에 관한 비판적 견해를 공유하면서 탈냉전기 일본국가의 길을 모색하는 공동연구[110]를 수행하였다.

탈냉전은 일본 국내에서는 걸프문제에 대한 대응을 둘러싸고 평화주의 논쟁을 불러일으켰지만, 동아시아 지역 차원에서는 냉전체제에서 억눌려 있던 기억의 문제를 일깨웠고, 교과서문제, 영토문제, 야스쿠니문제, 위안부문제가 정치화하면서 역내 대립갈등이 초래되었다. 동아시아에서 탈냉전은 '역사의 종언'이 아니라 '역사의 시작'이었다. 지역문제로서의 역사는 니시베가 생각한 전통으로서의 역사일 수는 없다. 1990

---

110) 中曾根康弘・佐藤誠三郎・村上泰亮・西部邁, 『共同研究「冷戰以後」』.

년대 중반 이후 보수지식인과 진보지식인 사이에 벌어진 전쟁책임 논쟁111)에서 드러났듯이, 역사문제가 부상하면서 일본 지식사회는 진정한 보수와 위장된 보수를 구분하는 보보 대결의 언론전이 아니라 진보 대 보수의 언론전으로 흘렀다. 역사문제의 정치화는 문화공동체(국가)를 역사 속의 자연적 형성이 아니라 정치에 의한 작위적 창생으로 재구축하려는 시도를 낳았다.

'새로운 역사교과서를 만드는 모임'(새역모)은 역사의 작위적 재구축을 시도한 대표적 운동체였다. 니시베는 이 운동체에 간여하면서 새역모가 기획한 『일본의 도덕』(2000년)이라는 방대한 분량의 대중서를 집필하기도 했다. 역사의 보수적 재구성과 도덕의 보수적 해석을 통해 문화공동체로서의 일본국가를 재건하려는 시도였다.112) 니시베가 새역모를 통해 진보적 역사관(민주주의 역사관)과 투쟁을 벌였을 때, 진보와 대결하는 투쟁성이 고조되었을 때, 니시베가 보수의 심성에 담았던 비판적 회의의 심성, 회의와 신앙 사이의 평형은 경색된 보수의 색깔을 희석시키는 허울에 지나지 않았음이 드러난다. 전통은 국가를 매개로 작위된 것이었다.

---

111) 보수학자 가토 노리히로(加藤典洋)와 진보학자 다카하시 데쓰야(高橋哲哉,)의 논쟁을 들 수 있다. 加藤典洋, 『敗戰後論』, 講談社, 1997; 高橋哲哉, 『戰後責任論』, 講談社, 1999.
112) 新しい歷史教科書をつくる会編(西部邁執筆), 『日本の道德』, 産経新聞ニュースサービス, 2000.

제2부

국가전략과
사회운동

현대일본생활세계총서 8

일본, 상실의 시대를 넘어서

민주당 정권의 국가전략과 평화담론*
아베의 '적극적 평화주의'를 평가하기 앞서

박정진

1. 위기와 국가전략 그리고 평화담론

2013년 12월, 아베 신조(安倍晋三) 수상은 '국가안전보장전략'의 내각결정을 공표했다. 전후 일본에서 처음 있는 일이다. 모델이 된 것은 미국과 한국의 국가전략(Grand Strategy)인 것으로 알려져 있다.[1] 당대의 정책과제를 수립하고 전략적 미래상을 종합하는 작업은 절박한 위기 상황의 설정을 필요로 한다. 미국은 글로벌 차원의 위기(또는 위협)를 구체적으로 정의하고 있고, 한국은 로컬차원에서 위기를 현실에서 체험하고 있기에 국가전략의 필요성이 상존한다. 그동안 일본에 국가전략이 부재했다는 것은 국가적 위기를 현실 상황으로 간주하지 않았던 사실을 반

---

* 이 글의 초고는 『황해문화』(새얼문화재단) 통권71호(2011)에 「G2의 대두와 일본의 변화」라는 제목으로 게재되었다.
1) 国家安全保障会議, "国家安全保障戦略について(2013. 12. 17., 内閣決定)" http://www.cn. emb-japan.go.jp/fpolicy_j/nss_j.pdf(검색일: 2014. 3. 5.).

증할지도 모른다. 국가전략이 부재했기 때문에, 국가 수준의 평화담론 또한 생략할 수 있었을 것이다. 전후 일본의 안전보장을 지탱해온 미일동맹과 평화헌법이라는 장치가 그 필요성을 더욱 상쇄시켜왔다고도 볼수 있다.

일본인들에게 아베내각의 국가전략은 그만큼 낯선 것이다. 그 낯선 국가전략에 '적극적 평화주의'(Proactive Contribution to Peace) 담론이 더해졌다. 여기에는 미일동맹과 평화헌법에 대한 새로운 견해와 입장도 내재되어 있다. 아베 개인의 국가관 또는 리더십이 작용했겠지만, 그것으로 설명하기에는 매우 큰 폭의 변화임에 틀림이 없다. 물론 한국과 마찬가지로 일본에서도 국가전략이 탄생하게 된 배경으로서 위기가 거론된다. 다만 '위기의 일본'은 아베내각 시기에 돌출되지 않았다. 아베노믹스와 도쿄올림픽 유치 등이 상징하듯이, 현재 일본에서는 위기보다 성장의 논리가 압도하고 있다. 오히려 위기의식에 대한 가장 선명한 정치적 표출은 과거 자민당 장기집권의 일시적 종언, 즉 민주당 정권의 등장이었다. 아베내각의 국가전략과 마주하면서, 굳이 민주당 정권의 모색을 회고해보고자 하는 이유도 여기에 있다.

54년 만의 정권교체를 통해 등장한 민주당의 하토야마 유키오(鳩山由紀夫) 내각은 '동아시아 공동체 건설'을 슬로건으로 내세운 야심 찬 국가재건 계획을 시도했다. 곧이어 '신 성장전략'의 추진을 내각결정하고, 7가지 전략분야와 21개의 프로젝트를 구체화한 중장기 국가 발전전략을 수립했다.[2] 하토야마에서 간 나오토(官直人) 내각으로 권력이 이전되는 과정에서는 중장기 국가전략의 구체화와 이에 기초한 정책 아젠다의 재설정이 이루어졌다. 공식화되지는 않았지만, 그 결과로 새로운 국가비전을 담은 문건이 제출된 바 있었다. 특히 이 문건에서는 국가 차원의 평화담론에 대한 정의가 이루어졌다. 이 점에 주목하면서, 이 글은 당시 국가전략의 내용과 논리를 추적하고, 그것의 구체적인 실행 사례로서 대한반도 정책을 확인한다. 이 작업을 통해, 민주당 정권과의 연속과 단절이라는 관점에서 아베내각의 국가전략과 평화담론에 대한 재론의 여지를 확인하고자 한다. 아베내각의 외교안보정책에 대해서는 이미 다각적인 분석이 시도된 바 있다.[3] 하지만 국가전략수준의 논의와 평가는 아직 본격적으로 시작하지 않았다.

2. 민주당 정권의 등장과 동아시아 비전

2008년 2월, 일본에서는 현 상태의 추이가 지속될 경우 반세기 후 일본 국토의 모습(자연, 경제, 사회, 문화 등 제 모습의 공간적 상황)이 어떻게 변할지를 정량적으로 예측한 보고서가 발표되었다. 이에 의하면, 2050년에 일본의 총인구는 9,515명까지 줄어들고, 고령화율 또한 40%에 육박하게 된다.[4] 같은 시기, 민간에서는 일본경제연구센터가 2050년이

---

2) 国家戦略局, "新成長戦略:「元気な日本」復活のシナリオ", 2010. 6. 18. http://www.kantei.
   go.jp/jp/sinseichousenryaku/sinseichou01.pdf(검색일: 2014. 3. 5.)
3) 아베 내각의 외교안보전략에 대한 최근의 종합적인 분석과 평가는 박철희
   편, 『동아시아 세력전이와 일본 대외전략의 변화』, 서울: 동아시아재단, 2014
   을 참조할 것.
4) 国土審議会政策部会長期展望委員会, 『「国土の長期展望」中間まとまり』, 国土交

되면 중국의 GDP 규모가 일본의 7배 이상이 될 것으로 전망했다. 생산 활동이 가능한 노동력 인구가 급감하고, 고령화가 진행되어, 저축률이 큰 폭으로 줄어들기 때문이라는 것이다.[5] 한편, 미국의 국가정보회의 (NIC)의 보고서 'Global Trend 2025'에서는, 2025년에 일본은 이미 미국, 중국, 인도에 이어 국력지수 세계 제4위의 국가가 될 것으로 묘사하고 있었다.[6]

이들 보고서가 제출된 2008년은 일본정부가 '잃어버린 10년'을 되찾기 위해 시도했던 신자유주의적 구조개혁에 그늘이 보이기 시작한 시점이었다. 곧이어 '잃어버린 20년'이라는 조어가 유행어처럼 등장했다. 일본의 미래에 대한 이러한 암울한 전망들에서 가장 크게 대비되는 존재는 중국이었다. 일본의 이미지는 성숙한 사회에서 성장의 잠재력이 고갈된 사회로 바뀌는 반면, 중국에 대해서는 빠른 성장률과 영토에 비례하는 '규모'의 이미지가 더해져 대국으로서의 인식이 확대되어 갔다. 그리고 이는 곧 현실로 나타났다. 일본경제센터의 자체조사에 의하면, 2009년도 일본의 잠재 성장률은 14위로 후퇴한 것으로 집계되었고,[7] 2011년 일본은 GDP 기준 제2위 국가로서의 위상을 중국에게 넘겨 주었다.

通省国土計画局, 2008, 4쪽. http://www.mlit.go.jp/common/000135853.pdf(검색일: 2014. 3. 5.)

5) 日本経済研究センター, 『長期経済予測(2006~2050年) : 人口が変えるアジアー2005年の世界の姿』, 2007, 1쪽.

6) National Intelligence Council, *Global Trend 2025: Transformed World*, November 2008, pp.34-35.

7) 日本経済研究センター, 『世界50カ国・地域潜在力調査』, 2010, 11쪽.

중국이 줄곧 대국으로 인식되어 온 것은 사실이지만, 실제로 일본은 근대로 진입한 이래 자신보다 강력한 중국과 만나본 적이 없었다. 하지만 동아시아의 파워는 분명 중국으로 이동하고 있었고, 일본의 프라이드는 크게 상처받은 상태였다. 이를 회복하기 위한 일본의 저력도 당시의 수치상으로는 확인하기 어렵다. 과거 20년 동안, 일본 정부는 심각한 재정파탄(국책 잔고 약 490조 엔 증가)을, 국민들은 디플레이션(소비자 물가상승률 0% 정도)을 겪고 있었고, 경제성장률 또한 10년 동안 명목치로 마이너스 성장(잠재성장률은 1% 정도)을 보이고 있었다. 이에 더해 5%의 실업률과 격차의 확대가 심각한 사회문제화되고 있었으며, 무엇보다 4명의 총리가 각각 집권 1년을 못 채우고 사퇴하는 등, 국력의 재기를 이끌어 낼 정치적 리더십의 공백현상 또한 장기화 조짐을 보이고 있었다. 위기라는 맥락에서 보면, 자민당 정권을 대체할 새로운 정치세력의 부상은 필연적이었다.

2009년 9월 정권교체와 더불어 등장한 민주당의 하토야마 내각은 '동아시아 공동체 구상'이라는 비전을 전면에 내세웠다. 이 구상의 기본 내용은 FTA의 적극적인 추진으로 한중일 동북아 삼국과 ASEAN 및 인도, 호주, 오스트리아 뉴질랜드를 아우르는 개방적 경제협력을 추구한다는 것이었다. 지역범주로만 보면 사실상 환태평양 구상이라고 할 수 있다. 일본에서 이런 식의 지역구상은 사실 새로운 것이 아니었다. ASEAN+3(APT)을 기초로 한 동아시아 공동체 구상을 일본이 최초로 공식 제기한 것은 2004년 9월 유엔총회에서 있었던 고이즈미 준이치로(小泉純一郎) 총리의 연설에서였다.[8] 하토야마가 동아시아 공동체를 공식화시킨 장도 APT 회담의 자리에서였다. 고이즈미는 2005년 시정연설에서도 "글로벌한 규범의 준수"와 "아시아 지역주의의 조화" 등 동아시아 공동체와 관련한 언설들을 강조했었다.[9] 고이즈미의 동아시아 공동체론 또한 하토야마의 그것과 마찬가지로 태평양지역을 커버하고 있었다.

하지만 기본인식상에 중요한 차이가 있었다. 고이즈미의 동아시아 공동체론에는 사실상 중국의 대국화 '가능성'을 봉쇄하고자 하는 의도가 담겨 있었다. 반면, 하토야마 내각의 동아시아 공동체 구상의 이면에는 중국의 경제·군사 대국화가 이제 '불가피한 추세'라는 인식이 자리를 잡고 있었다.[10] 이러한 인식에 기초한 정책의제로서 가장 먼저 등장한 것이 오키나와 나하(那覇) 시에 있는 미군기지, 바로 후텐마(普天間) 문제였다. 후텐마 기지의 존재는 일차적으로 북한의 위협을 가정하고 있지만, 후텐마 기지가 위치한 오키나와는 지정학적으로 일본 본토보다 대만에 근접해 있는 곳으로 대중국관계에 있어 가장 민감한 곳이기도 하다. 즉, 하토야마 내각은 임박한 미중관계의 변화를 선도한다는 관점에서 후텐마 문제에 접근한 것이다. 하지만 이는 곧 오키나와 주둔 미군의 이동을 의미하는 것이었다. 미국의 동의가 필요한 것이다. 이와 관련해,

---

8) "第59回国連総会における小泉総理大臣一般討論演説ー新しい時代に向けた新しい国連", 2004. 9. 21. http://www.mofa.go.jp/mofaj/press/enzetsu/16/ekoi_0921.html(검색일: 2013. 3. 5.)
9) "第162回国会における小泉内閣総理大臣施政演説", 2005. 1. 21. http://www.kantei.go.jp/jp/koizumispeech/2005/01/21sisei.html(검색일: 2014. 3. 5.)
10) 고이즈미 내각의 동아시아 공동체론과 하토야마 내각의 동아시아 공동체론에 대한 보다 심층적인 논의는 조양현, 「동아시아 세력전이와 일본의 다자주의 전략: 미중 사이에 선 일본의 지역정체성」, 박철희 편, 『동아시아 세력전이와 일본 대외전략의 변화』, 237-241쪽을 참조할 것.

민주당 매니페스토에는 미국과의 '대등한 파트너십'에 근거한 '신시대 미일동맹'이라는 용어와 미일지위협정의 개정 및 주일미군기지의 재편이라는 문구가 등장했다. 문제는 어떠한 자세와 관점에서 이 공약들을 실현해갈 것인지에 달려 있었다.

정권 출범 초기 민주당 정권의 대미관은 흔히 하토야마의 지론인 '우애'(友愛) 정치에서 찾을 수 있다. 하토야마는 이를 "시장 지상주의로부터 국민의 생활과 안전을 지키는 정책으로 전환하여 공생의 경제사회를 건설하는 것"을 이념으로 하는 것으로, "글로벌리즘이 석권하는 가운데 방치되었던 경제외적 제 가치에 눈을 돌리고, 사람들 간의 연대의 재생, 자연과 환경에의 배려, 복지와 의료제도의 재구축, 교육 및 보육환경의 충실화, 격차의 시정 등에 대처하는 것"으로 정의했다.[11] 이에 대해 일본 국내에서는 '뇌 속의 꽃밭'(脳内お花畑)이라며 이상론으로서 치부되기도 했다. 그리고 2009년 10월 22일 자 워싱턴 포스트지에서는 "가장 골치 아픈 것은 중국이 아니고 일본"이라는 미 국무성 고위관리의 발언이 인용되기도 했다. 우애론에 근거한 하토야마의 내각의 외교방침은 결국 미국식 글로벌리즘에 대한 비판이며, 동아시아 공동체 구상이 미국을 아시아지역에서 밀어낼지도 모른다는 것이었다.[12] 미국의 우려를 고려하면, 민주당에게 후텐마 기지는 미일동맹과 미중관계의 재편을 동시에 풀어갈 수 있는 정책 아젠다로 인식된 것으로 이해할 수 있다.

---

11) 鳩山由紀夫, 「私の政治哲学祖父一郎に学んだ友愛という戦いの旗印」, 『VOICE』 9月号, 132–141쪽.
12) 이 인용은 일본의 미디어에서도 크게 다루어진 바 있다. 『朝日新聞』, 2009. 10. 23.

3. 전략의 갱신: '수동적 평화'에서 '능동적 평화'로

하토야마 내각은 실제로 대미관계의 재편을 의도하고 있었던 것일까? 정권 출발이 본격적으로 시작되는 2010년은 마침 미일안보조약이 갱신된 지 50주년에 해당하는 해였다. 이 시점에서 하토야마 내각은 적어도 종례의 우호를 다지는 이벤트를 기획하고 있지는 않았다. 2009년 9월, 오카다 가쓰야 외무상의 명령으로 미일 간의 안보조약과 관련한 비밀협약들, 소위 '밀약'에 대한 철저한 자료조사 및 공개에 나선 것이다. 외무성이 조사 수집한 자료를 토대로, 2010년 3월에 15인으로 구성된 유식자위원회(有識者委員會) 소속전문가들이 보고서를 제출했다. 보고서는 다음의 네 가지 밀약에 관한 분석내용을 담고 있었다. 첫째, 핵무기를 탑재한 함선의 기항, 통항은 핵 반입에 필요한 사전 협의 대상에서 제외한다. 둘째, 한반도 유사시 주일 미군기지로부터 출격하는 전투작전 행위는 사전협의 대상에서 제외한다. 셋째, 긴급사태 때 미 정부가 오키나와 기지에 핵무기를 반입할 경우, 일본은 사전 협의를 통해 핵 반입을 인정한다. 넷째, 오키나와 원상회복에 필요한 비용은 일본이 부담한다.[13]

여기서 첫째와 둘째는 주일미군의 군사행동과 관련한 미일 간 사전협의조항을 대상으로 한 것으로, 1960년 기시 노부스케 내각이 미국과 안보조약의 개정을 강행할 때 이루어진 것이다. 한편, 셋째와 넷째의 경우는 주일 미군의 오키나와 기지의 사용 및 시정권(施政權) 이전과 관련

---

13) 外務省調査チーム, "いわゆる「密約」問題に関する調査報告書", 2010. 3. 5. http://www.mofa.go.jp/mofaj/gaiko/mitsuyaku/kekka.html(검색일: 2014. 3. 5.)

해 1969년과 1971년 사토 에이사쿠 내각 당시 추가적으로 이루어진 것이다. 사토는 재임 당시 오키나와 본토 환원을 실현시켰고, 이 과정에서 비핵 3원칙(가지지 않는다, 만들지 않는다, 들여놓지 않는다)을 천명했다. 비핵 3원칙은 피폭국가이자 평화국가로서 일본을 상징화 또는 정당화시켜왔다. 미일 밀약의 공개는 전례도 없거니와, 무엇보다 이 비핵 3원칙을 원천적으로 무력화시키는 것이라는 점에서 획기적인 것이었다. 과거의 치부를 단죄했다는 점에서 일단 정권교체의 위력이 확인되는 지점이다.[14]

하지만 예상과 달리, 미일 간에 그 이상의 파장은 일어나지 않았다. 사실 일본의 '알 만한 사람'(有識者)들 사이에서 미일 간 밀약의 존재는 상식에 가까웠기 때문이다. 다시 말해 미일 간 밀약의 공개는 감추어진 진실의 폭로라기보다 공공연한 사실의 확인으로서의 의미를 가지고 있었던 것이다. 신생정권으로서 보다 홀가분한 마음(Clean Hand)으로 대미 외교에 임하겠다는 의도가 엿보인다. 한편, 밀약의 폐기 또는 재평가를 통해 향후 일본의 핵정책이 변화할 것이라는 주위의 우려 섞인 전망과 관련해, 오카다 외상은 일단 비핵 3원칙을 고수할 것이라고 말했다.[15] 이 말은 종래 비핵3원칙의 중요성을 새삼 강조하기 위해 밀약의

---

14) 특히 일본 국내에서는 조사가 진행되는 과정에서 전직 외무성 차관들이 자민당 정권 당시 일부 수상 및 외무상들이 이들 밀약의 존재를 알고 있었다고 밝힘으로써 특필되었다. 하토야마의 동아시아론의 미국 내 찬반양론에 대한 보다 구체적인 논의에 대해서는 박영준, 「일본 민주당 정부의 대미정책: "대등한 동맹관계" 모색과 좌절」, 서울대학교 일본연구소 편, 2011. 4. 29. 11-15쪽('2010년 일본학연구지원사업, 일본 민주당 연구팀 공개발표회').
15) 『朝日新聞』, 2010. 3. 6.

존재를 굳이 공공연화시켰다는 의미는 아닐 것이다. 이 대목에는 미국에 대한 암묵적인 메시지가 담겨 있다.

미일 밀약과 관련한 조사과정에서, 미일안보조약이 갱신된 이래 일본 항구에 정박했던 미 해군의 함정에 전술핵을 탑재한 사실은 없었던 것으로 확인되었다. 주목할 점은 전술핵외의 다른 핵무기를 탑재했었는지는 여부 또한 드러나지 않았다는 점이다.[16] 전술핵조차도 유사시 탑재 여부를 긍정도 부정도 하지 않는다는 것이 미국의 일관된 입장이었다. 당초부터 일본으로서는 핵무기 유입 사실의 확인이 불가능한 처지라는 점이 방증된 것이다. 이렇게 되면 미일 밀약의 폐기 여부보다는 밀약의 공개 그 자체가 중요한 의미를 가지게 된다. 즉, 미국의 핵 정책이 변화하지 않는 한, 사전협의를 부활 또는 강화시키는 것으로는 근본적으로 문제해결이 되지 않는다는 점이 밀약의 공개로 보다 명확해진 것이다. 미일 밀약의 공개를 주도한 오카다 외상은 '동북아 비핵화' 슬로건의 선두주자로 알려져 있었다. 이 슬로건은 민주당 정권의 동아시아 공동체론의 하위 목표이다. 이것이 대미관계에 있어 상대적 자율성 확보를 의도하고 있었다는 점이 일단 미일 밀약의 공개과정에서도 확인된다.

후텐마 기지 이전과 미일 밀약 공개를 동시에 추진할 수 있었던 것은 정권교체 직후였다는 상황과도 무관하지 않다. 하토야마는 적어도

---

16) 有識者委員会, "いわゆる「密約」問題に関する有識者委員会の報告書", 2010. 3. 9. http://www.mofa.go.jp/mofaj/gaiko/mitsuyaku/pdfs/hokoku_yushiki.pdf(검색일: 2014. 3. 5.)

국내적 추진력을 자신하고 있었을 것이다. 하지만 후텐마 문제에서 결정적인 것은 국내적 지지여론이 아니라 미국의 반응이었다. 후텐마 기지를 오키나와 나고(名護) 시 헤노코(邊野古)의 미군 슈워브 기지 연안부로 이전한다는 계획, 즉 어디까지나 오키나와 내로 한정한다는 헤노코 안은 과거 자민당 정권과 미국 간의 엄연한 합의사항이었다. 민주당은 일찍부터 주둔군 없는 미일동맹을 당론으로 하고 있었지만, 이를 실현하기 위해서는 미국과의 합의 파기라는 강수를 두어야만 했던 것이다. 출범 초기 하토야마 내각이 보인 자신감의 이면에는 오바마 민주당 정권의 등장과 이로 인한 미국의 세계전략 및 핵정책의 변화에 대한 낙관이 있었을 수도 있다. 하지만 미 국무성은 곧 후텐마 기지에 대한 하토야마 내각의 접근방식에 불신의 시선을 던졌고, 오바마는 하토야마에게 이를 노골적으로 표현하기까지 했다.[17]

결국 2009년 12월까지 후텐마 기지문제를 해결하겠다는 하토야마의 약속은 지켜지지 않았고, 2010년 5월까지 그 시한을 연장하면서 여론의 지지율은 서서히 추락하기 시작했다. 그리고 동년 5월 28일에 미일 공동성명에 의해 후텐마 기지의 오키나와 현외(縣外) 이전이라는 공약 추진은 결국 백지화되었고, 하토야마 내각은 퇴진했다. 6월에 새롭게 등장한 간 내각의 당면과제는 당연히 후텐마 기지 이전문제로 확연해진 대미, 대중관계와 관련한 정책실행상의 오류를 조기에 수정하는 것이었다. 그 내용은 간 내각 출범 두 달 후인 8월에 작성된 '새로운 시대 일본의

---

17) 『朝日新聞』, 2010. 3. 10.

안전보장과 방위력의 장래구상(이하 '장래구상')이라는 제하의 보고서에서 확인할 수 있다.[18] 이 보고서 작성 주체들은 동아시아 지역과의 협력을 강조해 온 학계, 경제계, 그리고 관료 출신들로 이루어진 수상 자문그룹으로, 정권교체와 거의 동시에 구성되었다. '장래구상'은 약 6개월간 하토야마의 실험을 목도하면서 작성된 만큼, '우애' 논리로 치장된 동아시아 공동체론의 논리보다 솔직하고 분석적이다. 그리고 간 내각의 외교안보 정책에 단계적으로 반영되고 있다는 점에서 현실적이기도 하다.

'장래구상'에서는 일본을 "태평양 북남, 아시아 동단에 위치한 국가"로서 정의하면서 논의를 시작한다. 이 지정학적 위치로 인해 다국간 안전보장 틀로서는 "ASEAN지역 포럼(ARF)이 중요하며, 이를 행동지향적인 예방외교의 메커니즘으로 확대시킬 필요성"을 주장하고 있다.[19] 이점은 고이즈미식 동아시아론과 대동소이하지만, 지역 내 질서에 대한 기본 인식은 분명히 차이가 있다. '장래구상'에는 아시아 태평양지역에서 미국의 패권적 지위는 절대적이 아니며 그 우월성 또한 저하될 것이라는 점을 분명히 하고 있다.[20] 이는 과거 하토야마의 발언과 일치하는 것이다. 다만 미국의 '대국'으로서 지역 내 영향력은 중장기적으로 지속될 것이고, 따라서 지역 내 안정요인으로서 여전히 결정적인 의미를 가

---

18) 新たな時代の安全保障と防衛力に関する懇談会, "新たな時代の安全保障と防衛力の将来構想－平和創造国家を目指して", 2010. 8. http://www.kantei.go.jp/jp/singi/shin-ampobouei2010/houkokusyo.pdf(검색일: 2014. 3. 5.)
19) 新たな時代の安全保障と防衛力に関する懇談会, "新たな時代の安全保障と防衛力の将来構想－平和創造国家を目指して", 7쪽, 15쪽.
20) 新たな時代の安全保障と防衛力に関する懇談会, "新たな時代の安全保障と防衛力の将来構想－平和創造国家を目指して", 4-5쪽.

진다는 전제가 깔려 있다. 이는 간 내각의 외교노선에서 선명히 확인된다. 강조점이 달라진 것이다.

다만, '장래구상'은 종래 미일관계의 일방적 보완관계를 상호보완으로 대체해야 한다고 주장한다. 간 내각부터 미일동맹의 중요성이 다시 강조되기 시작했지만 결코 과거로의 회귀는 아니라는 것이다. 그 실제적인 행동은 공통전략목표의 실행과 지속적인 갱신이다. 이를 통해 미국과 부단히 협의하면서, 상호의존성을 높인다는 것이다. 오키나와 미군기지에 대해서는 분명히 문제 제기를 하고 있다. 하지만 '잠정적'으로 주둔은 불가피하다는 인식이 보다 강조되고 있다. 중국의 향방이 불확실하다는 것이다. '장래구상'에서는 일본 근해로 확장되고 있는 중국의 군사활동의 능력과 의도에 관한 불투명성, 불확실성을 문제시 하고 있다. 하지만 이보다 강조된 것은 "중국의 정치적, 경제적 발전은 일본으로서 극도로(極めて) 중요한 이익이며, 양국의 협력관계는 전략적 호혜관계를 기본으로 앞으로도 증진시켜야" 한다는 점이다. 특히 중국과는 "고차원의 안전보장대화를 추진할 필요가 긴박한 과제이며, 정치 수준에서도 대응이 필요"하다고 되어 있다.[21]

'장래구상'의 동아시아 질서에 대한 진단은 기본적으로 미국의 압도적 우월성 저하와 중국의 대두, 그리고 이로 인한 파워 밸런스의 변화이다. 이 점은 하토야마 내각 당시의 인식과 동일하다. 하지만 미국의 패권약화는 중장기적으로 도래하는 반면, 중국의 대두는 이미 현실화되고

---

21) 新たな時代の安全保障と防衛力に関する懇談会, 「新たな時代の安全保障と防衛力の将来構想－平和創造国家を目指して」, 23쪽.

있다는 판단이 추가적으로 내재해 있다. 시간차가 존재한다는 것이다. 이 때문에 미일동맹의 중요성이 다시 강조되고, 대중 견제와 협조의 모색이 '적극적'으로 공존하고 있는 것이다. '장래구상'은 여기서 그치지 않고 장기적으로 목표로 할 국가 정체성의 과감한 수정을 제안하고 있다. 즉 종래의 "'수동적인 평화국가'의 한계를 극복하고, 능동적인 평화창조국가로서의 아이덴티티"를 가지고, 세계의 평화와 안전에 공헌해야 한다는 것이다.[22]

'장래구상'이 말하는 '평화창조국가'는 "국제평화협력, 비전통적인 안전보장, 인간의 안전보장 분야에 적극적인 활동"을 기본자세로 한다고 되어 있다. 이를 위해 자위대를 복합적으로 발생하는 사태에 준비된 대응이 가능하도록 고도의 기술력과 정보력에 기반을 둔 방위력으로 정비하는 것이 필요하다는 것이다. 이러한 논리전개 속에 방위력의 역할을 침략의 거부에 한정하는 '기반적 방위력 개념'은 그 유효성이 상실된다. 그리고 앞으로 자위대에게 필요한 능력은 정찰활동(SIR), 즉응성, 기동성 등이며, 미일동맹의 편무적(片務的) 관계를 해소하고 상호 운용성을 강화하기 위해, PKO활동 등 자위대가 스스로의 책임으로 임무를 수행할 수 있는 범위를 넓혀가는 것이 중요한 과제로 제시되고 있다. 다른 한편, 평화창조국가의 아이덴티티에 맞게, 일본이 가지고 있는 자원 및 수단을 최대한 효과적으로 이용해야 할 것을 강조하고 있다. 이러한 논리는 '소자화 고령화'라는 제한된 인적기반을 고려해, 물적 기반의 선택

---

22) 新たな時代の安全保障と防衛力に関する懇談会, 「新たな時代の安全保障と防衛力の将来構想－平和創造国家を目指して」, 1쪽.

과 집중을 위해 정부가 방위산업, 기술전략을 적극적으로 짜내야 한다는 주장으로 이어진다. 특히 '장래구상'은 국내방위산업이 국제적인 기술혁신의 흐름에 맞추기 위해, 무기의 국제공동개발, 공동생산의 참여를 역설하고 있다.[23]

결국 '장래구상'은 장기적으로 미일동맹의 변화를 염두에 두고 있지만, 당장은 미국의 패권에 안주하는 동시에 자위대 위상을 새롭게 재편할 것을 이야기하고 있는 것이다. 국제사회에서 적어도 중국과는 다른 방식으로 일본의 존재감을 어필하고자 하고 있으며, 이를 위해 비전통적인 안전보장 부문에서의 역할확대, 그리고 방위력의 물리적 또는 양적 확대가 아닌, '첨단화'를 제시하고 있다. 이와 더불어 평시와 유사 사이에 명확한 선을 긋기 어려운 "21세기 안전보장환경과 군사기술 상황"을 앞에 두고 있는 만큼, 자위권 행사에 관한 종래 정부의 헌법해석이 보다 유연해져야 한다고 주장하고 있다.[24] 일본은 유엔의 PKO 이외의 국제평화협력활동에 대해 특별조치법을 제정하는 것으로 대응해왔다. '장래구상'은 이러한 임기응변식 대응이 아니라 국제평화협력법의 전면 개정을 요구하고 있는 것이다. 이와 더불어 세계의 평화와 일본의 안전보장환경을 개선하기 위해 무기수출정책의 개선을 신중히 검토할 것도 주문하고 있다. 즉 "미국 이외의 우호국과의 국제공동개발 및 생산이 차단됨은 물론이고, 민간 수준의 공동기술계발에 조차 참가하지 못하고

---

23) 新たな時代の安全保障と防衛力に関する懇談会, 「新たな時代の安全保障と防衛力の将来構想－平和創造国家を目指して」, 33-34쪽.
24) 新たな時代の安全保障と防衛力に関する懇談会, 「新たな時代の安全保障と防衛力の将来構想－平和創造国家を目指して」, 40-41쪽.

있"는 현실을 지적하면서, 일본의 방위산업이 최첨단 기술에 접근하기 위해서는 사실상의 무기금수정책인 무기수출 3원칙을 버리고 새로운 원칙을 세워야 한다는 것이다.[25]

자위대의 위상제고에 대한 '장래구상'의 논의는 주체적이고 능동적인 국제평화협력에 공헌하기 위해서 보다 포괄적이고 항구적인 법적 뒷받침이 필요하다는 주장으로 요약된다. 이는 현행 평화헌법개정의 필요성을 강력히 시사하는 것이라고 할 수 있다.[26] 국가 수준에서 개헌을 둘러싼 최초의 본격적인 논의는 고이즈미 내각 당시에 발족한 2005년 중의원헌법조사회의에서부터이다. 여기서 민주당은 이미 긍정적인 입장을 견지하고 있었다.[27] 정권을 잡을 당시에도 민주당은 중의원 헌법조사회 보고서에 기초해, "평화주의를 지지하면서도 헌법은 국민과 함께 있다는 관점"에서, 개헌을 "신중하고 적극적으로 검토"할 것임을 매니페스토에 명기했었다.[28] 새롭게 제시된 '능동적 평화창조국가'라는 담론은 결과적으로 평화헌법의 개정을 시야에 둔 중무장 평화주의의 완곡한 표현이라고도 할 수 있다.[29] 민주당 정권은 미일동맹을 통한 대응전략의 시

---

25) 新たな時代の安全保障と防衛力に関する懇談会, 「新たな時代の安全保障と防衛力の将来構想－平和創造国家を目指して」, 13쪽, 16-17쪽.

26) '장래구상'은 이 점에 대해 "헌법론, 또는 법리론에서 출발하는 것이 아니라, 일본으로서 무엇을 해야 할 것인가를 생각하는, 즉 정부의 정치적 의사가 결정적으로 중요하다는 점"을 주장하고자 하는 것이라며, 개헌론과의 직접적인 연관은 회피하고 있다.(新たな時代の安全保障と防衛力に関する懇談会, 「新たな時代の安全保障と防衛力の将来構想－平和創造国家を目指して」, 41쪽)

27) 중의원헌법조사회의 활동에 관련해서는 衆議院憲法調査会『衆議院憲法調査会最終報告書』, 2005를 참조할 것.

28) 民主党, 『民主党政策集 INDEX 2009』, 2009, 49쪽.

29) 비무장 평화주의, 경무장 평화주의, 중무장 국가주의, 중무장 패권주의 등

한부성을 분명히 인지하고 있지만, 중국이 어떠한 모습으로 나타날지에 대한 두려움이 잔존하고 있었던 것이다.

4. 이른바 '장래구상'과 한반도 문제

돌이켜 보면, '장래구상'이 정리되고 있던 2010년은 일본 외교에 있어 수난의 해였다. 전술한 대로, 의욕적으로 추진했던 후텐마 기지 이전 문제는 미국의 압력에 굴복하는 형태로 매듭지어지면서 하토야마 내각은 또다시 단명했다. 새롭게 등장한 간 내각은 미일관계의 빠른 회복을 시도했지만, 그 와중에 중국과 센카쿠 열도 문제로 격렬하게 대립했다. 민주당 정권은 소위 G2시대의 개막을 예견하고 있었고 이에 적극적인 대응전략을 모색했었지만, 미일 양국으로부터 환영받지 못한 것이다. 일본이 일관되게 외형상 우호관계를 유지했던 것은 한국이었다. 한국 강제병합 100주년이라는 역사적 의제가 난제로 등장할 것이라는 전망이 무색할 정도였다. 그렇다면, '장래구상'은 어떠한 인식과 정책기조하에 한반도를 상대하고 있었을까?

미중관계 및 대한반도 정책과 관련해, '장래구상'에 기초한 민주당 정권의 새로운 움직임은 2010년 끝자락에서부터 2011년 벽두에 걸쳐 빠

일본의 헌법개정과 관련한 정치세력의 분류 및 경위와 평가에 대해서는 권혁태, 「일본의 헌법개정과 한일관계의 비대칭성」, 『창작과 비평』, 2005년 가을호(통권 129호), 69쪽.

르게 가시화되었다. 외교상 가장 중요한 일정은 2011년 1월에 예정된 미중정상회담이었다. 이에 앞서, 일본에서는 2010년 12월 19일 '새로운 방위계획의 대강'(신 방위대강)이 각의결정 되었고, 부속문서인 '중기 방위력정비계획'이 채택되었다. 신 방위대강은 민주당 정권 탄생 이래 최초의 장기 전략문서로, 6년 만에 갱신된 것이다. 기본 내용은 "기반적 방위력에서 동적(動的) 방위력으로"의 이행을 축으로 난세이(南西) 군도 방위태세 강화, 도서지역 등 공백지역 부대배치, 육상 자위대 감축 및 해상 자위대 증강 등이다.[30]

신방위대강의 내용은 중국의 해양진출에 대한 경계심을 노골적으로 드러내고 있어서, 중국을 가상적으로 규정한 것으로 해석되기도 했다. 하지만 미중 정상회담에서 공동성명이 발표된 바로 다음날인 1월 20일, 제2차 내각의 출범에 즈음해 간 수상은 '외교의 대방침'을 표명했고, 여기서 중국과 전략적 호혜관계를 유지할 것임을 분명히 했다. 일면 혼란스러운 입장으로 비추어졌지만 전술한 '장래구상'의 내용에 비추어 보면 자연스러운 행보라고 할 수 있다. 간 내각의 '외교의 대방침'은 "미일동맹을 더욱 심화"시킨다는 의지 표명을 골자로 하면서, 아시아 태평양 지역의 경제적 번영을 위한 전략으로서 환태평양동반자협정(TPP)의 추진을 매개로 메이지 유신 이래의 '제3의 개국'을 꾀한다는 내용이었다. TPP 또한 미국을 중심으로 한 경제개방에 적극적으로 참여하겠다는 내용이다. 여기서 민주당 정권 등장과 더불어 대외정책의 슬로건으로 표

---

30) 「平成23年度以降に係る防衛計画の大綱について」, 2010. 12. 17. http://www.kantei.go.jp/jp/kakugikettei/2010/1217boueitaikou.pdf(검색일: 2014. 3. 5.).

방했던 "동아시아 공동체론"과 관련한 언급은 제외되어 있다.[31]

　한편, '외교의 대방침'이 발표되기 직전인 1월 15일에는 마에하라 세이지(前原誠司) 외무상의 한국방문이 있었다. 미중 정상회담을 앞둔 한일 간 정책조정의 의미를 가지고 있었지만, 이 와중에 군사협정과 관련한 논의가 본격적으로 시작되었다. 그동안 터부시되어 오던 의제가 수면으로 떠오르면서, 한일관계가 동북아시아 지역의 냉전적 대립구도를 고착화시키는 방향으로 나아가고 있다는 의구심과 저항여론을 불러일으켰다. 하지만 이 또한 일본으로서는 G2시대의 본격화에 대응한 예정된 수순이었다. '장래구상'의 대한반도 정책은 역내 파워 밸런스의 변화에 대비해, '뜻을 같이하는 국가(like-minded countries)'로서 한국을 지목하고 한일관계를 안전보장의 차원으로 확대할 것을 계획하고 있었다. 특히 2010년 5월 호주와 물품서비스 상호제공협정(ACSA)을 체결했음을 상기시키면서, 한국과도 동일한 수준의 군사협조를 목표로 하고 있다.

　이와 같은 의지는 신 방위대강에도 명기되었고, 이를 현실화시키기 위한 구체적인 움직임이 미중 정상회담을 앞두고 시작된 것이다. 이것을 가능하게 논리적 배경은 액면상 북한의 '핵개발 및 도발행위'였다.[32] '장래구상'에서뿐만 아니라 민주당의 외교노선과 관련한 각종 문서에서 북한의 군사적 움직임은 "중대한 불안정 요인"으로서 안전보장과 관련

---

31) 『朝日新聞』, 2011. 1. 21. 간 내각의 정책노선의 선회와 이를 둘러싼 민주당 내부의 정책 대립축에 대해서는 박철희, 「일본 민주당의 정책대립축 이행과 정당간 경쟁의 불안정성」, 서울대학교 일본연구소 편, 2011. 4. 29.('2010년 일본학연구지원사업, 일본 민주당 연구팀 공개발표회')
32) 新たな時代の安全保障と防衛力に関する懇談会, 「新たな時代の安全保障と防衛力の将来構想－平和創造国家を目指して」, 14쪽.

한 항목에서 최우선 순위에 위치해 있었다. 하지만 여기서 놓치고 있는 사실은 일본이 한국과 안보협력을 추진하는 동시에 대북 접근도 병행하고 있었다는 점이다. 이 점에서 마에하라 외상의 방한이 가지는 의미를 재평가할 필요가 있다. 방한 당시 마에하라는 일본이 "북한과 대화하기 위해서는 남북대화가 선행돼야 한다"고 발언했었다. 이 발언은 한국정부의 입장을 적극 지지하는 것으로 보도되었다. 하지만 그 진위는 그리 간단하지 않다.

마에하라는 2010년 연말부터 일본 언론을 통해 북한과의 비공식 교섭이 수면하에서 추진되고 있음을 암시하면서, 2002년 북일 평양선언에 기초해 북한과 "국교정상화를 위한 공식협상에 임할 것"임을 여러 차례 언급했다. 회담의 형식에 대해서도 마에하라는 "백지"상태로 임할 것이며, 무엇보다 "6자회담의 개체 여부와 상관없이" 북일 간의 대화가 필요하다고 주장했다. 6자회담에서 납치문제를 의제화하고자 했던 자민당 시절의 외교에 가장 비판적이었던 인물은 다름 아닌 마에하라였다. 2011년에 접어든 후에는 이례적으로 북한의 신년 사설을 거론하면서 "매우 부드러운 톤의 사설"이라고 평가하는 한편, 북한과의 직접대화에 대한 포부를 밝히기도 했다.[33] 마에하라의 이러한 발언들은 돌출적인 것이 아니었다.

간 내각은 '장래구상'이 제출된 직후부터 북한에 대한 접근을 시작했다. 그 연장으로 2010년 11월 19일에 '납치문제 대응 8개 항목'을 발표

---

33) 『朝日新聞』, 2011. 1. 5.; 2011. 1. 11.

하기에 이른다. 여기서는 대북 "제제"나 "납치실행범의 신병인도"와 같은 강경언술이 삭제된 반면, "2008년 8월의 북-일 합의의 이행"이 강조되고 있다.[34] 당시의 합의 내용은 일본의 대북제재 부분 해제와 납치문제 재조사를 위한 위원회 설치를 교환 조건으로 북-일 교섭을 재개하는 것이었다. 이 합의는 후쿠다 야스오 자민당 총리의 사임으로 물거품이 되었고, 이후 북일 정부 간 교섭은 중단된 상태였다. 이를 재개시키자는 것이다. 특히 회담형식과 관련한 마에하라의 "백지" 발언은 납치문제 재조사를 위한 위원회 설치의 확약을 전제로 한 실무자급 회담에 연연하지 않겠다는 의도로도 해석된다는 점에서, 대북접근의 진정성 또한 확인된다. 보다 의외였던 것은 내용이 아니라 타이밍이었다. 당시는 연평도 포격사건 직후였다. 남북관계가 큰 폭으로 후퇴되는 정세 속에서 일본의 대북접근이 오히려 구체화되고 있었던 것이다. 이러한 추세는 전술한 미중 정상회담 국면까지 지속되었다.

결국 간 내각은 미중 정상회담을 앞두고 한국과의 군사협력과 북한과의 관계개선이라는 상반된 접근을 동시에 전개시키고 있었던 것이다. 미중 정상회담에서는 북한의 우라늄 농축 프로그램(UEP)에 대한 우려를 불식하기 위해, 2005년 9.19 공동성명에서 이뤄진 기타 약속을 전면적으로 이행하기 위해 구체적이고 효과적인 조치가 필요하다는 점에 합의가 이루어졌다. 주지하다시피 9.19 공동성명은 6자회담의 성과였다. 그리고 성명문에는 "북한과 일본은 과거 청산, 현안 문제 해결에 의거하여

---

34) 『朝日新聞』, 2010. 11. 19.

국교 정상화 조치를 취할 것을 약속한다"고 명시되어 있었다.[35] 일본이 남북한을 상대로 상반된 접근을 시도한 것은 미중 정상회담 이후의 국면을 예견한 것이었음이 간접적으로 확인된다. 이는 물론 미국과의 사전 협의를 전제로 한 것이었다. 북한은 조선중앙통신사를 통해 일본의 이러한 움직임에 대해 이미 환영의 의사를 공식적으로 표명한 상태였다. 그리고 미중 정상회담 이후에 잠시 남북대화의 재개 움직임이 있기도 했다.

이렇게 보면, 마에하라가 북일관계를 언급하면서 애써 남북회담의 중요성을 재확인한 것은 한국정부의 압력에 밀려 독자적인 대북 접근에 스스로 제동을 건 것이라고 말하기 어렵다. '장래구상'은 북한문제를 자국의 안전보장에 중요한 위협으로 간주하고 있지만, 이로 인한 한반도 '유사사태'를 반드시 북한의 붕괴로 환원시키고 있지는 않았다. 실제로 문제시하고 있던 것은 북한 내부의 정책결정과정에 대한 정보가 신뢰할 수 없다는 점이었다. 일본은 대북 정보 획득을 위해 한국에 없는 4대의 군사정보위성을 풀로 가동하고 있었다. 그럼에도 불구하고 "잘 모르겠다"는 것이다.[36] 이러한 인식하에 간 내각은 대한반도 정책에 있어 한국과 북한을 상대로 일종의 양궤도 접근(two-track approach)을 구사하고 있었던 것이다. 미일동맹과 중일관계의 중요성을 동시에 강조

---

35) "제4차 6자회담 공동성명 전문"(2005. 9. 19.), 외교통상부(http://www.mofat.go.kr /webmodule/htsboard/hbd/hbdread.jsp?typeID=6&boardid=247&seqno=2939 17&c=TITLE&t=&pagenum=2&tableName=TYPE_DATABOARD, 검색일: 2011. 5. 1.)
36) 新たな時代の安全保障と防衛力に関する懇談会, 「新たな時代の安全保障と防衛力の将来構想－平和創造国家を目指して」, 6-8쪽, 19쪽.

했던 것과 기본적으로 같은 문맥이었다. 하지만 이 외교적 실험은 결과적으로 실패했다. 원인은 '북한문제'(위협)가 아니었다. 기대하고 있던 한일관계(대통령의 독도방문)가 문제였다. '장래구상'이 예상치 못한 상황전개였다.

5. 연속과 변화: '평화창조국가'와 '적극적 평화주의'

'장래구상'에 기초해, 미중관계 및 한반도를 대상으로 한 민주당 정권의 새로운 접근은 2011년 3월을 피크로 매우 바쁘게 전개되었다. 일본 동북지역에 대진재가 엄습한 것은 바로 이즈음이었다. 이로써 위기는 일본에게 더 이상 비약이 아니게 되었다. 일본에서 '위기'라는 표현은 장기간 사용되어 왔다. 이를 극복하기 위한 대안의 제출이 지체된 것은 미일동맹과 경제성장의 그늘에 기인한 것인지 모른다. 이 점에서 민주당 정권의 모색은 의미 있는 작업이었지만, 실제화된 위기에 대해서는 무능함을 드러냈다. 새로운 비전보다는 복구의 과제가 절박했고, 이에 수반된 비용의 확보를 위해 정국은 소비세 국면으로 일색화되었다. 이 국면에서 자민당 아베내각은 무혈입성하듯 재등장했다. 위기에 대한 처방이 표류되던 차에 아베 내각은 성장을 통한 자신감의 회복, 즉 아베노믹스로 아젠다를 일원화시켰고, 이는 성공적이었다. '적극적 평화주의'를 이념으로 내건 국가전략이 등장한 것은 그 추진력이 있은 다음의 일이다. 뒤이어 새로운 중장기방위계획과 더불어 방위계획의 대강이 수정되었다.

정치적 추진력에 기반을 둔 국가전략의 수립, 뒤이은 방위정책의 수정이라는 패턴은 '장래구상'의 등장 및 그 이후의 전개과정과 동일한 것이다. 아베의 국가전략이 가지는 가시적인 차이점은 우선 공식화라는 과정이 더해졌다는 사실을 들 수 있다. 제도적 실체로서 국가안전보장회의(National Security Council, NSC)를 추가적으로 설치했다는 점에서도 차별성을 보인다. 이러한 공식성과 제도화에 근거해, 전략이 미치는 범위는 우주에서 사이버 공간에 이르기까지 매우 광범위하게 설정되어 있다.[37] 지역담론과 한중일 아시아외교 등 각론상에서는 명백한 단절의 지점도 보인다. 이러한 차이와 단절은 이미 지적된 바와 같이 아베의 국가전략에서 명시적으로 표현되고 있는 "적극적으로 정의된 국가이익 실현의 강력한 의지"에 기인한다고도 할 수 있다.[38]

다만, 국가전략에 담긴 평화담론의 내용을 보면 민주당 정권의 '능동적 평화국가론'과 아베내각의 '적극적 평화주의' 간에는 연속성이 부각된다. 일본 평화주의의 상징이었던 전수방위 원칙과 무기수출 3원칙은 '장래구상'에서부터 이미 폐기되고 있었다. 그리고 무엇보다 평화헌법 개정의 필요성이 명시되어 있다. '경무장'으로 일관해왔던 과거의 일본을 '수동적 평화국가'로 단정했다는 점에서, '장래구상'이 묘사하고 있는 '능동적 평화국가론'에는 사실상 '중무장'으로의 이행의지가 담겨 있

37) 国家安全保障会議, 「国家安全保障戦略について」, 2쪽.
38) 박철희, 「동아시아 세력전이와 아베 내각의 대외전략기조」, 『동아시아 세력전이와 일본 대외전략의 변화』, 23쪽.

음을 시사한다. 이를 두고 군사대국화로의 행보로서 해석하면 곤란하다. '중무장'은 '보통국가'에서 전개되는 전통적인 국가 안전보장정책의 대전제이기 때문이다. 이러한 논리는 아베의 국가전략에도 그대로 이전되고 있다. 일본의 이데올로기 지형에서 평화헌법의 개정과 집단적 자위권 행사의 주장은 더 이상 우익의 전유물이거나 아베의 개인적 퍼스널리티에 의한 것이 아니라는 점이 확인된다.

국가 수준에서 평화주의가 (재)정의되었다는 점과 이것이 사실상 중국의 부상에 대한 대응논리로서의 의미를 가진다는 점도 동일하다. 민주당 정권은 정권교체 직후 독자적인 대중접근과 미일동맹의 상대화를 시도했지만, '장래구상'을 통한 수정과정에서 결국 미일동맹의 중요성을 재확인하는 방향으로 정책기조와 방향을 선회시켰다. 물론 '능동적 평화국가론'에서는 미일동맹과 더불어 대중관계의 중요성 또한 강하게 역설되고 있다는 점에서 망설임이 엿보인다. 반면, 아베의 '적극적 평화주의'의 경우 중국을 가상의 위협으로 규정하는 데 주저함이 없다.[39] 이렇게만 보면 '적극적 평화주의'는 미국 중심의 세계 및 지역질서를 지속시키고자 하는 '현상유지' 전략의 완결판이라는 해석이 가능하다. 과연 그런가? 이 해석에는 약간의 보족이 필요하다.

여기서 평화담론의 논리를 지역질서 구상과의 관계 속에서 재검토해 보자. 하토야마 내각의 동아시아 공동체론은 '장래구상'의 수정을 거쳐 노다 요시히코(野田佳彦) 내각의 '환태평양 헌장' 구상으로 변화했다.

---

39) 国家安全保障会議, 「国家安全保障戦略について」, 5-7쪽, 11쪽.

이를 두고 아시아주의로부터의 탈각과 친미 또는 종미(從米)로의 이행으로 이해하는 경향이 없지 않다. 하지만 전술한 바와 같이 민주당의 동아시아 공동체론은 당초부터 아시아주의가 아니었다. 이 점에서 민주당 정권의 지역구상에는 "미국인가, 아시아인가"라는 물음에 대해 "항상 둘 다라는 대답을 준비해 놓고 있다"는 명제가 여전히 유효하게 작동하고 있었음을 알 수 있다.[40] 물론 향후 지역 내 파워 밸런스의 변화가 필연적이라는 인식에는 민주당의 '능동적 평화국가론'과 아베내각의 '적극적 평화주의' 모두 동의하고 있다. 문제는 다가올 지역 내 역학변화에 어떠한 일본으로 임하는 가이다.

민주당의 '장래구상'에서는 일본을 태평양과 아시아에 걸쳐 있는 국가로 위치시켰다. 그리고 이 지역전략의 일환으로서 한일관계의 중요성을 특필하고 있다. 같은 중견국(Middle power) 간의 전략적 제휴를 통해,[41] 지역 내 미국의 헤게모니 약화에 동반될 수 있는 새로운 패권(중국)의 등장을 견제하자는 논리이다. 이에 비해, 아베의 국가전략은 경제대국이자 해양국가로서의 일본을 말하고 있다.[42] 지역적 맥락에서의 국가 아이덴티티가 지워진 것이다. 그 대신 글로벌 수준의 '평화'를 위해 "국력에 걸맞은" 적극적인 역할을 주장하고 있다.[43] '전후 레짐'의 탈각과 아베노믹스가 내건 성장슬로건은 반드시 중견국에 머무는 일본을 상

---

40) 井上寿一, 「戦後日本のアジア外交の形成」, 『年報政治学』, 1998, 130쪽.
41) 소에야 요시히데(박철희 역), 『일본의 미들 파워 외교 : 전후 일본의 선택과 구상』, 서울: 오름, 2006. 소에야 교수는 '장래구상' 작성의 핵심멤버이기도 하다.
42) 国家安全保障会議, 「国家安全保障戦略について」, 2쪽.
43) 国家安全保障会議, 「国家安全保障戦略について」, 3쪽.

정하고 있지는 않다. 미일동맹을 중시하는 논리 또한 쌍무적 관계로의 전환이라는 정책의지가 수반되고 있음을 주목해야 한다. 아베내각이 이러한 암묵적 지향에 의욕을 보일수록 지역 내에서는 일본의 '주장하는 외교'가 도드라질 것이다. 이렇게 되면 중국은 연대의 대상이 되기 어려워지고, 한국의 전략적 중요성은 약화될 수밖에 없다. 아시아외교의 공백이 장기화될 수도 있음을 시사하는 대목이다. 아베의 적극적 평화주의는 반드시 '현상유지'만을 고려하고 있지 않다.

　　민주당 정권에서 제2차 아베내각에 걸쳐 이루어진 국가전략의 수립과 이에 동반된 평화담론은 새로운 평화를 창출하고 구조화하고자 하는 논리가 아니다. '능동적 평화국가론'과 '적극적 평화주의'는 중무장 보통국가의 지향을 위해 동원된 레토릭이고, 현재 아베 내각이 생각하는 '보통'에는 대국으로서의 일본이라는 이미지가 잠재되어 있기도 하다. 이 이미지의 현실화 가능성을 문제 삼을 수 있지만, 이는 다른 차원의 논제이다. 한편, 국가적 평화담론의 배경에는 위기가 실체로서 존재하지만, 아베 내각의 국가전략은 그 실체를 직접적으로 대면하고 있지 않다. 그 대신 아직 현실화되지 않은 외부의 가상 위협이 존재한다. 이러한 가정 또한 국가차원의 안전보장을 논의하는 데 있어서는 당연한 것이다. 결국 아베의 국가전략과 평화담론은 국가의 미래를 고려한 총론과 이념이 아니라, 전통적 안전보장정책의 확장논리에 불과하다. '적극적 평화주의'에 인간의 안보를 비롯한 비전통적 안전보장 논리가 희미해져 있는 것은 이 때문이기도 하다.

　　물론 아베의 국가전략은 10년을 시한으로 두는 중기 또는 과도전략이다.[44] '적극적 평화주의'가 공식화되기는 했지만, 이를 일본 국민이 수용했다고 말하기도 어렵다. 아베 내각의 평화론이 관철되기 위해서는 한 단계 높은 장벽이 남아 있다. 평화헌법이다. 그간 아베 내각의 행보를 보면, 헌법 조문 개정을 통한 정면 돌파에서 해석 개헌으로 접근 방식의 변화가 이루어지고 있음이 목격된다. 내각 수준에서 집단적 자위권 행사의 합법화 추진이 빠른 속도로 현실화된 연유이다. 개헌 그 자체가 필연적인 것이 되도록 현행 평화헌법의 토대를 정권 차원에서 붕괴시키고자 하는 것이다. 개헌을 둘러싼 국민적 논의는 차단될 수 있고, 그만큼 새로운 평화담론에 대한 평가와 재론은 뒷전이 될 것이다. 이 시점에서 개헌을 둘러싼 논의의 확산을 우경화의 징표로 일괄해 버리려는 우리의 습관적 평가는 접어 두어야 한다. 이에 더해 일본이 새로운 국가진로를 결정할 때, 항상 한반도의 상황이 그 구실이 되어 왔다는 과거의 역사를 상기할 필요가 있다. 여기서 북한위협이 지대한 역할을 했다는 점도 주지의 사실이다. 일본이 진정으로 평화를 창조하는 국가이기를 기대하기 위해서도, 한반도 평화정착은 중요한 과제다.

---

44) 国家安全保障会議, 「国家安全保障戦略について」, 2쪽.

2000년대 시위문화와 탈원전 운동*

박지환

사운드 카의 앞, 옆, 뒤에서 우리들은 무리지어 천천히 걷는다. 슬슬 몸이 풀릴 때쯤, 우리들은 시부야 공회당 앞을 통과했다. 리듬이 점점 빨라진다. 드럼 베이스. 전쟁 반대라고 고함치는 사람이 있다. 단지 큰 소리를 내며 춤을 추는 사람도 있다. 맥주를 들이켜는 사람도 있다. 한 번은 높은음으로 한 번은 낮은음으로 죽이지 마라(殺すな)라고 외친다. 사운드 카의 뒤, 음압(音壓)을 가장 잘 흡수할 수 있는 장소에 무리지어 날뛰는 사람들이 아주 많다. 흑색 깃발 하나. 맥주. 천천히, 천천히, 천천히. 트럭은 사운드시스템을 지키면서 나간다. 경찰에 위협을 당하면서도 앞으로 나간다. 시부야구 주차장 입구 앞에서, 우리들에게 고함치는 경찰관. 빨리 가라, 빨리 해, 뭐하는 거냐. 도부 호텔이 오른쪽 앞에 보이기 시작했다. 비스티 보이즈의 "Fight for your right to party." DJ는 마유미 씨. 기타 도입부 소리가 들린다. (중략) 이미 우리들 각자가 도로를 뒤집어엎고 있다. 양팔을 높여서. 이렇게 재미있게 항의하는 사람들의 무리는 지금 일본에는 여기밖에 없을 거다. 항의하고 있는지 즐기고

---

* 이 글의 초고는 『인문과학연구』 35집 4호(강원대학교 인문과학연구소, 2012)에 「불안정과 재미의 정치」라는 제목으로 게재되었다.

IV. 2000년대 시위문화와 탈원전 운동 151

있는지 모르겠다. 그런 무리도 여기밖에 없을 거다.[1]

드디어 기세 좋게 시부야 데모 개시. 게다가 운 좋게도 출발하자마자 비도 그쳤다. 우선 여성 음악대가 앞장서고, 그 뒤를 DJ 카 두 대와 밴드 카 두 대, 모두 네 대의 사운드 카가 음악과 함께 나간다. 그 사이에도 드럼부대, 플랫카드부대, 고전적인 방식으로 구호를 외치는 부대 등 여러 종류의 사람들이 이어진다. 이번도 지난번 고엔지 데모와 마찬가지로, 젊은 사람들만이 아니라, 아저씨, 아줌마, 노인들로부터 아이를 데리고 나온 아빠, 엄마들까지 폭넓은 연령층의 사람들이 참여했고, 해외로부터는 백인, 흑인, 아시아인 등 여러 지역 출신의 사람들이 왔다. 동물도 걸었고, 일본 국기를 휘두르는 사람부터 적기(赤旗)를 휘날리는 사람까지, 서로 다른 생각에서 원전에 소리 높여 반대했다. 도저히 의미를 알 수 없는 원전 가마(原発神輿)도 있었다! 사운드 카는 모두 빼어난 모습으로 기세를 올렸고, 사람들 중에는 사운드 카 사이를 왔다 갔다 하며 아주 바쁜 사람도 많았던 것 같다. 그냥 음악 이벤트로서도 상당히 재미있다는 느낌인데, 게다가 '원전을 멈춰라'라는 강력한 메시지까지 공유하고 있으니, 더욱 분위기가 가라앉을 리가 없다! 최고의 야외 이벤트는 데모일지도 모른다![2]

1) 中島雅一, "捕虜と乱痴気: 5·10 Street Rave Against War", 2003, http://www.ne.jp/asahi/anarchy/saluton/topics/prisoner01/htm(검색일: 2012. 10. 5.)
2) 松本哉 "松本哉ののびのび大作戦 第45回: 原発冗談じゃない!! 今度は渋谷で超巨大サウンドデモが発生", 2011, http://www.magazine9.jp/matsumoto/110511 (검색일: 2012. 1. 5.)

1. 데모를 할 수 있는 사회

2012년 7월 16일, 도쿄 요요기공원에서 열린 '원전과 작별하기 위한 10만 명 집회'에 모인 17만 명의 사람들은 후쿠시마 원전사고에도 불구하고 원전 재가동을 결정한 일본정부에 강력히 항의했다.3) '수도권반원전연합'(首都圈反原発連合)이 2012년 3월 말부터 매주 금요일마다 수상관저 앞에서 열어온 집회에도 정부의 원전 재가동 결정 이후 더욱 많은 사람들이 모였다. 1960년 미일안보조약 개정에 반대하는 데모 이래 노동운동과 학생운동의 분리, 1960년대 말부터 1970년대 초에 걸친 학생운동의 과격화, 이로 인한 정치적 직접행동에 대한 부정적 이미지의 확산때문에 1970년대 이후 대중적 데모가 사실상 종적을 감추었던 일본사회는 후쿠시마 원전사고를 계기로 다시금 "데모를 할 수 있는 사회"가 된 것이다.4)

그렇다면, 일본시민들이 어떻게 데모는 폭력적이며 기피해야 할 것이라는 인식을 깨고 이와 같이 대규모로 데모에 참가할 수 있게 되었느냐는 질문이 제기된다. 후쿠시마 원전사고로 인해 음식, 주거, 교육을 아우르는 일상생활 자체가 위태로운 상황에 직면했기 때문에, 그리고 이상의 문제에 대한 일본정부의 대응이 미흡했기 때문에, 이른바 순종적이며 정치에 관심이 없었던 평범한 일본인들조차 직접행동에 나선 것이

---

3) 서의동, 「사요나라 원전…17만 명 도쿄 도심서 뜨거운 함성」, 『경향신문』, 2012. 7. 17., 9면.
4) 柄谷行人, 『政治と思想 1960-2011』, 平凡社, 2012, 189쪽.

라고 할 수도 있다.

사실 사회운동론의 고전적인 문제는 피억압민들이 좀처럼 저항하지 않는다는 것이다. 저항에 관한 기존연구가 보여주듯, 피지배자들은 견딜 수 있을 때까지 참는 경향이 있다.[5] 따라서 사회운동을 자원동원론 (resource mobilization)적 입장에서 분석하는 연구자들이 지적한 바와 같이, "불만의 존재를 지적하는 것만으로는 운동이 특정 시대와 장소에서 시작되는 것을 설명할 수 없으며", "운동이 확대되고, 참여자에게 보상해주며, 정치제도에서 한몫을 챙기는 데 이용하는 물적, 인적, 인지적, 기술적, 조직적 자원을 분석"할 필요가 있다.[6] 하지만 자원동원론적 관점으로는 충분한 자원을 가지고 있지 못한 사람들의 저항운동이나 운동 참여를 통해 사람들이 변화되고 연대감을 느끼는 과정을 설명하지 못하는 것도 사실이다. 따라서 정치과정론적 접근(political process approach) 에 입각해 "자신들이 처한 조건과 가능한 대안들에 대한 운동 참여자들의 이해를 규정하는 해석적, 담론적, 연출적(dramaturgical) 실천들", 다시 말해 사회운동을 가능하게 만드는 문화적 형태와 그 구현 과정을 분석할 필요가 있다.[7] 현재 일본의 맥락에서 보자면, "어떤 사회적 조건 속에서 어떤 문화적 과정을 통해 일반시민들이 탈원전 데모에 참여할 수 있게 되었는가?" 즉 '무엇이 보통사람들로 하여금 거리에 나서게 했고,

---

5) 제임스 스콧(김춘동 옮김), 『농민의 도덕경제: 동남아시아의 반란과 생계』, 아카넷, 2004.
6) Marc Edelman, "Social Movements: Changing Paradigms and Forms of Politics", *Annual Review of Anthropology*, Vol. 30, 2001, p.289.
7) Marc Edelman, "Social Movements: Changing Paradigms and Forms of Politics", p.291.

이들이 탈원전 데모를 어떻게 경험하는가'라는 질문이 제기된다.

이 논문에서는 이와 같은 질문에 답하는 단초를 앞서 인용한 제사 (題詞)에서 찾아보고자 한다. 첫 번째 글은 2003년 5월, 미국의 이라크 침공에 항의해 도쿄에서 열린 반전데모를 묘사한 것이고, 두 번째 글은 2011년 5월 도쿄에서 있었던 탈원전 데모의 광경을 기술한 것이다. 반전과 탈원전이라는 상이한 문제를 다룬 데모임에도 불구하고, 두 데모는 그 형식과 참여자의 데모 경험에서 유사한 양상을 보여준다. 두 글에 묘사된 모습은 사람들이 시위를 하고 있다기보다는 거리에서 축제(祭り)를 벌이며 즐기고 있다는 인상을 준다.

지금은 사운드데모라고 표현되는 이러한 집회에서는 트럭 뒤 짐칸에 음향장치를 설치하고 DJ가 펑크, 힙합, 레게, 테크노, 록 등 다양한 장르의 대중음악을 틀면서 데모 참여자들을 선동한다. 일본사회에서 기존의 데모는 주로 노동조합, 정당, 혹은 각종 정치단체에 속한 사람들이 자신의 조직을 나타내는 깃발을 들고 일정한 구호를 반복해서 외치며 경찰의 유도에 따라 정해진 코스를 걸어가는, 단조로운 방식으로 진행됐다. 이에 비해, 2003년 반전운동 때 시작되어 이후 각종 사회운동의 주요한 집회양식으로 자리 잡은 사운드데모는 거리를 축제의 장으로 만듦으로써, 이전에 데모에 참여해본 적이 없는 사람들, 특히 젊은 세대를 정치의 장으로 끌어들이는 기제가 되고 있다. 즉, 2000년대 이후 일본의 시위문화는 재미라는 요소를 축으로 삼아 새롭게 재구성되고 있는 셈이다.

재미의 정치학이라고 정리할 수 있는 이러한 변화는 일본의 사회운동에 대한 기존연구에서도 종종 지적되어 왔다.[8] 기존연구는 재미의 정치가 유머와 유희라는 요소를 사회운동에 도입함으로써 일본사회에 팽배해 있던 데모에 대한 폭력적 이미지를 불식하고, 기성정치에 무관심하던 개인들을 직접행동의 장으로 동원하는 데 성공했다는 점을 높이 평가했다. 그러나 기존연구는 재미의 정치에 내재된 한계에 충분한 주의를 기울이지 않았다. 재미가 집회에 사람을 동원하는 수단에 머무르고 데모의 정치성을 원천적으로 소거하는 방식으로 작동할 때, 재미의 정치학은 데모 참여자의 자기만족을 위한 연행(演行)에 그치며, 정치적으로는 구체적인 성과를 산출하지 못할 수도 있다는 사실을 기존의 연구는 간과하고 있다. 그러므로 이 논문은 후쿠시마 원전사고 이후 일본에서 전개되고 있는 탈원전 데모(4절)를 2000년대 이후 새롭게 형성된 시위문화의 맥락(3절)에서 고찰함으로써, 재미의 정치학에 내포된 가능성과 한계를 균형 있게 고찰하는 것을 목적으로 한다.

그에 앞서 정치적 개념으로서의 불안정(precarity)의 가능성을 전후 일본사회의 불안정이라는 역사적 맥락에서 고찰할 필요가 있다(2절). 왜냐하면 현재 일본사회를 감싸고 있는 불안과 불확실성은 비단 지진, 쓰나미, 원전사고라는 사건에서 비롯된 것만이 아니라, 일본의 전후질서를 지탱해왔던 중심적인 제도들이 유동화되는 구조적 변동에서 유래

---

8) 毛利嘉孝, 『ストリートの思想: 転換期としての1990年代』, NHK出版, 2009; 渡辺太, 『愛とユーモアの社会運動論』, 京都: 北大路書房, 2012; Carl Cassegard, "Play and Empowerment: The Role of Alternative Space in Social Movements" *Electronic Journal of Contemporary Japanese Studies*, 12(1), 2012; Sharon Hayashi and Anne Mcknigh, "Good-Bye Kitty, Hello War: The Tactics of Spectacles and New Youth Movements in Urban Japan", *positions: east asia cultures critiques*, 13(1), 2005, pp.87-113.

한 것이기 때문이다. 실제로 사운드데모가 일부 반전운동의 시위방식에서 비정규직 청년들의 노동운동과 문화정치운동의 주된 집회방식으로 확산되었다는 점이 이를 증명한다.[9] 즉 일본사회의 구조적 불안정은 축제성을 띠는 시위문화를 통해 정치화될 수 있었던 것이다. 따라서 본 논문에서는 현재 일본사회가 직면하고 있는 구조적 위기를 염두에 두면서, 후쿠시마 원전사고 이후 벌어지고 있는 탈원전 데모의 양상을 이해하고자 한다.

2. 정치적 개념으로서의 불안정

브렛트 네일슨과 네드 로시터는 불안정(precarity)이 정치적 개념으로 동원되는 사회적 조건을 탐구한 논문에서, 서유럽에서 불안정이 정치적 개념으로서 등장할 수 있었던 것은 1940년대부터 1960년대까지 케인즈주의적 복지시스템이 존재했기 때문이라고 주장한다.[10] 역으로 이러한 예외적인 상태로서의 포디즘 체제가 존재하지 않았던 곳에서는 아무리 가혹한 형태로 신자유주의화가 진행되고 있더라도 불안정이 정치적 개념으로 등장하지 않고 있다는 것이다. 즉, 예외적으로 경제성장이

---

9) 아마미아 가린(김미정 옮김), 『프레카리아트, 21세기 불안정한 청춘의 노동』, 미지북스, 2010; 이진경·신지영, 『만국의 프레카리아트여, 공모하라!』, 그린비, 2012.

10) Brett Neilson and Ned Rossiter, "Precarity as a Political Concept, or, Fordism as Exception" *Theory, Culture & Society*, 25, 2008, pp.51-72.

지속되고 그 결실이 상대적으로 공정하게 분배되던 포디즘 체제가 신자유주의적 흐름 속에 붕괴된 서유럽에서, 프레카리아트(precariat) 운동이 활발하게 전개될 수 있었다는 것이다.[11]

전후 일본사회는 서유럽과 그 형태는 다르지만 일정한 형태의 포디즘 체제를 구축하는 데 성공했다.[12] 패전 이후, 사실상 미국에 의한 군정이 실시되고, 1940년대 말부터 진행되는 냉전체제 속에서 일본은 천황제를 유지하는 대가로 군사력 보유를 포기하면서 정치, 외교, 군사적으로 미국에 의존하는 구조에 편입되었다. 이러한 지정학적 구조 속에서, 전후 일본은 군비지출을 최소화한 채 경제성장에 매진하고 이 성과를 적절히 분배하는 안정적인 시스템을 구축했다. 따라서 오키나와와 원자력 발전은 바로 이러한 전후 일본체제에서 구조적으로 탄생한 일란성 쌍둥이라고 할 수 있다.[13] 오키나와는 주일 미군의 대부분이 주둔하고 있는 곳으로 미국의 동북아시아 전략에서 핵심적인 곳이며, 미국의 에너지 정책 전환 요구와 핵의 평화적 이용 선전 전략에 따라 도입하게 된 원자력 발전은 일본의 경제성장을 뒷받침하는 물적 기반이기 때문이다. 냉전의 종언과 신자유주의화라는 1990년대 이후의 지정학적, 사회경제

---

11) 프레카리아트는 '불안정한'이라는 뜻의 precario와 '노동자계급'을 뜻하는 proletariat를 합성한 신조어로 불안정한 노동조건에 처한 모든 사람들을 뜻한다.
12) 吉見俊哉, 『ポスト戦後社会』, 東京: 岩波新書, 2009.
13) Nishioka Nobuyuki, "Toward a Peaceful Society Without Nuclear Energy: Understanding the Power Structures Behind the 3·11 Fukushima Nuclear Disaster", *The Asia-Pacific Journal*, 9(2), 2011, http://www.japanfocus.org/-Nishioka-Nobuyuki/3669(검색일: 2012. 1. 7.)

적 변화 속에서 일본사회가 경험하고 있는 불안정성이 오키나와의 미군 기지 문제와 원전 문제를 통해 나타나고 있다는 사실은 이 두 가지가 바로 전후 일본체제를 지탱해온 구조적인 조건이라는 점을 상징적으로 보여주는 것이다.

일본은 80년대 말까지 지속적인 경제성장을 바탕으로 가족-학교 -회사의 긴밀한 연계 시스템을 통해 사회적 안정을 확보했다.[14] 오일 쇼크 이후에도 경제성장이 지속되면서, 가정에서의 철저한 성별 분업이 회사중심주의적 생활양식을 뒷받침하고, 회사는 가족수당을 통해 일정 수준의 복지를 보장하는 체계가 하나의 사회적 계약으로서 존속했다. 이런 사회적 계약을 전제로, 여성은 전업주부로서 가사를 전담하거나 파트타이머로서 일하며 자녀의 교육을 책임지고 남성이 일에 몰두할 수 있도록 내조하는 역할을 했다. 반면 학교는 학생들을 성적과 사실상 가정형편에 따라 선별해서 각자의 수준에 맞는 회사에 적절히 배치하는 기능을 담당했다.[15]

그러나 1990년대 이후 실질 임금이 하락하고, 남성조차 정규직으로 취업하는 것이 어려워지면서, 샐러리맨-전업주부로 이루어진 '중산층 가족'을 꾸릴 수 없는 사람들이 늘어났다.[16] 특히 젊은 세대는 학교-회

---

14) William W. Kelly, "At the Limits of New Middle-Class Japan" Leonard Schoppa, Oliver Zunz, and Nobuhiro Hiwatari eds., *Social Contracts under Stress*, New York: Russell Sage Foundation, 2002, pp.232-254.
15) 박지환, 「현대 일본사회의 중·고등학교 이행기를 둘러싼 사회문화적 변화에 대한 연구」, 『비교문화연구』 17(2), 2011, 45-46쪽.; 박지환, 「교육열망의 차등적 구성」, 『한국문화인류학』 45(3), 2012a, 105-151쪽.
16) 야마다 마사히로(최기성 옮김), 『희망격차사회』, 도서출판아침, 2010; Anne

사의 연계를 통해 과거와 같이 안정된 일자리를 보장받지 못해, 결국은 결혼을 연기하거나 사실상 포기했고, 결혼하더라도 출산을 연기했다. 정규직 일자리를 가질 수 없다는 것은 샐러리맨-전업주부라는 전후 가족모델의 불안정화, 젊은 세대의 사회진출의 불안정화, 나아가 소속될 장소의 상실을 의미한다. 무슨 일을 하는가보다 어떤 집단에 속하는가가 중요한 일본사회에서 소속감의 상실이 불러오는 불안감은 이루 말할 수 없다.[17] 니트(NEET)나 인터넷 카페 난민이 상징하듯이, 가족에도, 어떤 교육기관에도, 나아가 안정된 직장에도 속하지 못하는 상황이 일본사회에 확산되면서, 일상의 난민화가 진행되고 있는 것이다. 따라서 1950년대 중반부터 1980년대 말까지 안정적으로 유지된 전후 일본의 시스템이 역사상 전례 없는 경제성장에 의해 뒷받침된 예외상태였다는 것이 분명해지자, 비로소 불안정이 현재 일본사회에서 정치적 개념으로서 적실성(relevance)을 가질 수 있게 됐다. 즉 일본의 전후 질서가 유동화됨에 따라, 불안정한 삶의 현실에 직면하게 된 사람들이 새로운 사회운동의 주체로서 등장할 수 있는 조건이 마련된 것이다.

하지만 불안정한 사회적 상황이 곧장 새로운 정치의 출현 혹은 새로운 정치적 주체의 대두를 보장하지는 않는다. 이것은 일종의 문화지체 현상으로 설명될 수 있다. 예를 들어, 후쿠시마 원전사고 직후에도 원

Allison, "Ordinary Refugees: Social Precarity and Soul in 21st Century Japan", *Anthropological Quarterly*, 85(2), 2012, pp.345-370; William W. Kelly and Merry I. White, "Students, Slackers, Singles, Seniors, and Strangers", Peter Katzenstein and Tadashi Shiraishi eds., *Japan and Asia*, Ithaca: Cornell University Press, 2006, pp.62-83.
17) 나카네 지에(양현혜 옮김), 『일본 사회의 인간관계』, 소화, 2002.

전을 계속 유지해야 한다는 비율은 사고 이전과 거의 변동이 없었다.[18] 일본의 인구가 감소하고 있어서 더 이상 1960-70년대와 같은 경제성장은 가능하지도, 필요하지도 않지만, 사람들은 경제성장에 대한 열망을, 따라서 원전을 쉽게 포기하지 못하는 것이다. 즉, 후쿠시마 원전사고라는 위기는 사회경제적 불만을 갖고 있는 사람들이 봉기할 수 있는 계기는 될 수 있을지언정, 곧바로 봉기를 유발하지는 않는다. 불안정이 정치화되기 위해서는 사람들이 각자의 위치에서 느끼고 있는 불안감을 매개하는, 혹은 위태로운 입장에 놓인 사람들 사이에 새로운 연대를 창출할 수 있는, 문화적 실천의 형식이 필요하다.[19] 방사능에 대한 공포감, 먹을거리에 대한 걱정, 정부에 대한 불신감을 갖고 있는 사람들을 거리로 끌어내는, 즉 불안정을 정치적 자원으로 전화시키는 문화적 기제가 있어야 한다.

현재 일본사회에서 이런 역할을 하는 문화적 장치는 사운드데모로 대표되는 축제 스타일의 집회다. 무엇보다도 사운드데모라는 형식이 일본사회의 여러 불안정한 요인들을 정치적으로 동원하는 기제로 이용되고 있다는 사실이 이를 증명한다. 반전운동에서부터 시작되어 비정규직 청년노동운동과 지역문화운동을 거쳐 탈원전 운동에 이르기까지, 2000년 이후에 활성화된 다양한 사회운동의 수단으로서뿐만 아니라 인적 연

---

18) 大澤真幸, 「見田宗介: 〈三代目〉の社会へ」, 大澤真幸 編, 『3·11後の思想家25』, 左右社, 2012, 209-226쪽.

19) 김광억, 「저항문화와 무속의례: 현대 한국의 정치적 맥락」, 『한국문화인류학』, 23집, 1991, 131-172쪽; 김승연, 「프랑스 실업자 운동의 군중신체의례」, 『한국문화인류학』 44(2), 2011, 3-36쪽; 조일동, 「사회극으로서의 촛불」, 『한국문화인류학』 42(1), 2009, 179-220쪽.

결고리를 창출하는 매개체로써 사운드데모는 중요한 역할을 해 왔다. 또한 사운드데모를 경험한 사람들은 그 속에서 재미를 발견함으로써 정치에 보다 관심을 갖게 됐다. 따라서 다음 두 절에서는 일본사회에 존재하는 다양한 형태의 불안정이 사운드데모를 통해 정치화되는 양상을 고찰하고자 한다.

3. 사운드데모의 발명

일본에서 사운드데모가 시작된 것은 2003년 미국의 이라크 침공에 항의하는 반전집회가 열렸을 때다.[20] 2011년 9·11사건을 계기로 세계에 전쟁의 암운이 드리우자, 도쿄에 '월드피스나우'(World Peace Now, 이하 WPN)라는 비폭력 반전운동 네트워크가 결성됐다. WPN에 동참한 조직 중에 '코로스나'(殺すな)는 문화인류학자 겸 예술가인 오다 마사노리, 예술비평가 사와라기 노이, 아트 큐레이터 야마모토 유코, 작가 구도 키키가 발기한 비위계적인 운동네트워크였다.[21] 이들은 2003년 3월 21일에

---

20) 사운드데모는 1990년대 영국에서 고속도로의 확장에 항의하는 사람들이 간선도로를 점거하고 그곳에 사운드시스템을 가져와 레이브 파티를 열었던 거리 되찾기 운동(Reclaim the Streets)의 영향을 받았다. 영국의 거리 되찾기 운동에 대해서는 George McKay, *DiY Culture: Party and Protest in Nineties Britain*, London: VERSO, 1998를 참고할 것.

21) 코로스나(殺すな)는 죽이지 말라는 뜻으로, '베트남에 평화를! 시민연합'이 베트남전쟁 반대운동의 일환으로 1967년 4월 워싱턴포스트지에 게재한 광고에서 사용한 말이다. 화가인 오카모토 타로(岡本太郎)가 쓴 글씨는 마치 사람이 죽어가는 듯이 옆으로 기울어지면서 점점 작아지는 모습을 띠고 있다.

열린 WPN의 반전집회에 참여해, 사운드시스템과 드럼 등의 악기를 이용해 집회의 분위기를 고조시키고 이라크전쟁 반대를 외쳤다. 이것이 일본 최초의 사운드데모였다.22)

WPN이 주도한 집회에서 이처럼 레이브 파티 스타일의 시위가 가능했던 것은 WPN의 주요 조직자였던 '찬스!'(CHANCE!) ‒ 2001년 '찬스! 도쿄'로 시작해, 2002년에는 '찬스! 포노2'로 이름을 바꿔 활동했다 ‒ 도 전략적 관점에서 새로운 시위방식을 활용하는 데 관심이 있었기 때문이다. '찬스!'는 집회에 보다 많은 인원을 동원하기 위해 집회의 평화적, 비폭력적 성격을 강조했고, 경찰에 상당히 협조적인 태도를 보였다. 예를 들어, 반전집회의 명칭으로 좌파적 이미지가 덧씌워진 데모 대신 워크 (walk) 혹은 퍼레이드(parade)라는 단어를 사용했으며, 퍼레이드의 감사의 대상에 경찰을 포함시켰다.23) 심지어 '찬스! 포노2'의 일부 인사들은 공안경찰이 주최한 연말 파티에 참석하기도 했다.24) 이에 대해 반전운동의 일각에서는 "경찰과의 유착, 추악한 자기보신, 배제의 논리=소프트 노선의 통일주의"이자 "저항 없는 비폭력"이라는 비판이 제기됐다.25)

따라서 2001년부터 계속되어 온 반전운동 주류의 타협적인 태도에 불만을 가진 사람들이 반전운동 내부에서 생겨나기 시작했다.26) 비당파

---

22) Yoshitaka Mori, "Culture=Politics: The Emergence of New Cultural Forms of Protests in the Age of Freeter", *Inter-Asia Cultural Studies*, 6(1), 2005, p.18.
23) noiz, 「サウンドデモ史考: 人はどんちゃん騒ぎなかに社会変革の夢を見るか」, 『アナキズム』, 第12号, 2009. 7-8쪽.
24) Yoshitaka Mori, "Culture=Politics: The Emergence of New Cultural Forms of Protests in the Age of Freeter", p.20.
25) 中島雅一, 「捕虜と乱痴気: 5·10 Street Rave Against War」.

무정부주의자들(non-sect anarchists)은 물론, 퍼레이드의 성공을 '찬스!'의 공으로만 돌리는 데 불만을 품은 일부 음악관계자, 연극인, 미술가들이 새로운 흐름에 참여했다. 또한 '코로스나'의 일부 멤버들도 이 사람들이 조직한 '거리통제에 대항하여'(Against Street Control, 이하 ASC)가 주최하는 데모에 합류했다. 이들은 2003년 5월 10일 도쿄 시부야에서 사운드 데모를 실행했다. 이날 데모에는 '코로스나' 그룹의 일원인 오다 마사노리를 비롯해, 1990년대 중반부터 요요기 공원에서 테크노 음악 파티를 통해 홈리스 및 일용직노동자들 그리고 이들을 지원하는 운동가들과 연대관계를 맺은 DJ 세이노 에이치, 힙합 래퍼 ECD, 레게 음악가 랑킨 타쿠시 등이 참여했다.[27] 또한 이런 대중음악가들과의 연계를 통해서 일용직·홈리스노동자운동단체, 이주노동자 그룹, 클럽문화 그룹, 연극인 단체 등도 반전 사운드데모에 합류했고, 이외에도 개인적으로 편집자, 소설가, 미술가, 작가, 디자이너, 프리터, 학생 등도 참여했다.

　　2003년 5월의 첫 사운드데모부터 2004년 2월까지 ASC가 주도한 여섯 차례의 사운드데모는 대성공을 거두었다. 데모 중에 큰 음악이 터져나오고 사람들이 춤을 추는 것에 당황한 경찰들은 이들을 통제할 수 없었다. 이에 반해, 데모 참가자들은 경찰이 지정해 놓은 선에서 벗어나 마음껏 자신들의 주장을 전개할 수 있다는 데에서 즐거움을 만끽했다. 음악 소리를 듣고 도중에 참여하는 사람들이 늘어나며 데모행렬의 폭은

---

26) noiz, 「サウンドデモ史考: 人はどんちゃん騒ぎなかに社会変革の夢を見るか」, 9-10쪽.
27) 毛利嘉孝, 『ストリートの思想: 転換期としての1990年代』, 146쪽.

더욱 넓어졌다. 늘어나는 사람들
과 엄청난 크기의 음악에 힘을 얻
어 데모 참가자들은 저항성을 강
조해 나갔다. "반전과 평화라는
말로는 다 표출할 수 없는" 엄습
하는 전쟁에 대한 불안한 감정을

〈그림 1〉 전쟁에 저주를

표현하기 위해, 오카모토 다로가 워싱턴포스트지에 게재했던 글씨(殺
すな)를 변형해서 "전쟁에 저주를"(戦争に呪いを)이라는 깃발(〈그림 1〉)
을 만들고 "죽이지 마라"(殺すな)를 외쳤다.[28] 데모 참가자의 확대에 위
기의식을 느낀 경찰이 보다 강경한 태세로 데모를 통제하는 과정에서
체포당하는 사람도 나왔다. 그러나 데모 참여자들은 이러한 경찰의 폭
력적인 자세를 묘사한 "말해서 들을 놈이 아니야!"(言うこと聞くような
奴らじゃないぞ)-반전데모에 참여했던 힙합 래퍼 ECD가 만든 곡이다
-라는 노래를 부르고 구호를 외치며 저항했다.

　　ASC의 사운드데모는 "사운드 시스템을 도입함으로써 음·음악이 갖
는 정치적인 힘을 되돌리려는 운동"이었다.[29] 기존의 데모에서처럼 경
찰이 요구하는 속도에 따라 걸어가는 것이 아니라 음악의 리듬에 맞춰
행진하는 것이 가능했다. "음악의 리듬과 폭음에 뒤섞여, 자신의 목소리
가 거리 속에 고립되어 있지 않다는 느낌이 들고 용기가 나" "얌전한 일

---

28)　小田昌教·ヲダマサノリ,「見よぼくら四人称複数イルコモンズの旗、改め、殺
　　すなの旗」,『現代思想』, 6月号, 2003, 86~92쪽.
29)　寺師正俊·河島茂生,「サウンド·デモ」, 吉見俊哉·北田暁大 編 ,『路上のエスノ
　　グラフイ-』, せりか書房, 2007, 196쪽.

Ⅳ. 2000년대 시위문화와 탈원전 운동　**165**

본인"도 자기가 하고 싶은 말을 다했다.[30] 사운드 카 옆으로 가서 음악을 제대로 듣고 춤추고 싶다는 욕망이 단순히 즐기는 것으로 그치는 것이 아니라 경찰의 지시대로 움직이지 않는 저항적 행동과 반전이라는 정치적 행위로 연결됐다. 즉 ASC의 사운드데모는 문화적 실천이 재미와 저항성을 동시에 지닐 수 있다는 점을 구현했다. 이것은 재미있는 이벤트를 통해 정치에 무관심한 일반인들을 동원한다는 소극적인 의미가 아니라, 물리적인 폭력을 사용하지 않더라도 오히려 "축제와 같은 반란행위"를 통해 "공공공간을 일시적으로 점거함으로써 일상을 낯설게 하여 새로운 사고의 계기를 만드는" 일정한 "폭력성"을 갖고 있었기 때문에 가능했다.[31]

ASC에 의한 사운드데모는 2004년 2월로 중단됐으나, 사운드데모는 2005년 이후 청년노동운동과 결합해서, 시위문화의 한 가지 중요한 양식으로서 일반화됐다. 2000년대 이후 생긴 여러 비정규직 노동조합들 중에서, 사운드데모를 통해 청년노동운동의 존재를 알리고 조합원을 확대하는 데 성공한 것은 '프리터전반노동조합'(フリーター全般労働組合)이다.[32] '프리터전반노동조합'은 2004년 8월에 결성됐다. 그러나 노

---

30) 野田努·三田格·水越真紀, 「ダンス·トウ·デモンストレーション」, 『現代思想』, 6月号, 2003, 94쪽.
31) noiz, 「サウンドデモ史考: 人はどんちゃん騒ぎなかに社会変革の夢を見るか」, 30쪽.
32) 청년노동운동은 2000년 이후, 청년층의 노동을 둘러싼 상황의 악화가 사회 문제화되는 과정에서 결성된, 비정규직 청년층 노동자를 중심으로 한 노동시장 횡단적인 개인가맹 노동조합운동이다. 2000년 도쿄에서 '수도권청년유니언'의 결성을 시작으로, 2004년 8월 '프리터전반노동조합,' 2005년 11월 교토에서 '간사이비정규등노동조합·유니언보치보치,' 2006년 6월 '프리터유니온후쿠오카'가 연이어 설립됐다. 橋口昌治, 『若者の労働運動』, 生活書院, 2011,

동조합을 준비하는 과정에서 노동운동에 초점을 맞출 것인가 아니면 네트워크형 운동을 전개할 것인가라는 문제를 두고 의견대립이 일어나, 발기인 두 사람이 빠진 채 조합이 결성됐다.[33] 그 결과, 2005년 메이데이 데모를 조합 구성원만으로 준비할 수 없는 상황에 봉착했고, 결국 기존에 교류하고 있던 운동단체 등의 협력을 얻어 실행위원회를 꾸리는 형식으로 데모를 준비했다. 여기에 반전운동에 관여했던 사람들이 참여한 것이 메이데이 데모를 사운드데모 방식으로 하게 된 계기가 됐다.

노동조합을 준비하던 단계인 2004년에 열었던 "프리터에게 한 사람 분의 임금을! 5·1 신주쿠 프리터 메이데이" 데모는 사운드데모의 형식을 취하지 않았다.[34] 2005년 "자유와 생존의 메이데이"—"전쟁협력 등 외적 압력으로부터의 자유와 불안정한 고용형태로 일하고 있는 사람으로서의 생존이 앞으로의 과제가 될 것이다"라는 취지였다—라는 주제로 열린 집회부터 사운드데모의 형식을 채택했다. 2006년 이후에도 반전 운동가들은 물론 학원강사나 편집자 등이 메이데이 데모 준비에 참여했고, '프리터전반노동조합'은 참여자들의 다양한 정체성을 포괄하기 위해 프레카리아트라는 용어를 내세우고 메이데이 데모를 개최했다.[35] 이

11–13쪽.

33) 橋口昌治, 『若者の労働運動』, 154–157쪽.

34) 이 데모의 사진을 확인한 결과 북을 치는 사람이 있기는 했지만 사운드시스템을 동원한 본격적인 의미의 사운드데모를 하진 않았던 것으로 보인다. http://goo.gl/9lseb 참고(검색일: 2012. 10. 20.).

35) 2006년 자유와 생존의 메이데이 데모의 부제는 "프레카리아트의 기도(企圖)를 위해"였다. 이후에도 "프레카리아트의 반공(反攻)"(2007년), "프레카리아트는 증식/연결한다"(2008년), "60억 프레카리아트"(2009) 등의 부제를 사용했다. http://goo.gl/u4Efp 참고(검색일: 2012. 10. 20.).

후 "자유와 생존의 메이데이" 데모 영상이 유투브에 공개되면서 일본 각지에서 유사한 방식의 데모를 하고 싶다는 사람들이 생겨나, '프리터전반노동조합'의 메이데이 데모 실행위원회 구성원들이 노하우를 전수하게 됐다. 그 결과 2008년경부터 사운드데모라는 형식이 일본 전역으로 확산됐다.36)

한편, 사운드데모가 반전운동에서 비정규직 청년노동운동으로 확산된 것과 거의 동시에 지역사회에서 문화정치운동을 실천하는 '아마추어의 반란'(素人の乱) 계열의 사람들에게까지 확대됐다. '아마추어의 반란'은 도쿄 고엔지 역 부근에서 중고상품가게, 카페, 대안대학 등을 운영하는 문화운동 네트워크다.37) 2005년 '아마추어의 반란'을 시작한 핵심 멤버는 '호세대학의 궁상스러움을 지키는 모임'을 추진했던 마쓰모토 하지메다. 대학을 졸업한 후에도 그는 '가난뱅이대반란집단'이라는 이름을 걸고 수입음반CD규제에 반대하거나 반전 관련 낙서를 금지하는 것에 반대하는 사운드데모를 각각 2004년 6월과 11월에 개최했다.38) '아마추어의 반란'을 시작한 이후에도 방치된 자전거의 철거를 반대하는 "내 자전거를 돌려줘 데모"(2005년 8월), 중고전자제품의 거래를 제한하는 것에 반대하는 "PSE법 반대 데모"(2006년 3월), "월세 공짜를 위한 데모 봉기"(2006년 9월), "아마추어의 반란 메이데이 데모"(2008년 5월) 등 사회적으로 소외된 계층의 사람들에게 호소력을 갖는 집회를 사운드데모

---

36) 雨宮処凛, 「デモのある生きづらくない街: 壮大な直接民主主義の実践によせて」, 『世界』, 9月号, 2012, 150쪽.
37) 마쓰모토 하지메(김경원 옮김), 『가난뱅이의 역습』, 아루, 2009.
38) noiz, 「サウンドデモ史考: 人はどんちゃん騒ぎなかに社会変革の夢を見るか」, 20쪽.

의 형식으로 주최했다. 특히, 후쿠시마 원전사고 직후인 2011년 4월 10
일, 일본 전역에서 처음으로 탈원전 데모를 개최해 15,000명이 참여하는
성과를 올렸다.[39] 이 데모는 탈원전을 사회적 의제로 올려놓았을 뿐만
아니라, 이후 일반시민들이 다양한 형태의 데모를 스스로 조직하는 데
기폭제와 같은 역할을 했다.

　정리하면, 2000년대 이후 일본의 시위문화는 유머, 웃음, 축제성을
사회운동에 재도입함으로써, 데모는 폭력적인 것이라는 부정적인 이미
지를 불식하고 사람들이 쉽게 참여할 수 있는 새로운 공공공간을 창조
했다. 즉 사운드데모라는 문화적 형식은 1970년대 이후 직접적인 정치
행동에 소극적이었던 일본시민들을 거리로 끌어내는 데 효과적인 매개
수단이었다고 할 수 있다. 더구나 사운드데모는 다양한 요인－전쟁위
협, 고용의 유연화, 원전사고－에서 비롯되는 불안감을 마치 축제와 같
이 재미있는 집회를 통해 정치화하는 데 성공했다. 따라서 사운드데모
에 참여한 사람들이 주로 무명의 DJ, 뮤지션, 디자이너, 예술가, 일용직
노동자, 프리터, 학생, 즉 온갖 프레카리아트였다는 것은 우연이 아니다.
2절에서 보여준 것처럼, 1990년대 이후 진행되어 온 일본사회의 불안정
화를 온몸으로 겪고 있는 사람들이 사회운동의 새로운 주체로 등장했다
는 점에서 구조적인 사건이다. 따라서 사운드데모는 이런 사람들이 경
험하는 다양한 불안정한 상황을 매개하는 문화적 실천, 즉 전쟁으로 인
해 생활세계가 파괴될 수도 있다는 초조함, 고용의 유연화에 따라 일상

---

39) 박지환, 「동일본대지진 이후 일본의 사회운동: 아마추어의 반란'의 탈원전
　　데모를 중심으로」, 『일본연구논총』 36, 2012b, 31-55쪽.

생활이 불안정하게 되는 것에서 비롯되는 불안감, 그리고 눈에 보이지 않는 방사능에 어떻게 대처해야 할지 알 수 없는 데서 유래하는 당혹감을 축제를 통해 정치화한 문화적 실천이라고 할 수 있다.

4. 탈원전 데모의 경험[40]

후쿠시마 원전사고 이후, 일본인들의 일상은 한층 더 불안정하게 됐다. 방사능이 날아올까 걱정되어 세탁물을 밖에서 말리지 못하는 주부. 아이를 공원에 데리고 가려고 해도 공원의 방사능 수치가 높지 않은지를 스스로 판단하지 않으면 안 되어서 "24시간 촉각을 곤두세우고 있다"는 엄마. 학교급식에 사용되는 식재료가 어디에서 생산되었는지를 신경 써야 하는 학부모. 재배한 농산물을 팔아도 좋을지 염려하면서도 팔지 않으면 생활을 할 수 없는 농부. 출입금지구역으로 지정된 고향마을에 돌아갈 날만 기약 없이 기다리고 있는 노인 부부. 정부가 발표하는 방사능 수치 정보를 믿을 수 없어 직접 계측기를 구매해 측정치를 인터넷에 공개하고 있는 시민. 방사능 걱정 때문에 모자(母子)만 도쿄에서 오사카로 피난해 생활하는 이산가족.

---

40) 이 절에서 따옴표를 하거나 별도의 단락으로 구분해서 인용하는 내용은 모두 "Voices 데모 참가자의 목소리(Voices デモ参加者の声)"에 올라온 동영상을 보고 옮겨 적은 것이다. 해당 동영상은 모두 2011년 9월부터 12월까지 9차례 촬영되었으며, demonoke.tumblr.com에서 확인할 수 있다. 예를 들어, Voices 8/1은 인터뷰가 8번째 촬영된 동영상 파일 중 첫 번째 것에 수록되어 있었음을 나타낸다.

도쿄에서 오사카로 모자피난(母子避難)하고 있습니다. 남편은 도쿄에서 일을 하고 있습니다. 원전 사고 직전에 우연히 오사카에 있는 친정에 왔었는데요. 그대로 오사카에서 3호기가 폭발하는 영상을 보았습니다. 그때 이건 심각하다, 도쿄는 괜찮을까라는 생각에 머리가 꽉 찼습니다. 처음에는 골든위크[5월 초]까지 상황을 보자고 생각했는데, 그 이후에는 장마까지, 그 이후는 여름까지 상황을 보자고 생각했어요. 그 이후 조금씩 늘어나서 결국 지금까지[2011년 12월] 있는 상태입니다. 남편은 완전하게 지지해서 함께 납득한 것은 아닙니다. 여전히 일도 있고 정말 그 정도로 위험할까, 방사능이란 것이 미량으로도 그렇게 영향이 있을까라는 점에 대해 남편은 아직 반신반의하고 있어서 종종 싸우는 일도 있습니다. 오사카에서 쓰레기, [방사능에] 오염된 쓰레기를 소각해서 이곳의 방사선량도 높아진다면 계속 오사카에 있는 것이 안전한지 알 수 없는데다, 후쿠이 현에 있는 원전이 어떨지 역시 오래되었기 때문에 어떨지 모르기 때문에, 언제든지 어디로든 갈 수 있도록 해 두고 싶다고 생각합니다.

(Voices 9 오사카 부 사카이 시 도쿄에서 피난 중인 주부 34세 여성)

가족관계까지 위태롭게 하는 이런 피난생활은 과민반응이라고 간주되기도 한다. 또한 급식재료를 문제 삼는 학부모는 몬스터 페어런츠(monster parents)라는 말을 듣기도 한다. 직장에서 원전에 관한 이야기를 꺼내면 "여러 가지 의견이 있으니 그만둬라"라는 반응에 부딪힌다. "3·11 이후 전혀 다른 세상이 되었다고 생각하는데, 주변이 그렇게 생각하지 않는 것이 이상할 뿐"이다. "나 혼자만 이상하다고 여기는 것일까라는 아주 답답한 기분"이 들게 된다. 원전은 안전하다는 정부의 선전에 속아왔다는 데서 비롯되는 분노. 지금 당장 뭔가 하지 않으면 안 된다는 절박감. 하지만 오사카로 피난한 주부의 예에서도 알 수 있듯이, 이런 감정은 부부 사이에도 공유되지 않는다. 따라서 "전혀 그런 일이 없었던 듯이 걸어 다니고 있는 사람들이 아주 많은" 일상에서 "참을 수 없는 답답함"을 느끼는 사람들은 자신의 생각과 감정을 공유할 수 있는 대안적인 장을 필요로 한다. 아무 일도 없었다는 듯 진행되는 일상을 깰 수 있는 축제와 같은 것이 요구되는 것이다.

후쿠시마 원전사고 이후 발생한 탈원전 사운드데모에는 가수, 래퍼, DJ들이 만든 각종 탈원전 노래가 사용됐다. 예를 들어, 사이토 가즈요시(斎藤和義)의 〈줄곧 좋아했었어〉(ずっと好きだった)라는 J팝 스타일의 곡을 개사한 노래 〈줄곧 거짓말이었어〉(ずっとウソだった)라는 곡이 유투브를 통해 전파되면서, 각종 탈원전 데모에서 분위기를 고조시키는 역할을 했다.[41] 큰 스피커에서 흘러나오는 노래의 리듬에 맞춰 춤추며 데모를 하는 재미와 더불어, 데모 참가자들은 학생 시절 좋아했던 상대를 만나서 고백하는 가사와 원전을 안전하다고 선전했던 정부와

---

41) 五野井郁郎, 『デモとは何か: 変貌する直接民主主義』, NHK出版, 2012), 190-193쪽. "줄곧 좋아했었어"와 "줄곧 거짓말이었어"의 가사 중 일부만 각각 번역하면 다음과 같다. "이 거리를 걸으면 되살아나는 16세[시절의 기억]/교과서의 낙서는 기타 그림과 그대의 얼굴/우리들의 마돈나 괴롭혀서 곤란하게 했었지/그리운 그 목소리 쑥스러운 푸른 봄/줄곧 좋아했었어 변함없이 아름답네/정말 좋아했었어 끝끝내 말하지 못했지만/줄곧 좋아했었어 그대는 지금도 아름다워/정말 좋아했었어 알아챘었지 이런 마음", "이 나라를 걸으면 원전이 54기/교과서도 CM도 말했다 안전하다고/우리들을 속이고 변명은 예상 밖의 사고/그리운 저 하늘 쑥스러운 검은 비/줄곧 거짓말이었어/역시 들통나고 말았네/정말 거짓말이었던 거야/원자력은 안전하다고/줄곧 거짓말이었어 시금치 먹어도 될까/정말 거짓말이었어 알고 있었을 거야 이런 사태".

〈그림 2〉 야채데모

〈그림 3〉 DJ, 밴드, 노래방 있음

〈그림 4〉 경시청에의 경고

전력회사를 야유하는 가사 사이의 뒤틀림에서 쾌감을 느꼈다.

또한 데모 참가자들이 사용하는 의상이나 선전수단에도 전통적인 좌파의 그것과 달리 재미있는 형식이 많이 사용됐다. 예를 들어, 후쿠시마 제1원전이 폭발한 모습을 연기와 철골구조까지 형상화하고 거기에 "안전합니다!" "물을 뿌려라"라고 적은 옷을 입고 나온 사람들처럼 코스프레를 하며 "데모를 즐기는" 사람들도 있었다.[42] 한편, 탈원전 데모 포스터도 가지가 일본어로 나스(ナス)라는 것에 착안해 "원자력은 너무 위험하다"(原子力はあぶナスぎ!!)고 한 것(〈그림 2〉)이나 원전 재가동을 결정한 일본 총리의 이름 노다(野田)를 이용해 "원전은 NO다"(原発NOだ)라고 한 간단한 언어유희의 예부터 다양한 연령층의 사람들을 만화적인 캐릭터로 표현하고 음악을 즐길 수 있다는 점을 강조하는 예("DJ 있음, 밴드 있음, 노래방 있음")까지 다양하다(〈그림 3〉). 또한 데모 참가자

---

42) 雨宮処凛,「デモのある生きづらくない街:壮大な直接民主主義の実践によせて」, 151쪽.

들의 자유로운 행동을 규제하려는 경찰들을 냉소하는 포스터도 종종 사용된다(〈그림 4〉, "경시청에의 경고. 악기 등을 연주하면서 데모행진을 하면 보통 때보다 걷는 속도가 느려집니다. 무리하게 빠르게 하거나 간격을 좁히면 추돌이나 전도의 위험이 있어 매우 위험하므로 함부로 경고를 내지 말아주세요."). 따라서 탈원전 데모에 처음 참가하는 사람들도 대체로 "재미있었다"는 반응을 보였다.

> 그[동일본대지진] 이후 모든 것을 보는 관점이 바뀌었습니다. 우선 원전이 있다는 것을 몰랐다는 사실을 알았습니다. 원전이 그런 것이고 자민당의 전략으로, 미국이 강요해서라든가 그런 것을 모른 채 살아온 것을 알았습니다. 알게 된 것으로 인해 화가 나서 소리를 지르고 싶어졌어요. 소리를 지르고 싶어서 데모에 왔더니 재미있는 사람들이 많이 있어서 즐거워졌고 이 즐거움을 연쇄시킨다면 문제가 없겠다고 생각했습니다.
> (Voices 5 도쿄 도 미타카 시 감동테러리스트 24세 남성)

> 트위터 등을 통해 계속 반대한다고 쓰고 있었지만 투덜거리는 것만이 아니라 이제 슬슬 뭔가 하자라고 생각했을 때 마침 친구가 [사운드] 데모 이야기를 해주어서 왔습니다. 데모라고 하면 저와는 다른 세계의 사람, 우익 같다는 이미지가 있었지만, 참가해보니 전혀 그런 것이 없고 모두 정말 보통 사람들이었어요. 솔직히 신중하지 못한 것일지도 모르겠지만 즐거웠습니다. 우연히 이쪽에 오는 것이 결정되었는데, 운이 좋았다면 좋았다고 할 수 있어요.
> (Voices 9 오사카 시 주오 구 학생 29세 여성)

그러나 탈원전 데모에 참가한 사람들이 느끼는 재미는 단순히 데모의 형식에서 비롯되는 것만은 아니다. 이들이 느끼는 즐거움은 "모르는 사람과 함께 뭔가 하나의 목적이 있어서 걸어나갈 수 있는 것은 저에게 아주 안심이 된다."라는 데서 비롯되는 즐거움이다. 이들에게 데모는 "혼자가 아니라 같은 생각을 가진 동지가 이만큼이나 있다는 것을 확인"하고 "사기(士気)를 올리는 장소"인 것이다. 즉 자신의 생각을 자유롭게 표현하고 자신과 비슷한 생각을 하는 사람들이 있음을 확인함으로써, 탈원전 데모 참가자들은 해방감, 안도감, 즐거움을 경험한다.

> 9월 6일에 일을 마치고 돌아가는 길에 신주쿠역에서 [탈원전 데모]단체들이 지나가는 것을 보고, "도중에 들어갈 수 있나요?"라고 물었더니 "들어올 수 있습니다."라고 해서 거기에 끼어들어 갔습니다. [직장에서] 발언하면 무반응, 터부라는 분위기가 되었던 것과 다른, 말해도 괜찮다는, 역시 큰 목소리로 원전은 필요 없다고 말했을 때, 이렇게 말해도 좋은지 모르겠습니다만, 아주 기분이 좋다고나 할까요. 저 자신이 역시 원전은 필요 없다고 생각하고 있었다, 그걸 입 밖으로 내보내고 싶다는 것을 경험함으로써 역시 좋다는. 여기[데모]에 참여하는 것을 통해 발언하는 것이 가능하다는 그런 기분이 되었습니다. 그래서 꼭 참가하고 싶다고 생각해서 오늘 두 번째로 참가했습니다.
> (Voices 3 도쿄 도 신주쿠 구, 도쿄도복지보건국, 40세 남성)

따라서 2000년대 일본의 시위문화를 구성하는 "재미"는 "현실의 필연성에 거리를 두는 것"—즉 현실로부터의 도피—에서 비롯되는 것이 아니라 오히려 "필연이라는 느낌을 누그러뜨리거나 사라지게 하는 것"—현실에의 관여—으로부터, 그리고 이를 통해 "현실에 영향을 미칠 수 있다"고 느끼는 것으로부터 유래한다.[43] 즉 권력이 없는 사람들이 직접적인 정치행동에 참여함으로써 무력감을 극복하는 데서 느끼는 즐거움인 것이다.

그러나 일본이 비로소 "데모를 할 수 있는 사회"가 되었음에도 불구하고, 탈원전 데모의 정치적 효과는 여전히 제한적인 것처럼 보인다. 수도권반원전연합은 2012년 3월 말부터 매주 금요일마다 수상관저 앞에서 후쿠이 현 오이원전의 재가동에 반대하는 집회를 열고 있다. 홋카이도의 도마리원전이 2012년 5월 정기검사를 위해 운행을 중지하면서 일시적으로 일본 전역의 원전이 정지되었으나,[44] 2012년 6월 노다 수상은 여름철 전력수요 부족을 이유로 오이원전의 재가동을 승인했다. 그것도 '잘 가라 원전 1000만인 서명시민모임'(さよなら原発1000万人署名市民の会)이 수상에게 750만 부의 원전반대 서명을 전달한 바로 다음 날이었다. 그 후, 수상관저 앞 데모 참가자의 수는 20만 명까지 늘어나 1960년 안보투쟁 때를 방불케 하는 장면이 연출되기도 했다. 그럼에도 불구하고, 2012년 9월에 일본내각은 정부위원회가 제출한, 2030년대까지 원전을 모두 폐지한다는 내용의 보고서를 채택하지 않았다.[45] 산업계와 미국 측의 압력에 밀려 탈원전 정책이 표류하게 된 것이다.

---

43) Cassegard, "Play and Empowerment: The Role of Alternative Space in Social Movements".

44) 후쿠시마 원전사고에도 불구하고 일본정부는 즉시 모든 원전의 가동을 중지시키지 않았다. 동일본대지진의 직접적인 영향으로 운전이 정지된 원전과 활성단층대에 위치해 위험성이 높은 일부 원전을 제외하고는, 모든 원전이 예정된 정기 검사일까지 그대로 가동됐다. 이것은 후쿠시마 원전사고 직후 일부 노후 원전을 즉시 중지시키고, 2022년까지 모든 원전을 폐쇄하기로 결정한 독일정부의 태도와 대조된다. 長谷川公一, 『脱原発社会へ』, 東京: 岩波新書, 2011, 206쪽.

45) 김기범, "일, 재계·미국 반발에 원전제로 유보", 『경향신문』, 2012. 10. 20, 10면.

이처럼 탈원전 데모의 정치적 효과가 미미한 것은 탈원전 데모를 '성공'시킨 바로 그 요인에 기인한다.[46] 데모라는 공공공간이 재미나 즐거움을 체험할 수 있는 공간으로 경험되는 순간, 즐거움을 깨뜨릴 수 있는 요소가 등장하면 쉽게 그 공간의 결집력이 약화될 수 있다. 그런 요인 중 가장 큰 것은 바로 폭력이다. 전문적인 운동가는 데모를 할 때 경찰과 긴장이 고조되는 상황, 심지어 체포, 구속되는 상황이 있을 수도 있다는 점을 알고 있다. 실제로 사운드데모 중에 경찰은 걷는 속도를 빠르게 하고, 데모 대열 간의 간격을 벌려 응집력을 약화시키며, 데모대를 에워싸서 거리에서 도중에 참여하는 사람을 차단하는 등의 방해공작을 펼친다. 이 와중에 경찰과 시위대 간에 충돌이 일어날 수 있다. 그러나 이런 사건은 데모참여 경험이 별로 없는 일반시민들에게는 감당하기 쉽지 않은 것일 수 있다.

실제로, 2011년 탈원전 데모를 주도했던 아마추어의 반란은 2011년 9월 이후 독자적인 탈원전 사운드 데모를 주최하지 않고 있다. 경찰이 2011년 9월 신주쿠에서 열린 탈원전 데모를 강하게 통제한 것이 한 원인으로 작용한 것으로 보인다.[47] 경찰은 이 데모 직전에 갑자기 데모 코스를 변경하고, 사운드 데모가 진행되는 부분만 집중 통제하며, 일부

---

46) 데모의 정치적 효과가 제한적인 이유를 데모를 실행하는 측의 문제로만 돌릴 수 없다는 것은 분명하다. 시민사회의 정치적 요구를 듣는 쪽인 국가의 정치 구조적 문제도 있다. 다만 일본 정치의 여론 수렴 구조를 분석하는 것은 이 논문의 범위를 벗어난다.

47) Noriko Manabe, "Music in Japanese Antinuclear Demonstrations: The Evolution of a Contentious Performance Model", *The Asia-Pacific Journal*, 11(3), October 21, 2013, http://japanfocus.org/~Noriko-MANABE/4015(검색일: 2014. 02. 11.).

시위 관계자를 불분명한 이유로 체포했다. 이에 대해, 아마추어의 반란 측은 강력하게 항의해 구속된 사람들이 2주일 후에는 모두 석방됐다. 그러나 이 사건으로 말미암아 아마추어의 반란도 사운드 데모는 위험하다(risky)고 판단하고, 탈원전 운동 전체에 미칠 부정적 영향을 우려해 독자적인 데모를 실시하지 않고 있다.

대신 2012년 이후 아마추어의 반란도 참여하고 있는 탈원전 스기나미(脱原発杉並)는 "DJ 있음, 밴드 있음, 가라오케 있음"을 내세우며 누구나 안전하게 시위에 참여할 수 있다는 점을 강조하며, 사람들도 "아주 매너가 좋아서 반란 같은 거나 폭력적인 것이 없"는 데모를 선호한다. 그 결과, 탈원전 데모는 나와 타자 사이의 입장의 차이를 명확하고 타자에 영향을 미치려는 정치적 가능성은 상실한 채, 시위 참여자의 분노를 의례적 공간 내부에 가두는 자기위안의 형식에 그칠 위험성을 갖게 된다.

> 고엔지 [데모에 참여한 것이] 처음이네요. 그 정도로 사고가 일어났음에도 전혀 수습될 조짐이 보이지 않고, 정부도 전혀 움직이지 않는 것에 화가 나서, 역시 목소리를 내는 것만으로도 다를까 싶어서 데모에 참가했습니다. 역시 참가하면 달랐어요. 역시 효용감과 같은 것이 있다고 처음에 좋은 인상을 받아서, 하지만 그 당시 사운드데모로 약간 폭력적인 일도 있어서, 그것은 별로라고 생각했지만요. 하지만 오늘처럼 트위터 데모는 언제나 평화로운 분위기니까 아주 있기 편하다고 생각합니다. 내면적인 면에서는 처음에는 정말 걷고 있는 것뿐이었지만, 실제로 지난번에 목소리를 높여 보니 뭔가 전혀 다르다고 할까요, 아주 제 안에서 생각하고 있던 것을 내보내서 아주 시원해졌다는 것이 변한 점이라고 할 수 있겠네요. (Voices 8/1 도쿄 도 회사원 26세 남성)

5. 재미의 정치의 함정

위기는 기회다. 그러나 위기가 자동적으로 변화의 계기가 되는 것은 아니다. 위기로 인해 일상은 불안정해지지만, 그럼에도 불구하고 일상의 관성을 깨뜨리고 나오기 위한 기제가 필요하다. 다시 말해, 불안정한 현실이 사회를 바꿀 수 있는 계기가 되려면, 사람들을 움직이게 만드는 문화적 장치가 있어야 한다. 2000년대 일본의 사회운동은 재미라는 요소를 축으로 하는 새로운 시위문화를 발명했다. 이로써 "2000년대부터 2010년대에, 특히 3·11 이후, 일본의 데모는 폭력으로부터 축제에 그 이미지를 전환시키는 것에 성공했다."[48] 축제는 일상과 단절을 만드는 대표적인 문화적 실천이라는 의미에서, 사운드데모를 위시한 축제 스타일의 데모가 일본시민을 거리로 불러내는 데 일정한 성공을 거둔 것은 이해 가능하다.

사운드데모에서 정치적 주장을 내세우는 것과 재미를 추구하는 것이 전도되고 있다는 비판도 존재한다.[49] 그러나 1970년대 이후 일본사회에서, 데모라는 직접적인 정치참여의 형태에 드리워진 폭력의 기억을 고려할 때, 사운드데모가 어떠한 정치조직에도 속하지 않은 개인들을 위해 정치참여의 문턱을 낮췄다는 점은 평가하지 않을 수 없다. 즉 사운드데모를 위시한 축제와 같은 시위문화는 1970년대 전후, 학생 운동가들이 "폭력적 가두투쟁과 내부 폭력"을 되풀이하며 "이후 일본의 사회운

---

48) 五野井郁郎, 『デモとは何か: 変貌する直接民主主義』, 209쪽.
49) 古市憲寿, 『絶望の国の幸福な若者たち』, 講談社, 2011, 209쪽.

동 일반"에 남긴 "나쁜 인상"을 정정하고,[50] 오히려 "폭력적인 이미지"를 "음악에 맞춰 행진하는 데모대"로부터 "데모대를 에워싸고 강제적으로 통제"하는 "경찰대와 공안 측"으로 "전치"시키는 효과를 낳았다.[51] 따라서 2000년대 일본의 재미의 정치는 "전통적인 좌파가 빠졌던 폭력의 문제를 회피하기 위한 방법론"으로 유의미한 결과를 산출했다고 평가할 수 있다.[52]

그러나 재미의 정치가 폭력을 회피하기 위한 수단으로만 간주된다면, 집회가 갖는 정치적 힘과 가능성을 제한하는 결과를 초래할 수도 있다. 이런 맥락에서 1960년대 일본에서 베트남전 반대운동을 이끌었던 '베트남에 평화를! 시민연합'의 오다 마코토(小田実)의 다음과 같은 말을 숙고해 볼 필요가 있다. "죽이지 마라(殺すな)는 죽여라(殺せ)와 행위의 현장에서 서로 맞서 싸우지 않으면 그것은 더 이상 죽이지 마라가 아니다. 거기에 있는 것은 더 이상 죽여라에 대한 비폭력 저항도 아니고 비폭력 행동도 아니다. 있는 것은 단지 비폭력 무저항이며 비폭력 무행동일 것이다."[53] 오다가 말하는 "행위의 현장에서 맞서 싸운다"는 것은 정권을 탈환하기 위한 도구로서 물리적 폭력을 행사해야 한다는 것을 의미하지 않는다. 하지만 그는 여전히 데모에는 권력에 저항하는 의지와 행위가 담겨 있어야 한다는 점을 지적하고 있다. ASC가 처음 실시한 사운

---

50) 小熊英二, 『1968(下): 叛乱の終焉とその遺産』, 新曜社, 2009, 823쪽.
51) 五野井郁郎, 『デモとは何か: 変貌する直接民主主義』, 153쪽.
52) 渡辺太, 『愛とユーモアの社会運動論』, 152쪽.
53) 小田昌教·ヲダマサノリ, 「見よぼくら四人称複数イルコモンズの旗, 改め、殺すなの旗」, 90쪽에서 재인용.

드데모에서처럼, 데모는 "기존 제도를 교란시키고 위반하는 힘"[54] 혹은 "공공공간을 일시적으로 점거함으로써 일상을 낯설게 하여 새로운 사고의 계기를 만드는 폭력성"[55]을 갖고 있어야 하는 것이다.

사카이 다카시도 마틴 루터 킹 등 비폭력 운동가의 사상을 재검토하면서, "비폭력 직접행동"이란 "잠재적으로 깊숙이 숨어 있는 적대성을 폭로하는 수단으로서 혹은 적대성을 구축하는 수단"일 때 "지극히 정치적인 행위"일 수 있다는 점을 분명히 하고 있다.[56] 그러나 현재 일본에서는 여전히 "갈등이나 마찰 자체가 폭력적인 것"이며, "비폭력 시위라면 진압경찰과도 평화적으로 아주 사이좋게 대치해야 한다는 식으로 긴장을 기피하는 것이 마치 비폭력 운동인 것처럼" 간주되고 있다.[57] 이런 사고방식이 전제되어 있는 한, 시위는 비폭력 직접행동에 담보되어야 할 정치적인 것(the political), 즉 무엇과 무엇이 대립되고 있는가를 명확하게 구분 짓는 효과를 발휘할 수 없다.

2011년 9월 이후의 탈원전 사운드 데모는 사운드 데모가 처음 발명되었을 때 갖고 있었던 적대성을 상실한 듯이 보인다. 현재의 사운드 데모는 기존의 데모방식과 마찬가지로 경찰과 사전에 협의된 코스를 경찰이 유도하는 리듬에 맞춰서 진행된다. 데모대는 수상관저 앞을 지날 때 깃발을 내리고 탈원전 구호도 크게 외치지 못한 채 지나간다. 이런 식의

---

54) 조일동, 「사회극으로서의 촛불」, 205쪽.
55) noiz, 「サウンドデモ史考: 人はどんちゃん騒ぎなかに社会変革の夢を見るか」, 30쪽.
56) 사카이 다카시(김은주 옮김), 『폭력의 철학: 지배와 저항의 논리』, 산눈, 2006, 44쪽.
57) 사카이 다카시, 『폭력의 철학: 지배와 저항의 논리』, 43쪽.

탈원전 데모는 일종의 "반란의 의례"(ritual of rebellion)에 불과하다.[58] 막스 글루크만에 따르면, 아프리카 스와지왕국에서 행하는 인츠왈라라는 의례에서, 피지배자들은 왕의 폭정을 비난하며 약탈과 방종을 일삼지만, 왕이 없을 때 일어나는 혼란을 경험하며, 다시 왕을 복권시킨다. 이로써, 현실 정치에 존재하는 갈등은 의례적으로 해소되고, 정치적 위계질서는 재확립된다.

마찬가지로, 탈원전 데모라는 재미의 정치가 적대성을 상실한 채 기존 권력의 통제에 따라 진행된다면, 재미가 자기 목적화되고 권력에 대한 위협성은 소멸할 수도 있다. 데모 참가자의 목소리가 외부를 향해 발신된 것이 아니라 내부-자기 자신과 데모에 참가하고 있는 사람들-를 위해 발성된 것에 그칠 수 있기 때문이다. 재미의 정치가 데모에 참가해서 자기의사를 표현하고 동료를 발견하는 즐거움을 주는 데 그친다면, 다시 말해 사운드데모가 처음 만들어질 때 담고 있었던, 자유로움에 대한 희망과 저항하려는 의지를 결여하고 있다면, 그것은 데모 참여자에게 능동적 주체라는 느낌을 부여해 줄 수는 있더라도, 정치적 변화를 이끌어 내는 데 한계가 있을 수밖에 없다. "반란의 의례"가 축제의 참여자들에게 숨통을 틔워주지만 사실상 기존 질서를 강화하는 것처럼.

---

58) May Gluckman, *Order and Rebellion in Tribal Society*, Oxford: Clarendon Press, 1963.

제3부

관계의 상실과
주체의 회복

일본, 상실의 시대를 넘어서
현대일본생활세계총서 8

소노 시온의 영화와 아이덴티티*
〈자살클럽〉과 〈노리코의 식탁〉에 대한
정신분석학적 해석

박규태

"하늘은 몇 번이고 푸르고/사람들은 왠지 매번 사랑에 빠지고/처음 보는 누런 개가 우리 안에 들어와 형편없는 놈이라며 웃네/죽음 때문에, 죽음 때문에, 죽음 때문에/밤에도 눈부신 거지"   (〈자살클럽〉)
"당신은 당신의 관계자입니까?"   (〈노리코의 식탁〉)

1. 소노 시온, 누구인가

시나리오 작가이자 시인이기도 한 일본의 영화감독 소노 시온(園子溫, 1961~현재)은 국제적으로 많이 알려져 있지만 우리에게는 아직 익숙하지 않은 이름이다. 하지만 〈표 1〉의 필모그래피에서 보듯이 부천국제

---

* 이 글은 『동아시아문화연구』 57호(한양대학교 동아시아문화연구소, 2014)에 게재되었다.

판타스틱영화제와 부산국제영화제에서 〈자살클럽〉(2001), 〈노리코의 식탁〉(2005), 〈두더쥐〉(2011), 〈희망의 나라〉(2013) 등이 상영되면서 국내 팬들도 꾸준히 늘고 있는 추세이다. 일각에서 "1990년대 이후 일본영화계에서 세계로 진출한 뉴웨이브 가운데 가장 독창적이고 도전적인 영화를 만들어 온 감독"[1]으로 평가받는 소노는 실험적인 8밀리 영화 〈나는 소노 시온이다!〉(1985)로 데뷔한 이래 〈자전거 한숨〉(1990)에 의해 일본 영화계에서 전도유망한 감독으로 떠오르게 되었다. 한편, 그가 주도한 '도쿄 가가가'(Tokyo Gagaga, 1997)[2]라는 가두 시낭송 퍼포먼스는 일본의 시인집단 사이에 소노라는 이름을 깊이 각인시켜 주기도 했다. 영화감독으로서 그의 명성은 2000년대 벽두에 내놓은 〈자살클럽〉의 대성공 이래 그 속편인 〈노리코의 식탁〉을 비롯하여 〈기묘한 서커스〉(2005) 및 '증오 3부작'이라 칭해지는 〈사랑의 노출〉(2008), 〈차가운 열대어〉(2010), 〈사랑의 죄〉(2011) 등 시적, 철학적 감성을 내장한 매우 노골적이고 자극적인 폭력과 개성적이고 그로테스크한 섹슈얼리티 묘사를 거쳐 3·11 이후 내놓은 〈두더지〉와 〈희망의 나라〉[3]에 이르러 하나의 고원에 도달한 듯싶다. 하지만 여전히 정점은 보이지 않는다. 그가 추

---

1) マーク・シリング, 「ロード　オブ　カオス/カオスの主」, ダリオー・トマージ 외 편, 『カオスの神、園子溫』, FILM ART, 2012, 8쪽.
2) 이들은 집단적으로 저항주의적인 시를 낭송하면서 도쿄의 유명한 공공장소에 그림을 그렸다. 종종 경찰에 의해 제지받았지만, 연인원 2만여 명이 참가한 이들의 퍼포먼스는 몇 주간 계속되었으며 한 권의 책으로 출간되었다.
3) 3·11로 촉발된 원전과 방사능 문제에 대해 일본에서 유일하게 정면 돌파를 시도한 작품으로, 2012년에 완성되었으나 상영관을 찾지 못해 1년이 지난 2013년 10월에야 개봉되었다.

구하는 영화세계는 한마디로 신경증적이고 분열적이면서 동시에 창발적인 '카오스의 미학'이라 할 수 있겠다. 카오스란 원래 그 끝을 알 수 없는 어둡고 무정형적인 창조의 원질이기 때문이다.[4]

〈표 1〉 소노 시온 필모그래피

연도	타이틀	감독	각본	연기	기타(수상)
1984	러브송(러브송)	O		O	8mm
1985	나는 소노 시온이다! (俺は園子溫だ)	O	O	O	8mm PIA영화제 입선
1986	남자의 꽃길(男の花道)	O	O		8mm PIA영화제 그랑프리
1986	사랑(愛)	O	O		8mm
1988	결전! 여자기숙사vs남자기숙사 (決戰! 女子寮対男子寮)	O	O		8mm
1989	남자들은 반성하시오 (男のコたち反省しなさい)	O	O	O	AV(포르노)

---

4) 이런 의미에서 소노는 각주(1)의 문헌제목처럼 '카오스의 왕'으로 불리기도 한다. 그의 차기작이 될 것으로 예상되는 영어영화 〈로드 오브 카오스〉(Lords of Chaos)는 실제 살인사건을 다룬 동명의 논픽션을 각색한 영화라고 한다. 1993년 노르웨이의 1인 블랙메탈밴드 〈버줌〉의 바르그 비켄네스가 또 다른 블랙메탈 뮤지션을 23차례 흉기로 찔러 살해했다. 경찰은 바르그가 90년대 내내 자행된 교회 방화사건의 주동자라는 사실까지 알아냈고, 결국 그는 노르웨이 최고형인 21년형을 받았다. 블랙메탈 사탄주의라는 일종의 사이비 종교 때문에 발생했고 16살짜리 소녀가 얽혀 있었던 이 사건에 대해 소노는 "이는 내가 과거에 지속적으로 이야기해온 테마를 진정으로 대변하는 사건이다…아이러니는, 그들이 신을 열성적으로 믿기 때문에 그런 짓을 했다는 거다. 신을 믿지 않았다면 그런 짓을 했을 리 없지 않은가. 그들처럼 신실하게 신을 믿었던 사람은 아마 없을 것이다."라고 말하면서 향후 영화화할 뜻을 비쳤다. 그러자 출소한 바르그가 "영화를 찍는다면 제작진을 모두 쏴죽이겠다."는 편지를 소노에게 보냈다고 한다. 김도훈, "소노 시온의 차기작 〈로드 오브 카오스〉", 씨네21DB, http://www.cine21.com/news /view/mag_id/68079 (검색일: 2011. 11. 17.) 참조.

1991	자전거 한숨(自転車吐息)	O	O	O	16mm/PIA영화제 scholarship작품/ 베를린영화제 정식 초대작품
1992	방(部屋)	O	O		35mm/Tokyo Sundance영화제 (심사위원특별상)
1994	'바기나'와 '버진' (バギナ&バージン)	O			16mm
1997	게이코입니다만 (桂子ですけど)	O	O		16mm
1998	남흔(男痕-THE MAN)	O	O		35mm/게이포르노물
1998	바람(風)	O	O		16mm
1999	매미(うつしみ)	O	O		8mm
2000	은밀한 여자들 (ある密かな壷たち)	O	O		핑크영화(에로물)
2001	0cm4	O	O		16mm
2001	자살클럽(自殺サークル)	O	O		2003 Fant-Asia영화제 (Most Ground-Breaking Film/ Fantasia Ground-Breaker Award) 부천국제판타스틱영화제 상영
2001	아버지날(父の日)	O	O		
2004	노팬츠 소녀들 성인이 되면 (ノーパンツ·ガールズ 大人になったら)	O	O		옴니버스작품 (3인 공동감독)
2005	해저드(HAZARD)	O	O		
2005	꿈속으로(夢の中へ)	O	O		
2005	노리코의 식탁 (紀子の食卓)	O	O		2005 Karlovy Vary영화제 (Don Quijote Award/Special Mention /Crystal Globe) 2006 부천국제판타스틱영화제(10회) 상영
2005	기묘한 서커스 (奇妙なサーカス)	O	O		2006 베를린영화제 (Reader Jury of the "Berliner Zeitung")
2006	기구클럽, 그 후 (気球クラブ、その後)	O	O		제16회 일본영화비평가대상 (심사위원 특별감독상)
2007	에쿠스테(エクステ)	O	O		2007 Austin Fantastic Fest(Best Film)
2008	MAKE THE LAST WISH	O	O		웹드라마/2011년 극장공개
2008	사랑의 노출 (愛のむきだし)	O	O		2009 베를린영화제 (Caligari Film Award/FIPRESCI Prize)

					2009 Fant−Asia영화제 (Best Asian Film/Most Innovative Film/Special Jury Prize) 2010 Mainich Film Concours (Best Director) 2009 Asia Pacific Screen Awards (Achievement in Directing) 2010 Asian Film Awards (Best Director)
2009	제대로 전하다 (ちゃんと伝える)	0	0		
2010	차가운 열대어 (冷たい熱帶魚)	0	0		
2011	사랑의 죄(恋の罪)	0	0		
2011	두더지(ヒミズ)	0			2011 부산국제영화제(16회) 상영
2012	BAD FILM	0	0		
2013	희망의 나라(希望の国)	0	0		2012 부산국제영화제(17회) 상영
2013	지옥이 뭐가 나빠 (地獄でなぜ悪い)	0	0		2013 부산국제영화제(18회) 상영

본고의 목적은 이와 같은 소노 영화 가운데 〈자살클럽〉과 그 속편에 해당하는 〈노리코의 식탁〉에 대한 분석을 통해 현대일본인의 아이덴티티 문제를 규명하는 데 있다. 이때 죽음충동, 향유, 라캉적 주체, 상상계−상징계−실재계5), 환상 가로지르기 등의 라캉 정신분석학적 개념

---

5) 프로이트에 대한 라캉적 재해석의 가장 큰 특징 중 하나는 무의식을 언어 구조로 파악했다는 점이다. 이런 맥락에서 상상계, 상징계, 실재계는 각각 언어 이전의 세계, 언어 이후의 세계, 언어 너머의 세계로 규정될 수 있다. 맥고완에 의하면, 이때 상징계는 우리의 사회적 현실을, 상상계는 그 현실의 환영적 위반을 위한 길을, 실재계는 그 상징적 질서가 실패하는 지점(상징적 질서에 항상 출몰하는 간극 혹은 틈새)을 나타낸다(Todd MacGowan, *The End of Dissatisfaction?: Jacques Lacan and the Emerging Society of Enjoyment*, New York: State University of New York Press, 2004, p.18). 부연하자면 상상계는 우리가 보는 세계의 질서를 가리키고 상징계는 그런 가시

들을 매개로 현대 일본인의 아이덴티티 문제에 대한 영화적 표현의 내용과 의미를 천착해 보고자 한다. 이는 포스트 고도성장기 일본사회가 안고 있는 특수한 정신적 위기감에 대한 영화적 표현에 접근하고자 하는 시도이자, 동시에 상징계 구조의 래디컬한 변형을 겪고 있는 현대 일본사회 일반의 심리적 병리에 대한 일고찰이기도 할 것이다.

적 세계를 지탱하고 규제하는 구조를 지칭한다. 언어 영역으로서의 상징계는 우리 자신과 세계를 묘사하게 해 주는 언어뿐만 아니라 우리 자신의 것이라고 여기는 아이덴티티를 부여함으로써 우리 경험을 구조화한다. 그런데 나는 어떤 상징적 아이덴티티에 대해서도 그것이 완벽하게 나와 딱 들어맞는다고 느끼지 못한다. 언어는 총체적인 진실을 다 말할 수 없으며, 언어에 의해 구성된 모든 이데올로기는 그 구조 내에 설명이나 표상을 할 수 없는 지점을 내포하기 때문이다. 이런 틈새를 채워주는 것이 자아(에고)라는 상상적 감각이다. 상상계는 나의 아이덴티티를 형성하는 상징적 질서의 힘뿐만 아니라 그런 아이덴티티 형성에 완벽하게 성공하지 못하는 불가능성 모두를 보이지 않게 숨기고 감춘다. 한편 실재계는 상징적 질서의 불완전성을 지시한다. 실재계는 의미작용이 파열되고 단절되는 지점이며 사회적 구조 안에 내장되어 있는 틈새이다(Todd MacGowan, *The Real Gaze: Film Theory After Lacan*, New York: State University of New York Press, 2007, p.3). 한편, 지젝은 이를 프로이트가 구분한 세 가지 작인(주체가 윤리적으로 행동하게 하는)을 통해 설명한다. 이상적 자아(주체의 이상화된 자기 이미지/내가 되고 싶은 모습. 타인이 그렇게 봐주기를 원하는 모습), 자아 이상(내가 내 자아 이미지 속에 새겨 넣고자 하는 응시의 작인/나를 감시하고 나로 하여금 최선을 다하도록 촉구하는 대타자이자 내가 따르고 실현하고자 하는 이상), 초자아(이런 작인의 가혹하고 잔인하며 징벌하는 측면)가 그것이다. 이 세 가지 작인을 기초 짓는 구조화 원리를 라캉은 상상계(이상적 자아/소문자 타자/내 자아의 이상화된 분신 이미지), 상징계(자아 이상/내 상징적 동일화의 지점/그로부터 나 자신을 관찰하고 판단하는 대타자 내부의 지점), 실재계(초자아. 내게 불가능한 요구들을 퍼붓고 그것을 해내지 못하는 내 실패를 조롱하는 잔인하고 탐욕스러운 작인/내가 그 요구들에 응하려 하면 할수록 그 시선 속에서 나는 점점 더 죄인이 된다)로 규정한다(슬라보예 지젝(박정수 옮김), 『How to Read 라캉』, 웅진지식하우스, 2007, 124쪽).

2. 소노 영화 속 '카오스의 가족'과 아이덴티티 문제

소노 영화의 등장인물들은 상징계의 구석구석에 뚫린 보이지 않는 틈새들 또는 실재계의 침투로 인해 생겨난 구멍들 앞에서 알 수 없는 불안과 고통에 알몸으로 노출되어 있다. 그뿐만 아니라 그들은 이해할 수 없고 받아들이기 어려운 폭력적 상황에 내동댕이쳐져 있다는 절망감에 어찌할 바를 모르면서 자신이 있어야 할 곳에 없다는 막막한 느낌에 사로잡혀 있다. 그리하여 그들은 자기 안의 '무언가'를 해방시키는 한편 지금 여기와는 다른 '어떤 곳'을 찾지 않으면 안 된다고 생각한다. 그 '무언가'는 〈나는 소노 시온이다!〉에서 〈희망의 나라〉에 이르기까지 등장인물들의 내면에 똬리 틀고 있는 트라우마와 증오와 분노, '선악의 피안'에 위치한 듯한 폭력성, 숨겨진 악마적 본성, 억압된 성적 충동, 배반과 상실로 인한 복수의 열정, 그리고 무엇보다 어딘가에 있으리라고 가정된 사랑에 대한 채울 수 없는 욕망의 불능성과 결코 무관하지 않다. 그 때문에 이들은 실은 손에 넣을 수 없는 대상 혹은 자신이 빼앗겼다고 (막연하지만 그런 만큼 더 강렬하게) 느끼는 어떤 것을 찾아 폭력의 질주를 거듭한다. 하지만 이들이 도달하고자 하는 '어떤 곳'은 현실 속의 상징계에는 존재하지 않는다. 이들이 속해 있는 상징계는 이미 갈기갈기 파열되어 무수한 파편들로 형해화된 '폐허'와 다름없기 때문이다. 화면 가득히 넘치는 피, 신체 절단, 퇴폐적인 '에로구로',[6] 자극적인 폭력 등 소노의 감

---

6) '에로구로넌센스'의 줄인 말. 유럽 사조의 영향으로 1920년대 일본에서 생겨난 문학과 예술계의 사조를 가리키는 말로 에로티시즘, 그로테스크, 넌센스

출 수 없는 과잉표현 충동이 나름대로의 필연성을 주장하는 근거가 여기에 있다.

그 '폐허'는 소노 영화 속에서 무엇보다 밑바닥까지 붕괴된 '카오스의 가족'으로 형상화되어 나타난다. 여기서 '카오스의 가족'이란 가족으로서의 기능을 완전히 상실하여 구성원들 간의 긴장과 갈등과 분노가 극에 달해 있는 가족, 대화와 커뮤니케이션이 전적으로 단절되어 서로 이해하지 못하고 서로 다가서려는 노력도 전혀 하지 않는 가족, 그래서 구성원 각자가 절망적인 고독을 느끼는 그런 가족을 가리킨다. 가령 〈차가운 열대어〉에 나오는 가족의 식탁 장면에서 등장인물들은 전혀 말을 나누지 않는다. 현대 일본사회의 황폐한 가족 공간을 반영하는 소노 영화 속의 이와 같은 가족 이미지는 일면 과장된 측면이 있기는 하지만, 그것이 더 이상 오즈 야스지로가 묘사한 세계가 아니라는 점은 분명해 보인다.[7) 그 내부에 메울 수 없는 시커먼 구멍을 가진 이 '카오스의 가족'은 각자의 개성과 가능성을 억압하는 하나의 밀폐된 '우리' 혹은 모든 의미의 알맹이가 소진되고 남은 텅 빈 껍데기와 같다. 〈차가운 열대어〉에서

적 요소가 뒤섞여 있는 것이 특징이다.

7) 오즈가 묘사하는 '가족의 해체'가 도시화라든가 핵가족화에 따른 전통적인 가족관의 해체와 관계가 있다면, 모리타 요시미쓰(森田芳光)의 〈가족게임〉(家族ゲーム, 1983), 스오 마사유키(周防正行)의 〈변태가족〉(變態家族, 1983), 이시이 소고(石井聰互)의 〈역분사가족〉(逆噴射家族, 1984), 미이케 다카시(三池崇史)의 〈방문자Q〉(ビジターQ, 2001), 고레에다 히로카즈(是枝裕和)의 〈아무도 모른다〉(誰も知らない, 2004), 요시다 다이하치(吉田大八)의 〈얼간이라도 슬픔의 사랑을 보여라〉(腑抜けども、悲しみの愛を見せろ, 2007), 요시다 고오키(吉田光希)의 〈가족X〉(家族X, 2010) 등은 행복한 가족으로 돌아갈 희망이 거의 보이지 않는 치명적인 '가족의 붕괴'를 묘사하고 있다.

조리 대신 언제나 인스턴트식품만으로 식탁을 준비하는 다에코가 알맹이를 꺼내 전자레인지에 넣으면 빈껍데기만 남는 첫 장면처럼.

텅 빈 껍데기 같은 이런 '카오스의 가족'은 종종 부성적 권력의 악용과 배덕의 도착적 섹슈얼리티가 난무하는 타락의 소굴로 묘사되곤 한다. 가령 〈사랑의 폭로〉의 요코와 고이케는 아버지에 의한 성폭력으로 인해 남성혐오증과 세상에 대한 증오심으로 고통받게 된다. 한술 더 떠서 〈기묘한 서커스〉에서는 아버지가 어린 딸과 아내를 동시에 성적 대상으로 삼으면서 모녀간의 애증에 찬 경쟁관계를 즐긴다. 한편 〈차가운 열대어〉의 아버지 샤모토는 딸을 폭행한 후 딸이 보는 앞에서 새엄마 다에코를 강간한다. 이처럼 사람의 마음을 통째로 잃어버린 '카오스의 가족'은, 당연한 말이겠지만, "행복한 가족이란 존재하지 않는다"[8]라는 아픈 진실을 과도하게 노출시킨다. 그리하여 〈사랑의 노출〉의 요코는 말이 통하는 양어머니인 가오리에게 "당신과는 친구로 있고 싶어. 가족은 이제 질렸어."라고 말한다. 그리하여 소노 영화의 등장인물들은 종종 상징계(가족의 상징적 질서는 상징계의 토대이다)로부터의 도망을 시도한다. 가령 〈사랑의 죄〉의 이즈미는 자신을 물건처럼 다루는 남편으로부터 도망치고, 〈해저드〉(2002)의 주인공 신은 권태로운 일본으로부터 도망치며, 〈게이코입니다만〉의 마지막 장면은 게이코의 질주로 끝나는가 하면 〈기구클럽, 그 후〉(2006)에는 환상비행이 등장한다.

---

8) クラウディア・ベルトレ, 「幸せな家族って, 何ですか?」, ダリオー・トマージ 외 편, 『カオスの神、園子溫』, 50~71쪽 참조.

이쯤 되면 '가족의 종말'을 말한다 해도 전혀 어색하지 않을 것이다. 그리고 가족의 종말은 곧 아이덴티티의 돌이킬 수 없는 위기를 의미한다. 가족은 무엇보다 한 개인의 아이덴티티를 결정짓는 출발점이자 토대이기 때문이다. 초기 작품 중 특히 중요한 〈나는 소노 시온이다!〉(1985)와 〈게이코입니다만〉(1997)에서 〈두더지〉(2011)의 유이치가 절망적으로 외치는 "난 누구지? 내가 누구인지 가르쳐줘"에 이르기까지 "소노의 모든 작품은 아이덴티티의 문제라는 단 하나의 큰 테마에 육박한다."[9] 다시 말해 소노 영화의 근저에는 데뷔작 이래 줄곧 아이덴티티의 문제가 깔려 있었다.[10] 〈게이코입니다만〉의 젊은 여주인공 게이코는 종이에 '나'라는 글자를 썼다가 지워버리고, 〈자전거 한숨〉에서 청년 시로(소노가 연기)는 '나'라고 쓰인 깃발을 달고 자전거로 동네를 돈다. 또한 〈꿈속으로〉(2005)의 주인공 스즈키는 거울 앞에서 "난 언제부터 내가 아니게 된 걸까?"라고 말하며, 〈사랑의 죄〉에서 매춘부가 된 이즈미는 그 사실을 모른 채 손님으로 찾아온 남편과 섹스할 때 "내가 누군지 알아요?"라고 외친다. 수없이 되풀이되는 이런 장면들은 소노 영화가 얼마나 '취약한 아이덴티티'라는 문제의 주변을 돌고 있는지를 잘 보여준다.

이와 같은 '취약한 아이덴티티'에서 비롯된 자기 찾기가 새로운 아이덴티티(다른 이름, 다른 패션, 다른 삶)의 모색을 수반하리라는 것은 쉬이 예상할 수 있다. 하지만 그것은 종종 강박적이고 분열적인 방식으

---

9) ダリオ・トマージ, 「俺は園だけど」, ダリオー・トマージ 외 편, 『カオスの神、園子溫』, 28쪽.
10) マーク・シリング, 「ロード オブ カオス/カオスの主」, ダリオー・トマージ 외 편, 『カオスの神、園子溫』, 11쪽.

로 이루어진다. 예컨대 〈기묘한 서커스〉의 어린 소녀 미쓰코와 어머니 고유리는 서로 상대방을 자신과 동일시한다. 이와 동시에 고유리가 여류작가 다에코(妙子)로 등장하는가 하면, 미쓰코는 너무도 고통스러운 과거를 떨쳐버리고 복수하려는 필사적인 시도 속에서 성별이 불분명한 유지가 되어 다에코 앞에 나타난다. 〈사랑의 폭로〉에서도 주인공인 세 명의 틴에이저들(유, 요코, 고이케)은 모두 이중의 아이덴티티를 함축하고 있다. 유와 사소리, 고이케와 사소리, 요코와 마리아가 그것이다. 유의 부친 데쓰의 아이덴티티 또한 이중적이다. 가톨릭 신부로서 신자들의 고해성사를 집전했던 그가 제로교회에서는 고해하는 신자의 입장이 된다. 한편 유는 변태신부를 가장하여 변태 삼위일체(변태성부, 변태성자, 변태성령)의 이름으로 변태들의 참회를 듣고 그들을 용서한다. 또한 〈차가운 열대어〉의 온화하고 화낼 줄도 모르던 샤모토가 후반부에서는 악마 같은 냉혹한 무라타의 아이덴티티를 획득하여 "내가 무라타를 대신하겠다. 넌 내 여자다!"라고 선언하면서 무라타의 여자인 아이코를 품에 안는다. 그뿐만 아니라 〈사랑의 죄〉의 미쓰코는 문학을 전공한 대학교수로서의 낮의 얼굴과 거리의 매춘부로서의 밤의 얼굴을 번갈아가며 살고 있고, 이즈미는 철저히 순종적이고 참한 아내로부터 누드모델, AV 여배우, 타락한 매춘부로의 변신을 거듭한다. 이 밖에 〈게이코입니다만〉에서 여주인공은 공상적인 TV 뉴스시리즈 속에서 카메라 앞에 나타나 가발을 쓰고 매번 다른 옷으로 갈아입는다. 거기서 그녀는 사랑스러운 요부가 되는가 하면 실존철학적인 아우라를 띠기도 하고 혹은 바비 인형 같은 모습이 되기도 한다. 〈해저드〉에서 신은 거울을 보면서 자신이 소심한 사람이라고 말하지만, 조금 후 그는 실은 자기의 쌍둥이 동생 편이 소심한 거라고 덧붙인다. 〈꿈속으로〉의 주인공은 자신이 아닌 다른 누군가가 되었다고 말하면서 영화 속의 여러 상이한 꿈 장면에서 다양한 인물로 등장한다.

이처럼 상이한 복수의 아이덴티티를 가진다는 것은 소노 영화에서 허구게임과 밀접한 관계가 있다. 그것은 연극이라는 형태를 띠기도 한다. 가령 〈해저드〉의 신은 중국인 마피아가 경영하는 레스토랑에서 총격전에 말려드는데, 이후 그는 이 총격전이 자기만 몰랐던 허구게임이었음을 알게 된다. 또한 〈기묘한 서커스〉의 다에코는 휠체어에 탄 신체장애인을 연출하며, 〈꿈속으로〉의 무쓰고로는 부친에게 성병을 앓았다고 말하고는 나중에 그것이 연극 대사에 불과한 것이라고 부정한다. 〈차가운 열대어〉에서는 무라타가 희생자(투자자)의 가족(야쿠자 아들들)과 만나기 전에 마치 감독이 배우에게 하듯이 샤모토를 연습시킨다. 〈제대로 전하다〉에서 주인공 시로는 부친의 시신을 호숫가로 운반하여 생전에 하지 못한 낚시질을 연출한다. 〈에쿠스테〉의 유코는 드라마 대사를 사용하여 여자 친구들과 대화를 나눈다. 〈사랑의 폭로〉에서 유는 사소리로 변장한다.

그런데 이와 같은 허구게임이 도처에 배치된 소노 영화는 등장인물의 아이덴티티를 다양한 가능성 앞에 열어 놓으면서 우리에게 이런 물음을 던지고 싶어 하는 것일지도 모르겠다: "아이덴티티는 정말 가능한 것일까?" 소노 영화의 주인공들은 상징계의 경계를 아슬아슬하게 넘어서지만 그들을 기다리고 있는 것은 벼랑 끝의 추락일 뿐이고, 그 결과 자기 찾기는 자기 소멸로 전환되는 듯이 보인다. 이를 무엇보다 잘 보여주는 것이 〈사랑의 노출〉의 제로교회라는 컬트집단이다. 옴진리교를 모델로 했음 직한 이 제로교회는 '무사'(無私)의 가치에 입각한 '마코토'의 윤리, 집단을 위한 개인의 희생이라는 논리, 개인에 대한 집단의 우위성, 즉 자신보다 뛰어나고 자신을 멤버로 받아줄 집단에의 소속감 등이 무엇보다 중시되는 일본사회의 강박관념을 표상한다. 제로교회의 새 신자들이 받아야만 하는 훈련은 개인의 아이덴티티의 '제로화'와 다름없기 때문이다. 이렇게 해서 붙여진 제로교회라는 이름은 실은 소노가 절감한 '텅 빈' 현대 일본사회의 메타포인 것이다.[11]

여기서 한 가지 유념하고 넘어가야 할 점이 있다. 즉 소노는 개인의 아이덴티티를 '제로화'시키는 일본사회에 대한 저항의 코드를 그의 작품 속에 숨겨 놓고 있다. '아버지의 이름'[12]의 전복이라는 코드가 그것이다. 소노 영화에는 권력을 남용하는 지배자로서의 아버지 혹은 남편의 캐릭터가 많이 등장한다. 가령 〈사랑의 노출〉에서 유의 아버지는 가톨릭신부가 되어 아들에게 범하지도 않은 죄를 참회하도록 강요하고 〈사랑의

---

11) ダリオ·トマージ, 「俺は園だけど」, ダリオー·トマージ 외 편, 『カオスの神、園子温』, 28–37쪽.
12) 상징계에서 대타자로서의 아버지의 상징적 권위를 나타내는 라캉적 개념. 그러나 지젝에 의하면, 라캉에게 '아버지의 이름'은 아버지의 상징적 권위에 밀착해 있다기보다는 상징계의 구조적 비일관성을 은폐하는 하나의 속임수 즉 가상(semblance)을 가리킨다. 그러니까 라캉이 "대타자는 존재하지 않는다"라고 말할 때 이는 역사적 우연성에서 명제된 선험적인 구조적 체계는 존재하지 않는다는 것을 뜻한다. 상징계에는 오직 우연적이고 허약하고 비일관적인 배치만이 존재하기 때문이라는 것이다(슬라보예 지젝, 「성적 차이의 실재」, 김영찬 외 편, 『성관계는 없다』, 도서출판b, 2005, 269쪽).

죄〉에서 이즈미의 남편은 아내를 마치 노예처럼 취급한다. 〈제대로 전하다〉에서의 아버지는 아들의 회상 속에서 너무 엄격하고 완고한 인물로 묘사된다. 한편, 〈차가운 열대어〉의 샤모토는 아내를 냉혹하게 살해한 후 "혼자서 살아갈 수 있겠니? 인생이란 아픈 거야"라는 말을 남기고 딸 앞에서 목을 그어 자살한다. 그러자 아버지가 자신을 죽일 거라고만 여겼던 딸은 "이제야 죽었구나, 빌어먹을 아빠"라며 히죽거린다. 또한 〈사랑의 노출〉에서 고이케는 자신을 성폭행한 아버지의 남근을 거세하는가 하면, 〈두더지〉의 유이치는 자신을 학대하는 아버지를 죽이고 만다. 이는 일본사회라는 '아버지의 이름'(상징계)이 누려온 권위의 허구성을 여실히 폭로하는 상상적 서사라 할 수 있겠다.

그렇다면 본고가 특히 주목하는 〈자살클럽〉과 〈노리코의 식탁〉은 '카오스의 가족'과 아이덴티티의 문제를 어떻게 묘사하고 있을까? 〈자살클럽〉은 소노 영화 중 서구에 가장 많이 알려진 과격한 장면부터 시작된다. 혼잡한 도쿄 신주쿠역에서 서로 손을 잡은 54명의 여학생들이 구령과 함께 플랫폼에 들어오는 전차를 향해 몸을 던지는 장면이 그것이다. 곧이어 영화는 한 병원에서 두 명의 간호사가 창밖으로 몸을 던지는 장면을 보여준다. 경찰은 이 두 장소에서 사람 피부를 이어 만든 긴 띠가 들어 있는 가방을 발견한다. 사건을 담당한 구로다 형사는 고독한 해커(고모리)로부터 걸려온 익명의 제보 덕분에 자살자 수를 표시한 자살 사이트의 존재를 알게 된다. 하지만 수사는 미궁에 빠져들고 그 사이에도 한 학교 옥상에서 11명의 학생들이 집단으로 투신자살한다. 계속해서 고모리의 죽음을 비롯하여 구로다 형사의 가족들과 구로다의 자살 및 오사카성에서의 집단자살(200명) 사건이 이어진다. 이런 연쇄 사건의 수수께끼를 푼 인물은 미쓰코이다. 그녀는 이 모든 악의 근원이 어떤 기묘한 아이들 집단에 있음을 알게 된다. 이들은 12세 소녀들로 구성된 인기 걸 그룹 데저트와 연관성이 있었다. 영화는 미쓰코가 데저트의 콘서트장을 찾아 아이들 집단과 대면하고 이어 데저트가 해산 공연을 하는 장면으로 막을 내린다.

이런 미스터리 서사로 구성된 〈자살클럽〉의 속편이라 할 만한 〈노리코의 식탁〉은 도요카와(豊川, 소노 감독의 고향이다!)라는 지방도시에서 양친 및 여동생 유카와 함께 살고 있는 17세 소녀 노리코에 관한 이야기이다. 그녀는 자신의 인생에 만족하지 못하여 도쿄로 나가 공부하고 싶어 하지만, 지방신문사의 편집장인 아버지는 이에 완강히 반대한다. 노리코는 그녀의 유일한 위안인 인터넷에서 틴에이저 그룹의 리더이자 '우에노역54'라는 닉네임을 가진 구미코를 알게 된다. 이윽고 구미코를 만나겠다고 결심한 노리코는 정전이 된 날 밤을 이용해서 가출하여 도쿄로 간다. 거기서 노리코는 미쓰코라는 이름을 쓰면서 구미코가 이끄는 기이한 조직에 입회한다. 그것은 '가족을 렌탈'해 주는 회사였다. 그로부터 반년 후 우에노역에서 54명의 여학생들이 집단자살하는 사건이 발생하고, 노리코와 구미코는 현장에서 그 장면을 목격한다. 한편, 이 사건에 가출한 언니가 관련되어 있을지도 모른다고 생각한 동생 유카도 집을 뛰쳐나와 도쿄로 가서 요코라는 이름으로 렌탈가족회사의 일원이 된다. 이렇게 두 딸이 모두 가출하자 어머니는 스스로 목숨을 끊고, 아버지 데쓰조는 두 딸을 찾아 나설 결심을 한다. 그리하여 도쿄로 간 데쓰조는 구미코와 접촉하는 데 성공하고, 친구의 도움을 빌려 자신의 두 딸을 '렌털'한다. 이 부녀들의 기묘한 재회는 회사 에이전트들의 개입으로 일단 중단되지만, 데쓰조가 그들을 참살한 후 영화는 새롭게 차려진 저녁 식탁에서 노리코, 유카, 데쓰조, 구미코가 서로 엇갈리면서 각자의 역할을 연출하는 장면을 보여준다. 다음날 아침, 유카로 돌아갈 수도 없고 요코로 계속 있고 싶지도 않다고 생각한 여동생은 어디론가 떠나버린다. 한편, 노리코는 자신의 유년시절과 여동생과 미쓰코에게 이별을 고하면서 '나는 노리코'라고 말한다.

이 두 작품 또한 '카오스의 가족'을 탁월하게 묘사하고 있다. 가령 〈자살클럽〉과 〈노리코의 식탁〉에 등장하는 가족 식탁의 풍경은 전술한 〈차가운 열대어〉의 경우와 마찬가지로 커뮤니케이션의 부재를 보여주며, 특히 그 부재의 근본적인 원인이 아버지의 '오인'에 기인한다는 점을 부각시키고 있다. 가령 〈자살클럽〉의 아버지 구로다 형사는 그의 아내와 사춘기의 두 자녀 사이에 문제가 있으리라고는 상상도 하지 못한다. 오히려 그는 자신을 누구보다 자상하고 로맨틱한 아버지이자 남편이라고 여기는 듯하다. 어느 날 집에 들어온 아버지는 아내와 포옹한다. 영웅으로서의 남편이 가족에게 돌아오고 그 집 안에서는 아버지가 모든 것을 지배한다. 이윽고 아버지가 가족회의를 위해 전원 집합하라고 외치자 즉시 두 자녀와 아내가 나온다. 그런데 아버지가 말을 시작하려고 할 때 딸이 TV를 켜고 자녀들은 걸그룹 '데저트'의 댄스음악에 집중한다. 거기서 '데저트'는 무언가 메시지를 발신하고 있는 듯이 보인다. 아버지는 가족에게 말하려 했던 것을 멈추고 그들과 함께 화면을 바라본다. 하지만 그에게 '데저트'는 전혀 이해할 수 없는 세계였다. 그는 실은 자녀와의 관계에 완전히 실패한 아버지였던 것이다.

〈노리코의 식탁〉의 데쓰조는 구로다 형사보다 더 권위적인 아버지 상을 구현하고 있으며, 그런 만큼 더 큰 착각에 빠져 있다. 그는 선인장공원에 소풍 가서 4인 가족이 함께 찍은 사진에 대만족하면서 사진 속 두 딸의 부루퉁한 표정이 무엇을 의미하는지를 전혀 눈치 채지 못한다. 어머니는 그 가족사진을 그림으로 그렸는데, 그 그림 속 딸들의 웃는 얼굴은 어딘가 부자연스럽고 작위적이다. 실은 두 딸은 양친과는 전혀 다른 세계에 살고 있었던 것이다. 그들에게 가족은 하나의 '사막'(데저트)같은 것이었다. 데쓰조의 착각을 암시하는 또 다른 장면에도 주의를 기울일 필요가 있다. 노리코와의 저녁 식탁 장면이 그것이다. 아버지는 도쿄로 가서 공부하고 싶다는 딸의 희망을 일언지하에 끊어버린다. 이때 카메라는 귤 껍질을 까는 데쓰조의 손목을 클로즈업한다. 거기서는 데쓰조가 껍질을 원래 모습대로 둥글게 말아 재떨이 안에 놓자마자 그 껍질이 다시 펴지는 장면이 부각되고 있다. 이는 가족의 질서를 완벽하게 책임져야 한다는 그의 믿음이 환상에 불과한 것임을, 그래서 딸의 결심을 바꾸어 자기 뜻대로 하려는 그의 시도가 실패로 끝날 것임을 암시한다.

이와 같은 '카오스의 가족'에서의 '오인의 구조'는 연극적인 허구게임을 낳을 수밖에 없다. 가령 〈자살클럽〉에서는 신주쿠역에서의 최초의 집단자살 이후 다른 여학생 집단이 같은 역에 모여 유사한 상황을 연출하며, 〈노리코의 식탁〉에 등장하는 '렌털가족' 회사는 더욱 인상적인 방식으로 허구게임을 보여준다. 거기서 '렌털가족'은 현실 속 '카오스의 가족'이 만들어내는 데에 실패한 행복한 가족의 풍경을 연출하며, '렌털가족'을 연기하는 노리코와 유카는 스스로 행복하다고 믿는 착각에 빠져든다. 이런 착각의 출발점은 그들이 '카오스의 가족'으로부터 도망쳐 들어간 인터넷 세계에 있다. 노리코는 '폐허닷컴'(haikyo.com)이라는 사이트에서 '렌털가족' 회사의 경영자인 구미코를 알게 된 것이다. 〈자살클럽〉에 나오는 자살 사이트가 그러하듯이, '폐허닷컴'은 사막 같은 현실 속에 존재하는 유일한 피난처로서의 오아시스 환상을 제공해 준다.

　'카오스의 가족'을 둘러싸고 〈자살클럽〉과 〈노리코의 식탁〉이 시사하는 이와 같은 '오인의 구조'와 '환상 구조'는 '아이덴티티 문제'와 밀접하게 연동한다. 예컨대 〈자살클럽〉의 구로다와 미쓰코, 〈노리코의 식탁〉의 데쓰조는 정체불명의 아이들과 자살클럽 회장으로부터 반복적으로 "당신은 자신과 관계하고 있습니까?"라는 질문을 받는다. 이는 자살 사이트에 뜬 것과 동일한 질문이다. 이들은 "자기 자신과 관계하고 있지 않다"고 비난받는다. 이에 대해 구로다, 미쓰코, 데쓰조는 각기 다른 반응을 보인다. 구로다는 비난받은 후 자살을 하고 미쓰코는 확실하게 "나는 나 자신과 관계하고 있다"고 외치면서 삶을 선택한다. 한편, 데쓰조는 자신의 오인을 인정하면서도 잃어버린 두 딸의 아이덴티티를 원래 자리로 되돌려놓을 수 있으리라는 환상을 끝까지 포기하지 못한다. 그렇다면 소노 감독이 말하고 싶어 하는 아이덴티티는 삶, 죽음, 환상 중 어디에 속해 있을까? 이런 아이덴티티 문제와 관련하여 소노 감독이 영화 속에 감추어 놓은 코드는 훨씬 더 풍부하고 미묘하다. 이하에서는 죽음충동

(타나토스), 향유(주이상스), 라캉적 주체 개념 등을 매개로 하여 〈자살클럽〉과 〈노리코의 식탁〉에 대한 정신분석학적 해석을 시도함으로써 미로처럼 깔린 아이덴티티 문제의 복선들에 대해 생각해 보기로 하자.

3. 자살의 '향유': 생명충동과 죽음충동 사이에서

칼데리니에 의하면 소노 영화는 정확하게 계산된 영화적 문법(시각적 메타포, 서스펜스, 긴장과 클라이맥스의 설정)과 꼼꼼하게 설정된 모티브로 이루어진 서사(심리의 세부묘사, 예기치 않은 사건의 도입, 자기현시와 과잉표현 취미, 풍자)로써 보는 자의 허를 찌른다. 거기서는 현저하게 대조를 이루는 스토리와 장면묘사가 계속 이어지며, 조소가 폭력에, 횡포가 쾌감에, 행복 추구가 죽음충동에 동화된다.[13] 삶은 행복을 추구하지만, 소노 영화에서 그런 생명충동은 종종 죽음충동에 삼켜져 버린다는 말일 것이다. 그러나 이 말이 항상 옳은 것은 아니다. 가령 소노 영화 중 가장 많이 알려진 작품인 〈자살클럽〉에서 자살 사건의 배후는 어른이 아닌 아이들 집단이다. 그들은 5인조 틴에이저 걸그룹인 '데저트'와 결부되어 있고 그 '데저트'가 미디어를 통해 자살 바이러스를 산포한다. 여기서 감독의 시선은 자살 바이러스의 감염에 의한 죽음의 '어쩔 수 없음'과 주체의 '선택' 사이에 벌어진 '틈새'를 응시한다. 마지막 장면 중

---

13) ルカ・カルデリーニ, 「第三の視線: 退廢, 逸脱, 恐怖の感覺」, ダリオー・トマージ 외 편, 『カオスの神、園子溫』, 89쪽 및 101쪽.

'데저트'가 해산하면서 던진 "당신 마음대로 살라"는 메시지 및 엔딩송의 "(자살)명령을 선택한다"는 가사가 시사하듯이, 우리는 삶의 우연성과 죽음의 선택성 혹은 삶의 반복성(똑같은 일상의 반복)과 죽음의 일회성(죽음은 두 번 선택할 수 없다!) 사이의 갈라진 틈새에 끼어 있다. 요컨대 〈자살클럽〉과 〈노리코의 식탁〉이 시사하는 삶과 죽음의 문제는 양자택일의 문제로 단순화시킬 수 없다. 우리는 삶 또는 죽음을 선택함과 동시에 선택하지 않기 때문이다.

　〈자살클럽〉의 경우 신주쿠역 플랫폼에서 몸을 던진 54명의 여학생들을 비롯하여 모든 자살자들은 아무런 예고나 심각한 징후 없이 그저 하나의 일상인 것처럼 태연한 얼굴로 너무나 자연스럽게 죽어간다. 심지어 〈노리코의 식탁〉의 겟카이다메(렌털가족회사의 직원)는 손님에 의해 잔혹하게 살해당하면서도 자신에게 주어진 '죽는 역할'을 즐기면서 '행복한' 표정으로 죽어간다. 이 점에서 그녀는 살해당했다기보다는 자살했다고 말하는 편이 더 적절해 보인다. 한편 〈노리코의 식탁〉에서 다에코의 자살은 전혀 다르다. 더할 나위 없이 남편에게 순종적이고 자식들에게 온화한 전통적인 일본여성상을 체현하는 인물인 그녀는 그림 그리기를 좋아한다. 그녀가 선인장공원을 배경으로 그린 그림은 참으로 평범한 가족의 행복을 꿈꾸는 듯이 보인다. 하지만 그림 밖으로 나오면 두 딸의 마음은 선인장의 가시에 찔려 피투성이가 되어 있다. 이런 두 딸이 가출한 뒤 외상적 우울증에 시달리던 다에코는 그림 속에서 두 딸의 모습이 사라져버리는 환영을 본 후 죄책감으로 자살하고 만다. 〈자살클럽〉과 〈노리코의 식탁〉이 보여주는 자살은 이 세 가지 유형 즉 태연한 자살, 즐기는 자살, 외상적 자살로 요약될 수 있다.

  이런 영화 속 자살에 대해 정신분석학 담론이 어떤 통찰력을 제시
해 줄 수 있을까? 주지하다시피 프로이트는 『쾌락원칙을 넘어서』(1920)
에서 응집력과 통일성으로 나아가려는 생명충동(에로스)과 그 반대방
향으로 나아가 사물을 파괴하는 죽음충동(타나토스)[14]을 제시하면서
양자의 근본적인 대립관계에 주목했다. 이때 그의 주된 관심은 생명충
동보다는 새롭게 제시된 개념인 반복강박과 죽음충동에 있었다. 여기서
반복강박이란 과거의 부정적인 경험(트라우마)을 현재에 끊임없이 반
복하려는 심리적 경향이나 그런 행동을 가리킨다. 그런데 이는 쾌락원
칙(pleasure principle)[15]에 어긋난 것이다. 이 점에서 프로이트는 쾌락원
칙을 넘어서 존재하는 죽음충동을 말하게 되었다. 즉 프로이트는 반복

---

14) 열역학적 엔트로피의 법칙에 비유하자면 생명충동은 엔트로피의 감소(무질
   서의 감소)를, 죽음충동은 엔트로피의 증가(무질서의 증가)를 지향한다. (이
   병창, 「라캉에게서 죽음의 충동의 개념」, 『시대와 철학』 18/3, 2007, 251쪽).
   한편 죽음충동의 존재에 대한 확고한 옹호자인 멜라니 클라인(Melanie Klein)
   에 의하면, 심리적 갈등은 결코 에고와 충동 사이의 갈등이 아니라 항상 생
   명충동과 죽음충동 사이의 갈등이며, 불안(anxiety)은 죽음충동의 심리 내적
   지각에 대한 즉각적인 응답이라 할 수 있다. (Pierre Delion, "Death Instinct
   (Thanatos)", Alain de Mijolla ed., *International Dictionary of Psychoanalysis*
   vol. I, New York: Tompson Gale, 2005, p.372).
15) 프로이트는 리비도적 성충동에 입각한 쾌락원칙이란 "정신 기관을 자극에서
   완전 해방시키고 그 속에 있는 자극의 양을 일정 수준이나 가능하면 낮은
   수준으로 유지하려는 경향"을 가리키며 "죽음충동에 봉사한다"고 주장했다
   (프로이트, 『쾌락원칙을 넘어서』, 87~88쪽). 다시 말해 쾌락원칙은 리비도
   (성적 에너지)를 일정 수준으로 유지하려는 항상성의 원리에 토대를 두고
   있다는 것이다.

강박에서 어떤 저항할 수 없는 힘이 작동하고 있음을 발견하고 그것을 죽음충동이라고 이름 붙여 기존 성충동의 연장선상에 있는 생명충동과 대비시켰다.[16] 다시 말해 "모든 생명체의 목적은 죽음"[17]에 있으며, 죽음충동은 이를 여실히 보여준다는 것이다. 이때 자신을 해체하여 무기물 상태로 복귀함으로써 영원한 안정 상태에 이르려는 원리인 열반원칙(nirvana principle)이 죽음충동을 지배하는 원리로 규정된다. 프로이트에 의하면, 죽음충동에 속한 열반원칙이 생명체 안에서 변형을 겪으면서 쾌락원칙이 된다. 쾌락원칙은 리비도의 요구를 대표한다. 그리고 이 쾌락원칙이 변형되어 외부세계의 영향을 나타내는 현실원칙(reality

---

16) 여기서 말하는 충동(drive)이란 무엇인가? 프로이트에 의하면 충동은 긴장(pressure), 목표(aim), 대상(object), 원천(source)의 네 가지 요소로 구성된다. 첫째, 긴장은 충동의 원동력. 긴장을 불러일으키는 것은 모든 충동의 공통된 특성으로 충동의 핵심적 요소라 할 수 있다. 둘째, 충동의 목표는 만족을 얻는 것에 있는데, 이는 자극의 근원을 제거함으로써 성취된다. 셋째, 충동의 대상은 목표 달성을 위해 충동이 부착되는 곳을 가리킨다. 프로이트는 충동과 그 대상 사이에 형성된 특별히 밀접한 유대를 '고착'(fixation)이라고 정의한다. 넷째, 충동의 원천은 기관 또는 몸의 일부에서 일어나는 신체과정이며, 그 과정에서 비롯된 자극이 본능(instinct)에 의해 정신생활에 전달된다. 요컨대 충동은 신체내부에서 발생하는 어떤 것으로서 심리적으로는 표상을 통해 표출된다. 이때 본능과 충동을 구별할 필요가 있다. 본능은 허기라든가 갈증 같이 충족될 수 있는 욕구(need)를 지칭한다. 반면 충동은 만족될 수 없으며, 그것이 의식에 가하는 압력의 항구성(constancy)에 의해 특징지어진다. 프로이트가 이런 충동의 전형적 사례로 제시한 리비도(libido, 성적 에너지/원망)는 인간의 근본적인 원동력으로서 모든 인간의 사고와 행동과 사회관계의 조직원칙과 관련된 무의식적 욕망이라고 이해되었다. (Sean Homer, *Jacques Lacan*, London And New York: Routledge, 2005, p.75).
17) 프로이트, 『쾌락원칙을 넘어서』(프로이트전집14), 박찬부 옮김, 열린책들, 1997, 53쪽. 『자아와 이드』(1923)의 표현에 의하면 "삶은 죽음을 향한 계속적인 하강으로 구성되어 있다(프로이트, 『쾌락원칙을 넘어서』, 140쪽)."

principle)이 된다.[18] 여기서 현실원칙은 쾌락의 포기를 뜻한다기보다는 현실에 적응하기 위해 욕구충족을 참거나 단념한다든지 혹은 적절히 쾌락을 지연하거나 완화시켜 약간의 불쾌를 인내하려는 원리를 가리킨다.

한편 『자아와 이드』(1923)에 따르자면 이 죽음충동은 무엇보다 "파괴의 충동으로서 자신을 표현한다."[19] 나아가 『집단심리학과 에고 분석』(Freud, 1949)에서 죽음충동은 사람들 사이의 공격성과 적대감의 원천으로 기술되고 있다. 즉 '파괴의 충동'으로서의 죽음충동이 외부 대상으로 향할 때 그 대상에 대한 공격적 성격을 띠는 반면, 그것이 내부로 향할 때는 자기 파괴적 성격을 띤다. 그리고 이것이 성충동과 결합될 경우 전자는 사디즘, 후자는 마조히즘의 형태로 드러나게 된다.

여기서 '죽음충동이 내부로 향하여 자기 자신을 파괴하는 심리적 경향'과 자살의 연관성을 추정하기란 그리 어렵지 않을 것이다. 실제로 프로이트는 우울증(melancholia)에 있어 자살의 경향을 죽음충동의 다른 표출로 간주했다. 즉 프로이트에 의하면 자살은 자기 파괴적 충동의 일종으로, 자신이 사랑했던 어떤 대상의 상실을 자신의 것으로 동화시키거나(introjection) 또는 그 대상을 향한 공격성을 에고 안으로 끌어당겨서 상실된 대상과 동일시할 때 일어난다.[20] 한편 우울증에 빠지면 아무런 합리적 이유 없이도 자신에 대한 죄책감에 시달리곤 하는데, 이런

---

18) 프로이트, 『쾌락원칙을 넘어서』, 169쪽.
19) 프로이트, 『쾌락원칙을 넘어서』, 132쪽.
20) Otto Kernberg, "The concept of the death drive: a clinical perspective", Salman Akhtar and Mary Kay O'Neil eds., *On Freud's Beyond the Pleasure Principle*, London: Karnac, 2011, p.182.

죄책감을 설명하기 위해 프로이트는 초자아(외부 권위자를 내면화시킨 것) 개념을 도입했다. 초자아에 의해 자아가 처벌되면 될수록 자아에게는 무의식적 원망(wish)이 강화되며 이는 더욱 강력한 초자아의 처벌을 불러일으킨다. 이런 악순환 속에서 마침내 자살에 이르기도 한다.[21] 전술한 세 유형의 자살 중 다에코의 경우(외상적 자살)는 이처럼 우울증 및 죄책감을 수반하는 자기 파괴적 죽음충동으로 설명이 가능할 것이다.

하지만 나머지 두 유형의 자살(태연한 자살과 즐기는 자살)은 우울증이나 죄책감과는 무관하며, 오히려 '향유'라는 라캉적 개념에 비추어 볼 때 더 잘 이해될 수 있다. 라캉은 프로이트가 말한 생명충동(에로스)과 죽음충동(타나토스)이라는 이원성을 받아들이지 않았다. 라캉에 의하면 "모든 충동은 사실상 죽음충동"[22]이며,[23] 이 죽음충동은 점차 향유

---

21) 이병창, 「라캉에게서 죽음의 충동의 개념」, 252-253쪽.
22) Jacques Lacan, *Écrits*, trans. by Bruce Fink, New York and London: Norton, 2002, p.719.
23) 왜냐하면 모든 충동은 그 자체의 소멸을 추구하면서 주체를 반복에 관여하게 하고, 쾌락원칙을 넘어서서 즐거움이 고통으로 경험되는 과도한 향유의 영역으로 들어가려는 시도이기 때문이라는 것이다. 1938년 죽음충동에 대한 첫 언급에서 라캉은 그것을 상실된 조화에 대한 향수로 묘사했다가, 1946년에는 죽음충동을 나르시시즘의 자살경향과 연계시켰다.(Lacan, *Écrits*, p.152). 이런 초기의 언급들은 이후 상상계에 자리매김된다. 그러나 1950년대에 상상계, 상징계, 실재계라는 세 가지 질서 개념을 내세우면서 그는 죽음충동을 상상계가 아닌 상징계에 위치시킨다. 가령 죽음충동은 단지 반복을 생산하는 상징계의 근본적인 경향이라고 이해한 것이다. 이와 관련하여 〈세미나2〉에서 라캉은 "죽음충동은 상징계의 가면에 불과하다."(Jacques Lacan, *The Ego in Freud's Theory and in the Technique of Psychoanalysis, 1954-55 (Seminar II)*, trans. Sylvana Tomaselli, New York: Norton, 1988, p.326)고 언급한다. 이는 무기물 상태로 되돌아가려는 모든 생명체의 근본적인 경향으로서 죽음충동을 이해한 프로이트와는 상이한 입장이었다. 라캉은 죽음충동을 자

개념과 밀접한 연관성을 가지게 된다. '향락'(enjoyment)으로 번역되기도 하는 매우 복합적인 향유(jouissance) 개념은 가령 "고통"(suffering)[24] 이라는 라캉 자신의 짤막한 정의로부터 가장 일반적인 이해인 "고통스러운 쾌락"[25]이라든가 "삶에 가치를 부여하는 본질이나 속성(Ragland - Sullivan)"과 같은 확장적인 정의에 이르기까지 다양한 의미내용을 함축하고 있다.[26] 본고의 맥락에서 보자면 향유는 무엇보다 쾌락원칙 너머

연보다는 문화에 접합시킨 것이다. 한편 1964년 이후에는 죽음충동을 생명충동(성충동)과 대립적인 것으로 본 프로이트와 달리 라캉은 모든 충동의 한 측면이 바로 죽음충동이라고 주장하기에 이른다. (Dylan Evans, *An Introductory Dictionary of Lacanian Psychoanalysis*, London and New York: Routledge, 1996, pp.33-34).

24) Jacques Lacan, *The Ethics of Psychoanalysis (Seminar VII)*, ed. by Jacques - Alain Miller, trans. by Dennis Porter, New York and London: Norton, 1992, p.184.

25) Dylan Evans, *An Introductory Dictionary of Lacanian Psychoanalysis*, p.93.

26) '주이상스'라는 불어 용어는 사전적으로 성적 쾌락을 의미하기도 하지만 쾌락과는 본질적으로 구별되며 그것을 초월하는 어떤 것이다. 또한 주이상스는 법적으로 일정 범위의 소유를 누리는 용익권을 의미하기도 하므로 법적 조치와도 관계가 있지만, 단순히 법에 대한 복종을 의미하지는 않는다.(김석, 『에크리』, 살림, 2007, 243-44쪽). 게다가 잉여 향유, 남근적 향유, 자위적 향유, 성적 향유, 육체의 향유, 여성적 향유, 타자적 향유, 사랑의 향유, 파괴적 향유 등 수많은 범주적 분류가 가능하다. 라캉은 향유를 욕망과 반대되는 것으로 이해한다. 주체는 어딘가에 무언가 더 있을 거라고 기대하면서 끊임없이 욕망하는데, 이때의 '무언가 더(something more)'에 해당하는 것이 향유라 할 수 있다.(Sean Homer, *Jacques Lacan*, p.90) 이런 향유의 위상은 라캉의 상징계-상상계-실재계의 삼각형을 잘 포착하게 해준다. 실재계에서 우리는 향유할 수 있다. 상상계에서 우리는 향유를 상상할 수 있다. 상징계에서는 상징이 우리 대신 향유한다. 상상계는 오직 상상된 향유만을 제공하며 상징계는 오직 욕망만을 제공한다.(Todd MacGowan, *The End of Dissatisfaction?: Jacques Lacan and the Emerging Society of Enjoyment*, p.19). 어쨌거나 우리는 향유가 무엇인지에 대해 정확히 말할 수 없다. 다만 우리는 그것을 부재로서 경험할 수 있을 뿐이다.

로 가보려는 전복적인 충동이라 할 수 있다. 쾌락원칙은 가급적 적게 향유하도록 한계를 설정한다. 그렇지 않으면 쾌락이 불쾌가 되기 때문이다. 그러나 향유는 쾌락원칙을 위반하여 그 너머로 가보려 하기 때문에 본성상 파괴적이며, 쾌락원칙을 넘을 때 주체를 기다리는 것은 고통과 죽음이라는 점에서 향유는 항상 죽음과 떼려야 뗄 수 없는 관계에 있다.[27] 그래서 라캉은 향유를 "죽음으로 가는 통로"[28]라고 말하기도 한다. 라캉이 말하는 주체는 두 가지다. 하나는 기표의 주체[29]이고 다른 하나는 바로 이런 향유의 주체이다.[30] 요컨대 향유는 죽음충동을 통해 구체화된다. 전술한 '즐기는 자살'은 이처럼 죽음충동을 통해 구체화된 '향유의 자살'로 이해될 수 있다.

한편 향유는 "쾌락원칙(상징계가 부과한 법)을 넘어서서 영원히 잃어버린 대상인 물(das Ding)[31]을 되찾고자 하는 갈망"[32]으로 규정되

---

27) 김석, 『에크리』, 244쪽.
28) Jacques Lacan, *The Other Side of Psychoanalysis (Seminar XVII)*, trans. by Russell Grigg, New York and London: Norton, 2007, p.18.
29) 기표의 주체는 레비스트로스적 주체이다. 그것은 레비스트로스가 관찰한 원주민들이 그랬듯이 자신이 알지 못하는 지식에 입각하여 살고 행위한다.
30) Bruce Fink, *Lacan to the Letter: Reading Écrits Closely*, Minneapolis and London: University of Minnesota Press, 2004, pp.142-143.
31) 이때의 물은 상상적인 모든 표상과 상징적 질서를 뛰어넘는 곳에 있는 순수 존재의 대명사이자 상실의 원형 같은 것으로 주체를 사로잡는 욕망의 이상을 말한다. 욕망이 지속적일 수 있는 것은 바로 경험세계가 아니라 실재계에 위치한 물을 최종 대상으로 삼기 때문이다. 욕망이 추구하는 어떠한 대상도 물을 대신할 수 없다. 물은 모든 의미화 작용을 벗어나는 것이므로 욕망이 물을 지향하는 한 그 끝이 있을 수 없다. 주체는 이런 물을 금지 속에서 만날 수 있을 뿐이다. 이는 언어가 욕망의 대상을 정확하게 지시할 수 없음을 의미한다. 언어는 그 출발점에서 사물의 상징적 살해 위에서 구축되므로 주체는 말을 할 때마다 상실(결여)의 경험을 되풀이한다. 주체는 대상

기도 한다. 전술한 '태연한 자살'이 위장하는 것은 어쩌면 이런 '물에 대한 갈망'일지도 모른다. 그것은 〈자살클럽〉에서 '자살클럽'을 사칭하는 컬트적 록밴드의 리더 제네시스가 다음과 같이 노래할 때에도 그 그림자를 진하게 드리우고 있다.

> "당신들은 무리하게 살아왔지 / 〈데저트〉의 노래에도 나오잖아. '이 세상 인생은 지그재그 퍼즐'이라고 / 당신의 모습은 정해져 있지 / 당신에게 맞는 곳은 어디? / 그건 어디에도 없어 / 그럼 만들어야지 / 내 모습이 가짜라구? / 지평선 저 너머에도 딱 맞는 곳이 없다면 / 죽을 수밖에 없겠지."

어쩐지 이 세상이 내게 맞지 않는다고 느끼는 사람들은 어디에도 없는 '영원히 잃어버린 대상'을 꿈꾸게 된다. 그리하여 "지평선 저 너머"에서도 그것을 찾지 못할 때 그들은 '태연한 자살'로써 무기물로 돌아가는 수밖에 없다. '태연한 자살'로 몰고 가는 죽음충동은 "생명체로 하여금 무기물상태로 돌아가게 하는 힘"[33]과 다름없기 때문이다. 그런 죽음충동 또한 향유를 드러낸다. 다시 말해 라캉은 향유 안에 내재하는 치명적인(죽음을 초래하는) 차원과 죽음충동을 연결시킨다.[34] "죽음충동은 필

을 통해 이런 결여를 극복하고자 하는데, 이때 주체에게 환상 속에서 다가오는 알 수 없는 상실의 원형으로 가정되는 것이 바로 물이다. 때문에 불가능한 대상인 물은 죽음충동 속에서만 모습을 보인다. 향유는 이런 죽음충동을 반복 속에서 경험한다. 다시 말해 향유는 쾌락원칙 너머를 지시하는 반복과 연관된다. (김석, 『에크리』, 244-245쪽).

32) 김석, 『에크리』, 244쪽.
33) Pierre Delion, "Death Instinct (Thanatos)", p.371.
34) Jacques Lacan, *The Ethics of Psychoanalysis (Seminar VII)*, p.204.

연적이며. 그것은 내가 '물'의 자리로서 또는 통과할 수 없는 것으로서 각기 묘사했던 자리를 지시한다."[35] 한마디로 라캉이 말하는 향유란 '물'의 쾌락을 의미한다. 죽음충동은 주체 안에 있는 지속적인 욕망에 붙여진 이름이다. 이 죽음충동은 쾌락원칙을 넘어서서 물 또는 어떤 과잉 향유를 지향한다.[36] 그런데 '태연한 자살'과 공모하는 향유는 공격성을 수반하는 향유이다. 즉 라캉에게 향유(물을 향한 쾌락)와 공격성(죄책감)은 동일시된다. 양자는 쾌락과 고통이라는 대립적인 속성을 지니면서도 서로를 동반한다. 그래서 향유가 강화되면 공격성도 강화된다. 그 역도 마찬가지다. 대립적인 것의 동일성, 그것이 향유와 공격성의 관계이다. 이런 향유와 공격성(죄책감)은 '물(실재)'을 둘러싸고 맴돈다. 주체의 충동은 물에 다가서는 순간 공격성(죄책감)을 느껴 멀어지며, 그렇게 멀어지면 향유를 느껴 다시 다가서는 과정이 반복된다.[37]

이상에서 죽음충동 및 향유 개념과 연관시켜 언급한 세 가지 유형의 자살은 다시 지젝이 『깨지기 쉬운 절대성』(The Fragile Absolute)에서 라캉의 상상계, 상징계, 실재계 도식을 응용하여 인상 깊게 분류한 자살의 세 가지 유형에 따라 재배치가 가능하다.[38] 첫 번째 유형인 '상상계 속의 자살'은 정치적 좌절이나 사랑의 배반 혹은 자신의 가혹한 운명에 대한 비애라든가 견디기 힘든 사회현실에 대한 저항적 표현으로서의 자

---

35) Jacques Lacan, *The Ethics of Psychoanalysis (Seminar VII)*, p.213.
36) Dylan Evans, *An Introductory Dictionary of Lacanian Psychoanalysis*, p.94.
37) 이병창, 「라캉에게서 죽음의 충동의 개념」, 264-265쪽.
38) Slavoj Žižek, *The Fragile Absolute*, London and New York: Verso, 2000, pp.26-30.

살, 또는 메시지를 남기려는 행위로서의 자살을 가리킨다. 이는 대타자에게 말을 건넨다. 그 자살행위가 후세 또는 다른 사람들에게 미칠 영향을 자기도취적으로 상상한다는 의미에서 '상상계적'이다. 영화 속의 '외상적 자살'이 이에 해당한다.

두 번째 유형인 '상징계 속의 자살'은 실제적 죽음이 아니라 단지 상징적으로 죽는다는 것을 뜻하지 않는다. 오히려 이는 주체로부터 그를 상징적 실체 속에 안착시키는 모든 연결고리들을 끊어버린다는 의미에서의 상징적 자살을 가리킨다. 다시 말해 이는 죽음충동을 규정하는 자살이다. 이때 주체는 상징적인 아이덴티티를 박탈당하고 '거의 무에 가까운'(almost nothing) '세계의 밤' 속으로 던져진다. 여기서 라캉에게 죽음충동과 창조적 승화는 상관관계를 가진 것으로 이해된다. 즉 죽음충동은 "'물'의 텅 빈(=성스러운) 장소"로서의 '근원적 공허'(the Void)를 창조한다. 이 '근원적 공허'는 '물'(das Ding)의 위엄으로까지 고양된 대상으로 채워지는 어떤 근원적인 틀(the Frame)을 가리킨다. 영화 속의 '태연한 자살'이 이 유형에 근접한다. 이에 비해 세 번째 유형인 '실재계 속의 자살'은 대상과 주체의 완전하고 직접적인 동일시가 이루어지는 자살을 뜻한다. 이는 주체가 직접 대상 속으로 '빠져 들어가' 대상이 되는 것을 의미한다. 이때 대상은 여전히 그곳에 존재하지만 '근원적 공허'는 사라진다. 영화 속의 '즐기는 자살'이 이에 상응한다고 보인다.

칸트는 도덕적 법칙과 분리된 힘(force)은 없다고 보았다. 그러나 라캉은 도덕적 법칙과 무관한 힘이 향유로서 존재한다고 주장한다.[39] 예컨대 라캉에 의하면 "향유는 정확히 말해 죽음의 수용을 함축한다."40) 하지만 여기서 라캉의 주장은 미묘하다. 그는 향유를 (도덕)법에 반대되는 악마적 힘으로 상정하지는 않는다. 반대로 그는 향유 안에서 법의 핵심을 인정한다. 법의 참된 중핵은 향유라는 것이다. 한편 향유는 고통의 한 형식이다. 이때의 고통은 전체 환경의 특성을 완전히 바꿀 수도 있고 도덕법 자체의 의미가 완전히 바뀔 수도 있는 그런 고통이다.41)

　　라캉 정신분석학의 윤리는 욕망에 있으며, 이 욕망은 사회적 법을 넘어서는 것이고 궁극적으로 '죽음을 욕망하는 것'이다.42) 이와 관련하여 라캉은 크레온의 명령을 위반하고 오빠 플리니케스의 시신을 매장하는 행위를 통해 자신의 욕망을 끝까지 포기하지 않고 그럼으로써 결국 죽음을 맞이한 안티고네의 행위를 윤리적이라고 묘사한다. 안티고네는 크레온의 법(사회적 선)을 위반함으로써 죽음을 맞이한다. 라캉은 이를 두 번째 죽음이라고 명명한다. 라캉은 극의 처음부터 "나는 죽었고 죽음을 욕망한다"고 선언하는 안티고네가 바로 죽음충동 즉 "순수하고 순전한 죽음의 욕망"을 체현한다고 말한다. 이런 죽음충동을 실현하는 것은 곧 상징계의 의미연쇄에서 사라지는 것을 뜻한다. 주체는 죽음에 대한 욕망이 실현되는 두 죽음 사이의 공간을 '자유의 공간'이라고 부른다. 라캉은 정신분석의 윤리의 기준이 주체가 자신의 욕망에 따라 행동했는가

---

39) Alenka Zupančič, *The Ethics of the Real*, London and New York: Verso, 2000, p.99.
40) Jacques Lacan, *The Ethics of Psychoanalysis (Seminar Ⅶ)*, p.189.
41) Alenka Zupančič, *The Ethics of the Real*, p.100.
42) Jacques Lacan, *The Ethics of Psychoanalysis (Seminar Ⅶ)*, p.83.

의 여부에 있다고 주장하면서, 정신분석의 관점에서 유일한 죄는 바로 자신의 욕망에 대해 양보하는 것이라고 선언한다.[43]

이와 같은 정신분석학의 윤리가 곧바로 자살의 윤리와 직결되는 것은 아니지만, 양자가 죽음충동을 매개로 결부되어 있음은 부정하기 어렵다. 거기서 죽음충동은 상징적 질서의 중단을 뜻한다. 죽음충동의 실현을 통해 주체에게 전복의 행위를 실천하는 길이 열리기도 하는 것이다. 그렇다면 현대일본사회에 만연하는 자살도 일종의 전복적 행위라는 실천적 측면을 내포하는 것일까? 인간심리의 중핵적 일부로서 죽음충동이 존재한다는 문제는 단순히 이론적 문제가 아닌 실제적이고 실천적인 (practical) 문제이다.[44] 윤리가 항상 실천성과 결부되어 있다는 맥락에서 볼 때 '자살의 윤리'는 반드시 도덕적인 관점에서만 재단될 수 없다. 11가지 자살수단을 기재하여 일본에서 2백만 부 이상 팔린 『완전자살 매뉴얼』(完全自殺マニュアル, 太田出版, 1993)의 저자인 쓰루미 와타루(鶴見済)는 이렇게 말한다. "자살이라는 행위는 나쁜 것이 아니다. 일본에는 자살에 반대하는 종교도 법률도 없다. 집단자살은(네트시대 이전에는 사람들이 편지를 쓴다든지 전화로 한다든지 했다.) 줄곧 우리 문화의 일부였다." 90년대 말 일본에서 자살자 수가 증가했을 때,[45] 관계당국은 쓰

---

43) Jacques Lacan, *The Ethics of Psychoanalysis (Seminar VII)*, pp.261, 281-82, 295, 305, 309, 314, 319.
44) Otto Kernberg, "The concept of the death drive: a clinical perspective", p.174.
45) 1998년을 기점으로 하여 일본에서는 최근까지도 매년 평균 자살자 수가 3만 여 명을 넘어 세계에서 자살률 상위권을 맴돌았다. 한편 2014년 1월 경찰청 발표에 의하면 2013년의 자살자는 2만 7,195명으로 4년 연속 감소하는 추세임이 분명하게 드러났다. 하지만 20대에서 40대에 이르는 청장년층의 자살

루미의 책을 표적으로 삼아 미성년자에의 판매를 금지하고자 했다. 이에 분격한 저자는 이렇게 실망감을 표출했다. "미성년자에게 이 책을 읽히고 싶다. 다른 누구보다도 이 책을 필요로 하는 자는 미성년자이기 때문이다. (중략) 자살은 비난받을 행동이 아니다. 생명을 끊는 것은 개인의 권리이며, 어떤 법률도 이를 저지할 수 없다." 자살이라는 행위는 예로부터 일본인의 정서에 통하는 것이다. 중세일본에는 할복이라는 사무라이의 규정이 있었다. 할복은 충성, 명예, 경의, 희생이라는 이름하에 행해진 의례적 자살이다. 그러니까 자살은 도피처가 아니라 참으로 책임을 지려는 행위일 수도 있다는 말이다.[46]

4. 렌털 아이덴티티의 향방
: 상상계–상징계–실재계의 아이덴티티

그러나 자살을 예방하기 위한 전화상담 '생명의 전화' 활동을 추진하는 사이토 유키오에 의하면 일본은 포스트모던의 희생자라고 한다. 인간 사이의 상호관계가 바닥까지 떨어졌다는 것이다. 핸드폰과 인터넷 문화의 확대로 인해 실제로 말을 주고받으면서 타인과 직접 소통하는

률은 변함없이 높아서 사회적 위기의 심각성을 보여준다. "日本の自殺", http://ja.wikipedia.org/wiki/%E6%97%A5%E6%9C%AC%E3%81%AE%E8%87%AA%E6%AE%BA(검색일: 2014. 5. 6.) 참조.
46) ルカ・カルデリーニ,「第三の視線 : 退廃, 逸脱, 恐怖の感覺」, ダリオー・トマージ 외 편,『カオスの神、園子溫』, 102쪽.

것이 사라지고 있다. 자기 집에 틀어박힌 개인은 미디어와 정보 도구를 통해 그들끼리 소통한다. 이는 격리된 공간으로서의 절대고독의 세계를 만들어내고, 취약한 개인은 그런 격리된 공간으로 도피함으로써 현실세계와의 대립을 피하는 '대체 에고'를 만들어낸다.[47]

〈노리코의 식탁〉에 나오는 렌털가족회사는 이런 '대체 에고'를 판매하는 기업이다. 렌털가족회사의 직원들은 다양한 아이덴티티로 변신하면서 '행복한 가족'을 연출한다. 주어진 역할을 수행하는 동안 연기자는 스스로 '행복한 가족'의 일원이 된 것에 만족해하며 가상의 아이덴티티가 파괴되는 일은 없을 것처럼 여긴다. 가령 노리코와 유카는 생부의 친구에게 렌털되어 딸 미쓰코와 요코를 연기하면서, 생부를 전혀 모르는 타인처럼 대하는 행동을 통해 '렌털 아이덴티티'에서 빠져나오기를 거부한다. 또한 '우에노역54'라는 닉네임을 가진 렌털가족회사의 창설자 구미코는 자기를 찾아온 친부모에게 "당신 대신 내가 엄마 역할을 할까요?"라고 말하면서 그들을 렌털가족회사의 직원으로 삼아 버린다. 이런 '대체 에고'와 '렌털 아이덴티티'는 지독한 '소외'의 다른 얼굴이다. 〈노리코의 식탁〉의 세 여주인공들은 각각 그런 '소외'로부터 벗어나 어딘가에 있을 것이라고 여겨지는 참된 아이덴티티를 찾아 헤매는 영원한 방황 속에 내던져져 있다.

모든 정신작용을 분류하는 세 가지 질서(order)로서 라캉이 제시하는 상상계, 상징계, 실재계라는 개념이 이 점을 이해하는 데에 도움이 될

---

47) ルカ・カルデリーニ, 「第三の視線 : 退廢, 逸脱, 恐怖の感覺」, 102–103쪽.

것이다. "개인의 심리행위에 작용하여 그들의 삶에 서로 다른 방식으로 영향을 주는 힘의 장"[48]인 이 세 가지 심리 질서 중 상상계는 한마디로 '영원한 자기 찾기'의 출발점이라 할 수 있다. 통상 '거울단계'라고 불리는 상상계는 자아가 탄생하고 인식되는 과정을 보여준다. 유아는 자신의 미숙함을 거울 속에 비친 자기 이미지와 자신을 동일시하면서 극복하려 하지만, 그 과정에서 형성되기 시작하는 자아는 자기 자신과 이미지 사이의 불일치로 인해 '소외'되고 찢겨 있다. 그래서 성인이 된 후에도 다른 것을 자신과 같은 것으로 화해시키고자 끊임없이 노력하게 된다. 달리 말하자면, 거울단계에서 형성되기 시작하는 자아의 '오인의 구조'[49] 즉 거울 속에 비친 이미지와 자신의 잘못된 동일시가 성인이 된 이후에도 계속 이어진다. 이때 그는 타자의 타자성을 있는 그대로 인정하기보다는 그것을 자신과 동일시함으로써 화해시키고자 하는 강박적이고 헛된 노력을 멈추지 못한다. 이런 의미에서 상상계를 '영원한 자기 찾기'의 출발점이라고 한 것이다. 라캉은 현대사회를 정점에 도달한 상

---

48) 토니 마이어스(박정수 옮김), 『누가 슬라보예 지젝을 미워하는가』, 앨피, 2005, 53쪽.
49) 아이는 거울단계에서 거울에 비친 자신의 모습을 보고 환희한다. 아이는 자신의 거울상 뒤에 감추어져 있지만 자신을 바라보는 어머니(대타자)의 시선을 느끼는데, 그 시선은 아이에게 자신이 어머니(대타자)의 욕망대상(팔루스)임을 확신시켜 주기 때문이다. 물론 이런 확신은 아이의 오인에 기초한 것이다. 다시 말해 거울상은 대타자가 욕망하는 대상인 팔루스를 가지고 있다는 오인, 즉 완전한 자아(이상적 자아)라는 오인을 초래한다. 이런 오인의 구조에서 라캉의 상상계가 성립한다. 거기서는 대타자와 주체의 독특한 관계가 성립된다. 즉 자아는 오인에 의해 대타자가 욕망하는 대상이 되는 것이다(이병창, 「라캉에게서 죽음의 충동의 개념」, 269쪽). 라캉은 인간에 대한 사유를 이와 같은 '오인의 구조'로부터 출발하자고 제안한다.

상계로 본다.

한편 우리는 태어나기 전부터 상징계에 등록되어 있다. 우리의 뜻과 상관없이 이루어진 출생은 '이미' 우리의 모든 아이덴티티(이름, 가족, 젠더, 사회경제적 집단, 국가, 인종 등)를 결정짓는다. 라캉은 이런 상징계가 의미화 연쇄(signifying chain) 또는 기표(언어)의 법에 의해 통합되어 있고 우리는 이런 상징계 속에 갇혀 있다고 지적한다. 그는 주체를 어떤 실체적인 것(코기토)으로 보지 않으며, 그런 만큼 코기토에 의한 주체의 자유를 주장하지도 않는다. 오히려 라캉은 주체가 상징계에서 기표에 의해 근본적으로 분열되어 있음을, 주체가 상징계에 진입하면서 불가피하게 자신의 '존재'를 상실하고 '소외'될 수밖에 없음을 보여주려 한다. 다시 말해 라캉은 인간이 상징계라 일컬어지는 이데올로기적 사회구조 속에 들어갈 때 불가피하게 자신의 '존재'를 상실하며 이때 무의식이 발생한다고 말한다. 이는 주체가 대타자(the Other)[50]의 영역에 진

---

50) 지젝의 분류를 참조하여 라캉적 타자 개념을 세 차원으로 구분하자면 다음과 같다. (1)상상적 타자(소문자 타자): 우리 자신의 자아 안에 있는 또 다른 자아(타아) 혹은 '나와 같은' 다른 사람들, 나와 함께 경쟁과 상호 인정 등의 거울관계에 연루되어 있는 동료 인간들(이웃)을 가리킨다. (2)상징적 대타자: 우리의 사회적 현존의 '실체' 즉 우리의 공존을 조정하는 비인격적인 일련의 규칙들 또는 개별 주체들이 경험하는 상징적 질서(상징계)를 대리표상하는 타자를 뜻한다. (3)실재로서의 타자: 불가능한 물(das Ding)로서의 타자, 상징적 질서에 의해 매개되는 어떠한 대칭적 대화도 가능하지 않은 타자를 지칭한다. 여기서 지젝은 '물로서의 이웃'을 언급하기도 한다. 이는 내 거울상으로서의 이웃의 밑바닥에는 항상 근본적인 타자성이라는 심연, 즉 괴물성이 잠복해있다는 것을 의미한다. (슬라보예 지젝, 「성적 차이의 실재」, 265쪽). 소노 영화 속의 가족은 이런 '물로서의 이웃'에 가까운 것으로 묘사되고 있다.

입하면서 불가피하게 기표(언어)에 종속되는 것을 의미한다. 이때 "기표가 대타자의 영역에 출현할 때 주체가 탄생한다"[51]는 의미에서 주체는 "기표의 효과"[52]라고 말해진다. 요컨대 인간은 언어를 습득하면서 주체로 태어나지만 이와 동시에 기표가 주체를 대신하게 되면서 주체는 소멸하고 만다. '존재'를 상실하는 것이다. 라캉은 이런 주체의 소멸과 '존재'의 상실을 전술한 상상계(거울단계)에서의 그것과 마찬가지로 '소외'(alienation)라고 부른다. 결국 모든 소외는 이중의 소외 즉 거울단계에서의 소외와 상상계로부터 상징계로 진입하는 단계에서의 소외를 내포한다.

이런 상징계에서는 여러 대립항들이 변별적으로 규정되고 기표 연쇄의 차이를 통해 의미가 생성되지만, 제3의 질서인 언어 너머의 실재계에서는 모든 기표가 모든 기의와 완벽하게 부합하고 모든 기호가 모든 지시대상과 일치하므로 결코 의미화 연쇄가 일어나지 않는다. 그곳은 의미 대신 상징화에 저항하는 잉여들로 구성된 세계라 할 수 있다. 상징계에 맞서는 실재의 철학자 지젝에 의하면, 주체는 상징계와 실재계 사이의 경계 혹은 그 사이에서 출현한다. 즉 상징계와 실재계 간의 상호작용이 없다면 주체는 존재하지 않는다는 말이다.[53]

노리코, 유카, 구미코의 '렌털 아이덴티티'는 상상계와 상징계에서

51) Jacques Lacan, *The Four Fundamental Concepts of Psychoanalysis*, ed. by Jacques-Alain Miller, trans. by Alan Sheridan, New York: Penguin Books, 1977, p.199.
52) Jacques Lacan, *The Four Fundamental Concepts of Psychoanalysis*, p.207.
53) 토니 마이어스, 『누가 슬라보예 지젝을 미워하는가』, 64쪽.

의 이중적 소외가 낳은 대체 아이덴티티일 뿐이다. 그렇다면 이런 대체 아이덴티티가 라캉적 주체와 만나는 것이 가능할까? 구미코의 경우를 중심으로 이 물음에 대해 좀 더 생각해 보자. '우에노역54'라는 구미코의 닉네임은 그녀의 모친이 갓 태어난 자신을 버린 역의 코인락커 번호에서 유래한 것이다. 이것이 모친에 의해 도쿄역 코인락커에 버려진 아이들의 이야기를 묘사한 무라카미 류(村上龍)의 소설『코인락커 아기들』(コインロッカ·ベイビーズ, 1980년)에서 힌트를 얻은 설정이라는 점을 상상하기란 그리 어렵지 않을 것이다. 한편 54라는 숫자는 〈자살클럽〉의 신주쿠역에서 집단자살한 여학생들 숫자와 일치한다. 이는 구미코와 자살한 여학생들 사이에 모종의 '심리적 유대'가 존재함을 암시하려는 소노 감독의 치밀한 계산에서 비롯된 설정임에 틀림없어 보인다. 그것은 아마도 끊어져 버린 가족과의 유대, 버려진 아이의 트라우마와 상실감을 대체하는 심리적 유대일 것이다. 아니면 이는 자살한 여학생들 또한 실은 구미코와 마찬가지로 코인락커에서 태어난 아이들이 아니냐는 감독의 생각이 감추어져 있는 설정일 수도 있다.

구미코가 "내 엄마는 코인락커"라고 말할 때 코인락커는 명백히 버림받은 아이들의 '어머니'로서의 '자궁'을 가리키는 메타포임이 드러난다. 감독은 이 점을 환기시키기 위해 자궁 속 태아의 장면을 영화에 삽입시키고 있다. 하지만 그것은 차가운 '금속성 자궁'이다. 이는 다시 차가운 '돌로 된 자궁' 즉 아마노이와토(天岩戸) 동굴을 연상시킨다. 우에노역 54번 코인락커는 현대의 아마노이와토인 것이다. 영화는 코인락커와 아마노이와토의 상동성을 드러내기 위해 아마테라스라는 이름을 직접 언급한다. 이 장면에서 왜 아마테라스일까? 주지하다시피 아마테라스는 일본 천황가의 조상신(황조신)이자 일본을 수호하는 우두머리 씨신(氏神)으로 관념되어 온 태양의 여신이다. 소노 감독은 이런 아마테라스를 '일본을 대표하는 상징'으로 영화 속에 끌어들이고 그 상징을 다시금 코인락커에서 태어난 구미코의 이미지와 중첩시킴으로써 이중의 상반된 의미작용을 제시하고 싶어 하는 듯싶다. 죽음과 재생이라는 신화적 의미가 그것이다. 그 하나는 현대일본사회에 있어 '가족의 죽음'을 시사하는 의미작용이다. '금속성 자궁'으로서의 코인락커는 동시에 죽음을 선고받은 현대일본사회의 가족에 대한 메타포이기도 하다. 다른 하나는 스사노오의 폭력에 의해 아마노이와토 동굴에 숨어버린(죽음 상징) 아마테라스가 이니시에이션 의식(신들의 굿판)을 거쳐 이전과는 다른 아이덴티티를 획득한 후 다시 세상으로 나왔듯이(재생 상징), 구미코 또한 자살한 여학생들의 분신으로서 다시 태어난 '태양의 여신'임을 암시하는 의미작용이다. 하지만 이는 일종의 '블랙 유머'에 속한다. 구미코는 하늘 위에 밝게 빛나는 순백색의 태양이라기보다는 오히려 지상의 네온사인 같은 인공태양일 따름이다. 혹은 〈자살클럽〉에 나오는 제네시스의 노래 가사[54]처럼 "밤에도 눈부신" 지하의 '검은 태양'이라고 불러도 그만일 것

54) "하늘은 몇 번이고 푸르고/사람들은 왠지 매번 사랑에 빠지고/처음 보는 누런 개가 내 안에 들어와 형편없는 놈이라며 웃네/죽음 때문에, 죽음 때문에, 죽음 때문에/밤에도 눈부신 거지/즐거워 보이는 영화에 나오는 것처럼 아름답게 죽고 싶네/우선은 면도 크림을 바르고/미소를 머금은 채 심장을 도려내지/죽음 때문에, 죽음 때문에, 죽음 때문에/밤에도 눈부신 거지/따뜻한 눈물이 볼을 타고 내려올 때/눈을 뜨면 그건 꿈이지/아무것도 모르는 다섯 살 소년이 죽어서 멀리 떠나네/죽음 때문에, 죽음 때문에, 죽음 때문에/밤에도

이다.

　아마테라스의 쌍생아인 이 '검은 태양'은 매일 밤 8시가 되면 우에노역을 찾아 코인락커 54번을 열고 안의 내용물들을 확인한다. 그 코인락커 안에는 그녀의 가짜 추억의 메멘토들(아버지한테 받은 선물, 입원한 병원에서 입었던 옷 등등)이 보관되어 있다. 하지만 그녀에게 실은 그런 추억은 존재하지 않는다. 그것들은 다 길가에서 주워 모은 메멘토에 불과하다. 가출한 노리코가 우에노역 54번 코인락커 앞에서 처음 구미코를 만났을 때, "너 추억 있어?"라는 구미코의 물음에 노리코는 소매에서 잡아뗀 '붉은' 실밥을 보이면서 "배꼽의 탯줄"이라고 대답한다. 그러자 구미코는 이 실밥을 코인락커 안에 같이 넣어둔다.

　이 실밥은 매우 각별한 의미를 가지는 용의주도한 서사 장치이다. 〈노리코의 식탁〉 오프닝 장면은 도쿄에 도착한 노리코가 코트 소매에서 드리워진 '붉은' 실밥을 뜯어내는 장면을 보여준다. "실밥을 뜯어냈어. 가출한 거야." 그런데 다음 날 아침 외출하기 전 노리코의 소매에는 다시 실밥이 드리워져 있다. 하지만 이번에는 '붉은' 색이 아니라 회색이다. 이는 아마도 원래 가족과의 연대가 아직 완전히 단절되지 않고 있음을 암시하는 것이리라. 그러나 노리코가 렌털가족회사의 일원이 되어 '렌털 아이덴티티'를 획득하는 시점에서 '붉은' 실이 다시 나타난다. 방금 언급했듯이 그것은 탯줄의 메타포인 것이다. 이와 같은 실밥의 복선은 영화의 마지막 장면까지 이어진다. 즉 숨어 있던 장롱에서 나온 생부 데쓰조는

　눈부신 거지(제네시스, 〈Because Death〉).

어렵게 찾아낸 두 딸에게 '렌털 아이덴티티'에서 벗어나 본래의 자기로 돌아오라고 간청한다. 이에 대해 노리코는 자신은 미쓰코라고 하면서 '렌털 아이덴티티'를 고집한다. 이때 〈장미가 피었다〉는 배경음악과 함께 노리코는 도쿄에 도착한 첫날밤 소매에서 붉은 실밥을 잡아 뽑았던 순간을 떠올린다. "새빨간 장미가/쓸쓸한 정원에 딱 한 송이 핀/작은 장미가." 이 노래가사에 나오는 장미는 '붉은' 실밥의 주인이었던 이전 노리코의 표상이다. 하지만 노리코는 자신이 연출하고 있는 '렌털 아이덴티티'야말로 진짜 자기 자신이라고 믿고 싶어 한다. 그 때문에 살아 있지만 죽은 거나 다름없다고 스스로 느끼던 이전의 노리코로부터 자유롭게 되기 위해 배꼽의 메타포로서의 '붉은' 실밥을 잡아 뽑아 내버렸던 저 해방감의 기억이 여전히 그녀를 사로잡고 있는 것이다.

전술했듯이 '존재'를 상실한 주체의 소외된 삶은 죽음과 다를 바 없다. 대타자의 영역에서 기표에 의해 대치된 주체의 삶은 주체의 죽음이나 다름없다. 그러나 라캉 정신분석학은 주체가 이런 소외에서 벗어날 수 있는 가능성을 보여준다.[55] 그렇다면 이처럼 자신의 것이 아닌 메멘토를 통해 추억을 날조함으로써 구축된 구미코의 아이덴티티, 그런 구미코의 코인락커 안에 봉인된 탯줄(붉은 실밥)이 암시하듯이 구미코와 함께 '검은 태양'으로서의 '미쓰코'로 다시 태어난 노리코의 아이덴티티, 그리고 "난 이제부터 요코가 될 거야. 나 자신의 관계자가 될 거야."라며

55) 양석원, 「욕망의 주체와 윤리적 행위」, 영미문학연구회, 『안과 밖』 10, 2001, 269쪽, 275쪽.

렌털가족회사에 입사한 유카의 아이덴티티는 과연 소외에서 벗어날 수 있는 가능성을 보여준 것일까? 즉 이들의 '렌털 아이덴티티'는 기표에 의해 대치된 주체로 하여금 상징계에서 벗어날 수 있는 가능성을 보여준 것일까? 여기서 우리는 라캉이 말하는 '분리'(separation) 개념에 눈길을 돌려봄 직하다. 이와 관련하여 지젝은 다음과 같이 적고 있다.

> "오늘날 라캉적 주체는 통상 의미화 연쇄에서의 결여와 동일시되는 빗금 쳐진 분열된 주체로 이해되고 있다. 그러나 라캉 이론의 가장 급진적인 차원은 이 점에 있는 것이 아니다. 그보다는 대타자 즉 상징적 질서 자체 또한 근본적인 불가능성에 의해 빗금 쳐져 있고, 불가능한 외상적 핵 주위에 구조화되어 있다는 점을 인식한 데에 있다. 대타자 속의 이런 결여가 없다면 대타자는 닫힌 구조가 될 것이며, 그럴 때 주체에게 열려 있는 유일한 가능성은 대타자 속에서의 철저한 소외밖에 없게 될 것이다. 따라서 주체로 하여금 라캉이 '분리'라고 부른 일종의 '탈소외'를 가능케 하는 것은 다름 아닌 이 대타자 속의 결여이다. 이는 주체가 지금 언어라는 장애물에 의해 대상으로부터 영원히 분리되어 있다는 것을 뜻하지 않는다. 오히려 이는 대상이 대타자 자체로부터 분리되어 있다는 것, 대타자가 최종적인 대답을 갖고 있지 못하다는 것, 다시 말해 대타자 자체가 봉쇄되어 있으며 욕망하고 있다는 것, 즉 대타자의 욕망 또한 존재한다는 것을 의미한다. 말하자면 대타자 속의 이와 같은 결여가 주체에게 숨 쉴 공간을 부여해 주고 기표 안에서의 전적인 소외를 피할 수 있게 해 주는 것이다. 이는 주체의 결여를 메움으로써가 아니라, 주체로 하여금 자신의 결여를 대타자의 결여와 동일시하게 함으로써 이루어진다."[56]

---

56) Slavoj Žižek, *The Sublime Object of Ideology*, London: Verso, 1989, p.137.

'소외'가 대타자의 기표연쇄 속에서 주체의 '존재' 상실을 가리키는 것이라면, '분리'는 이 기표연쇄에서 벗어나는 것을 의미한다. 이처럼 주체가 대타자의 의미화 연쇄에서 벗어날 수 있는 것은 거기서 균열 즉 대타자 속의 결여를 발견할 때 가능하다. 노리코, 유카, 구미코의 '렌털 아이덴티티'는 바로 이와 같은 대타자 속의 결여와 다름없는 것이다. 이 등장인물들은 대타자 속의 결여인 '렌털 아이덴티티'를 통해 가까스로 숨쉴 공간을 확보할 수 있었다는 말이다. 그래서 노리코는 "나는 숨쉬기 위해 태어난 거야. 태어났기 때문에 숨 쉬는 것이 아니란 말이야!"라고 항변한다. 하지만 이런 '렌털 아이덴티티'는 대타자의 결여와 자신의 결여를 동일시한 결과로 생겨난 것으로서 결코 주체의 결여를 메워줄 수는 없다. 결여가 결여를 채울 수는 없기 때문이다. 분리-상징적 죽음-재통합의 구조를 가지는 이니시에이션 의식이 '렌털 아이덴티티'의 갱생에 요청되는 까닭이 여기에 있다.

가령 〈자살클럽〉에서 소녀 걸그룹 〈데저트〉의 콘서트장에 도착한 미쓰코(노리코의 '렌털 아이덴티티')는 아이들로부터 수수께끼 같은 질문을 받는다. "당신은 당신의 관계자입니까?" "당신은 당신과의 관계를 회복하러 온 겁니까?" 이에 미쓰코는 "나는 나의 관계자야!"라고 외친다. 그러자 장면은 갑자기 작은 동굴 같은 장소로 우리를 데려간다. 〈자살클럽〉의 미스터리는 이 길고 좁은 붉은 방 안에서 이제 그 실마리를 보여주려 한다. 바닥에는 수많은 병아리들이 있다. 오른쪽에는 무릎을 꿇은 채 얼굴을 벽 쪽으로 향한 소녀 입문자들이 있다(미쓰코도 이들 중의 한 사람임이 곧 밝혀진다). 왼쪽에는 두건을 쓰고 손에 대패를 든 남자 한 명이 있다. 이때 노란색 레인코트를 입은 아이들이 방 안에 들어선다. 노란 색채와 삐약거리는 소리는 아이들과 병아리의 공명을 통한 순수와 재생의 신화적 관념을 상기시킨다. 이윽고 남자가 대패로 나비 문신이 새겨진 미쓰코의 등짝 피부를 밀어낸다. 이 장면에서 입문자들은 상징적 죽음을 통해 자기 자신과 새로운 관계를 가지게 되는 이니시에이션을 경험한다.

라캉에 의하면 "모든 아이들의 '왜'라는 물음은 사물의 이유를 알고 싶어 하는 갈망이라기보다는 어른들에 대한 시험…즉 어른들의 욕망의 수수께끼인 '당신은 왜 나에게 이런 말을 하는가?'라는 물음을 드러낸다."[57] 위 장면에서 "당신은 당신의 관계자입니까?"라고 묻는 아이들은 어른들을 시험하는 심판관이다. 주체는 대타자에게 "당신이 정말 원하는 것은 무엇인가?"라고 묻는다. 이 질문은 대타자의 욕망 속에서 자신이 어떤 존재인가를 묻는 것이고, 이는 상징적 아이덴티티 혹은 '대타자 속의 결여'로서의 '렌털 아이덴티티'를 넘어선 다른 어떤 곳에서 자신을 찾고자 하는 물음이다. 즉 주체는 대타자가 자신에게 정말 원하는 것은 상징적 질서 내에서의 아이덴티티(상징계 내에서 나 자신을 '잘못' 나타내는 기표)를 넘어선 또 다른 아이덴티티, 즉 내 안에서 나를 넘어서 존재하는 잉여적 대상임을 깨닫고자 한다. 따라서 내 안의 또 다른 나, 이질적인 나의 발견은 주체로 하여금 상징적 동일시를 넘어서게 해 준다.[58] 이런 의미에서 〈자살클럽〉과 〈노리코의 식탁〉에서 반복적으로 등장하는

57) Jacques Lacan, *The Four Fundamental Concepts of Psychoanalysis*, p.214.
58) 양석원, 「욕망의 주체와 윤리적 행위」, 279쪽.

"당신은 당신의 관계자입니까?"라는 물음은 대타자의 욕망 속에서 자신이 어떤 존재인가를 묻는 물음과 공명한다고 말할 수 있게 된다.

노리코의 부친 데쓰조는 행방불명이 된 두 딸을 찾아 도쿄로 가서 렌털가족회사의 대표자와 만나게 된다. 이 회사는 소노 작품에 등장하는 많은 컬트 중 하나이다.[59] 장면은 어느 카페 안. 가출한 딸들이 자살클럽의 멤버라고 확신하는 데쓰조를 향해 그 수수께끼의 인물은 그런 조직은 존재하지 않는다고 말하면서 반복적으로 "당신은 당신 자신과 관계하고 있습니까?"라고 묻는다. 억양의 변화 없이 마치 남 이야기하듯 날카롭고 냉정한 남자의 목소리가 피아노 음악을 배경으로 하여 긴장감을 더해준다. 그것은 어딘가 소외감을 느끼게 한다. 남자는 회사의 창설자인 구미코에 대해 말한다. 남자는 회사 창설자인 구미코의 이야기를 들려준다. 그것은 현대판 신화이다. 구미코는 현대의 아메노이와토인 우에노역 54번 코인락커에서 태어났다. 전술했듯이 그녀는 아마테라스의 블랙 메타포이기도 하다. 여기에 짤막한 장면이 삽입된다. 즉 락커 문

---

59) 종교(컬트)와 회사의 친연성은 많이 말해져 왔다. 가령 일본에서도 중요한 회사 중 하나인 파나소닉(구 마쓰시타)의 경우, 그 성공은 1932년에 마쓰시타 고노스케에 의한 것인데, 그는 성공의 열쇠를 천리교에서 힌트를 얻었다. 그는 천리교 신자들의 행태를 보면서 이렇게 생각했다. "그들은 돈을 받지도 않는데 항상 웃는 얼굴로 열심히 일한다. 역으로 내 회사에서는 사람들이 돈을 받으면서도 게으름을 피우고 항상 불평뿐이다. 종교의 성스러운 사명이 사람들을 고통으로부터 행복으로 인도하는 데에 있는 거라면, 산업 또한 이익만을 생각하는 것이 아니라 산업의 성스러운 사명을 가지지 않으면 안 된다." Peter Bernard Clarke, *Japanese New Religions: In Global Perspective*, Richmond: Curzon Press, 2000, pp.35-73 참조. 또한 박규태, 「신사의 현대적 풍경: 회사신사」, 권숙인 엮음, 『현대일본의 전통문화』, 박문사, 2012 참조.

이 열리고 화면 전체에 화지로 된 돛단배를 연상시키는 태아의 모습이 드러나는데, 이는 새로운 시대의 시작을 암시한다. 그리하여 예수가 사흘 만에 부활했다고 말해지듯이 구미코 또한 코인락커에 버려진 지 사흘 뒤에 경찰에게 발견된다. 이윽고 장면은 다시 카페 안으로 돌아간다. 갑자기 카페 안의 손님들이 모두 동작을 멈춘 채 데쓰조를 응시할 때, 남자는 데쓰조를 향해 이렇게 말한다.

> "자신의 역할에 눈뜰 때가 왔습니다. 당신은 누구입니까? (중략) 당신은 대단히 두려워하는군요. 기자를 연출하는 것도, 부친을 연출하는 것도 아닙니다. 현실 사회는 너무도 가혹하여, 부친과 모친과 자녀와 아내와 남편을 연출하기에는 사람들이 너무 지쳐 있고 표리부동해서 원만하질 못합니다. 여기서는 모든 것이 거짓이며 안도 밖도 없습니다. 그러니까 전면적으로 허구를 뚫고 나아갈 수밖에 없습니다. 그럴 때 비로소 자신과 만날 수 있지요. 사막을 느끼는 겁니다. 고독을 느끼는 겁니다. 실감하는 겁니다. 확고한 사막에서 살아가기, 그것이 당신의 역할입니다."

이후 영화는 두 딸을 찾아 사막을 가로지르는 데쓰조의 꿈속으로 이동한다. 여기서 소노 감독의 분신으로서의 등장인물 남자가 말하는 '허구'는 '환상'이고, 사막을 살고 느끼는 '사막 가로지르기'는 곧 '환상 가로지르기'이다. 그러니까 "허구를 뚫고 나아가야 자신과 만날 수 있다"는 것은 환상을 가로지를 때 자신과 만날 수 있다는 말과 크게 다르지 않다. 라캉은 정신분석의 최종적인 종착역이 '환상 가로지르기'에 있다고 말한다. 정신분석학에서 말하는 '환상'이란 무엇인가? 지젝에 의하면 환상은 "주체의 아이덴티티를 규정하는 상징적 구성과 관련하여 탈중심화된 환원 불가능한 방식에 있어 주체 존재의 중핵이다."60) 이는 내가 나의 환상과 조우할 때 나의 상징적 정체성과 의미가 붕괴된다는 것을 뜻한다. 하지만 다른 한편으로 환상이란 주체 및 향유 모두에게 의미와 가치를 자리 잡게 하려는 시도이기도 하다.61) 환상의 기능은 대타자의 결여를 감추는 데에 있으며, 이를 통해 주체는 비로소 세계를 의미 있고 일관성 있는 것으로 경험할 수 있다는 말이다. 환상은 한편으로는 주체로 하여금 향유를 경험하게 하고 무의식적 욕망의 주체를 지탱하는 기능을 함과 아울러, 다른 한편으로 대타자의 결여를 메움으로써 상징적 질서를 의미 있는 것으로 경험하게 한다. 상징적 동일시는 궁극적으로 환상을 낳고 이 환상에 의존하며, 의미화 연쇄는 늘 불완전하다. 이 때문에 대타자는 결여로서 모습을 드러내고, 주체의 무의식적 환상은 이런 결여를 메우는 대상이 된다. 무의식적 욕망의 주체는 자기발견의 노정 위에서 이런 환상을 가로질러 가야 한다.62)

환상 가로지르기 후에 주체는 대상a가 결여를 메우고 있었다는 사실을 깨닫고 이번에는 자신의 결여와 대면할 수 있게 된다. 그리고 이렇게 자신의 결여를 경험함으로써 주체는 자신의 상징적 정체성을 지탱하고 있던 환상의 구도에서 비로소 벗어나게 된다.63) 요컨대 환상을 가로지름으로써 주체는 마침내 대상a로부터 분리되어 자신의 결핍을 경험

---

60) Slavoj Žižek, *Enjoy your Symptom!: Jacques Lacan in Hollywood and out*, New York and London: Routledge, 1992, p.162.
61) Ed Pluth, *Signifiers and Acts: Freedom in Lacan's Theory of the Subject*, New York: State University of New York Press, 2007, p.85.
62) Steven Z. Levine, *Lacan Reframed*, London: I.B.Tauris, 2008, p.44.
63) 양석원, 「욕망의 주체와 윤리적 행위」, 287-289쪽.

하게 되고 나아가 자신의 '비존재의 공백'을 받아들이게 된다.[64] 주체가
이데올로기를 벗어나는 것은 이와 같은 환상 가로지르기를 통해 주체의
결핍(결여)을 경험하고[65] 그럼으로써 상징적 아이덴티티를 폐기할 때
가능해진다. 지젝은 이런 행위야말로 상징적 질서를 전복하는 급진적이
고 참으로 진정한 행위라고 주장한다.[66] 〈자살클럽〉과 〈노리코의 식
탁〉에서 이런 '사막 가로지르기'='환상 가로지르기'에 무관심한 혹은 실
패한 자는 죄인으로서 비난받는다. 가령 〈자살클럽〉에서 한 어린아이가
구로다 형사에게 전화로 이렇게 말한다.

> "당신과 당신의 관계는 무엇입니까? 지금 당신이 죽는다면 당신과의 관
> 계는 어떻게 달라질 겁니까? 당신과 나의 관계는? 지금 당신이 죽어도
> 당신과 당신 아내와의 관계, 당신과 당신 자식과의 관계는 없어지지 않
> 습니다. 하지만 당신이 죽는다면 당신과 당신 자신의 관계가 사라지는
> 걸까요" 당신은 당신의 관계자입니까? 왜 당신은 다른 사람의 고통을
> 자신의 것처럼 느끼지 못했습니까? 왜 당신은 다른 사람의 고통을 자신
> 의 것처럼 나누지 못했습니까? 당신은 범죄자입니다. 당신은 당신의 일
> 밖에 생각하지 않는 형편없는 사람입니다."

이는 〈자살클럽〉이 주어진 기존의 상징적 아이덴티티를 자명하게
여기는 어른들의 세계와 현실 사회에 대한 아이들(아직 아이덴티티가
분명치 않은)의 복수 이야기임을 시사한다. 더 나아가 앞서 언급한 〈자

---

64) Slavoj Žižek, *The Ticklish Subject*, London: Verso, 1999, p.281.
65) Slavoj Žižek, *Looking Awry: An Introduction to Jacques Lacan through
    Popular Culture*, Cambridge: MIT, 1991, p.156.
66) Slavoj Žižek, *The Ticklish Subject*, p.266.

살클럽〉의 후반부 장면 즉 〈데저트〉 콘서트장을 찾아간 미쓰코에게 어린아이들은 "지금 당신이 죽는대도 당신과 연결된 세상은 남아 있죠. 그럼 왜 당신은 살고 있나요?", "당신은 당신과 관계가 가능합니까? 나와 당신의 관계 혹은 피해자와 가해자의 관계처럼 당신과 당신은 당신과 당신의 남자친구처럼 관계가 가능합니까? 당신은 당신의 관계자입니까? 당신은 당신을 추구하고 있습니까?(あなたに求められていますか)"라고 추궁한다.

홀로코스트와 같은 대량 학살이 일어난다 해도 세상은, 우주는 마치 아무 일도 일어나지 않았다는 듯이 무심하고 태연해 보인다. 모든 것을 집어삼키는 블랙홀은 나의 죽음이 아니라 나의 출생 이전에도 있었고 나의 죽음 이후에도 남아 있을 세상(상징계)이다. 그 세상과 내가 맺는 관계는 블랙홀 같은 세상의 자리에서 보면 '무'(nothing) 그 자체이다. 앞 장에서 언급한 '태연한 죽음'에는 바로 이런 '무'에 대한 감각이 깔려 있다. 그런 세상에서 살아야 할 이유는 무엇일까? 이 수수께끼에 대한 답의 실마리는 바로 '나와 나 자신과의 관계'에 있다는 것이다. 그것은 '세카이계'[67]에서의 '오직 나와 너만의 관계'도 아니고 히키코모리적인 닫힌 관계도 아니다. 오히려 그것은 나와 모든 세상, 우주 전체에 대해

---

67) '너와 나의 순애'만이 절대적인 가치를 가지는 것으로 묘사되는 서브컬처 작품군.『신세기 에반게리온』이나『최종병기 그녀』등이 대표적이다. 거기서는 남녀 주인공의 개인적 행동이나 순애가 '세계'의 운명을 좌우하는데, 그러나 둘의 순애만 지켜지면 지구가 멸망해도 상관없다고 묘사됨으로써 역사성이나 사회적 구체성이 소거된 채 센티멘털리즘과 폭력의 접속이 지극히 손쉽게 이루어지고 있다. 칸 사토코, 「근현대 일본의 연애사정: '한류' 열풍의 배경」, 『여성학논집』 23-1, 2006, 273-276쪽 참조.

활짝 열린 관계에 더 가깝다. 그런 관계는 무엇보다 '나의 텅 빈 결핍'을 요구한다.

지젝이 제시하는 정신분석의 윤리적 행위는 이런 주체의 결핍을 통해 상징적 아이덴티티로부터 철저히 일탈하고 궁극적으로 상징적 질서를 와해시키는 행위 안에 있다. 이때 이렇게 비워진 주체는 새로운 아이덴티티를 부여받게 될 것이다.[68] 라캉에게 상징적 질서는 주체의 결핍을 매개로 한 주체화된 구조를 가지고 있다. 그것은 완결되고 닫힌 구조가 아니라 균열을 지닌 열린 구조이다. 라캉적 주체는 바로 이런 균열의 지점에 위치한다. 주체는 이데올로기적 구조 안에서 자신을 실현하는 것이 아니라, 구조의 틈새에서 이데올로기의 바깥을 향한 상징적 죽음을 감수하는 행위를 통해 자신의 욕망을 추구한다. "당신은 당신을 추구하고 있습니까?"라는 물음은 이런 욕망의 추구와 다름없다.

하지만 그것은 불가능한 욕망일지도 모른다. 주체는 그 자체를 인식할 수 없는 잉여가 있는 한에서만 주체로서 존재하며, 그 자신의 근본적인 불가능성을 통해서만 존재할 수 있기 때문이다.[69] 즉 주체는 영원히 완전한 존재론적 아이덴티티를 획득할 수 없다. 이는 주체의 역설이다. 라캉에게 빗금 친 주체(텅 빈 주체)와 그 주체의 욕망의 대상원인(대상a, 주체 안의 결여를 구현하는 잔여분)은 상관적이다. 즉 주체화에 저항하는 어떤 잔여분, 주체가 인식할 수 없는 어떤 잉여나 틈새가 존재하는 한에서 주체가 존재한다. 구미코의 우에노역 54번 코인락커는 그녀

---

68) 양석원, 「욕망의 주체와 윤리적 행위」, 293쪽.
69) Slavoj Žižek, *The Fragile Absolute*, p.28.

에게 이런 틈새로서의 의미를 함축하고 있었다.

이제 우리는 〈노리코의 식탁〉의 마지막 장면에 가까이 와 있다. 데쓰조는 "내가 잘못했어…. 이 집에서 다시 태어나자. 여기서 우리는 일단 죽은 거야."라고 말하고, 3시간의 렌털 연장이 끝나자 딸들은 "행복했다"고 말한다. 미쓰코인지 노리코인지 모를 여자의 웃음 뒤에는 그녀가 가출하던 날 밤처럼 "모두가 잠들기 전에 이 집이 정전이 되었으면…"하는 미련이 남아 있다. 그러나 집 구석구석은 이 '검은 태양'에게는 너무 환했다. 한편 언니 노리코가 가출할 때 입었던 외투를 입고 잠자리를 빠져나온 유카는 잠든 데쓰조에게 "아빠 고마워요"라고 말하고 밖으로 나온다. 차가운 새벽 공기를 맞으며 이번엔 그녀가 노리코 대신 소매 실밥을 뜯어내어 길바닥에 버린다. 시내로 통하는 내리막길로 걸어가면서 유카는 지금까지와는 다른 곳으로 가고 싶다고 독백한다. 잠에서 깬 노리코는 "엄청난 기분을 작은 잔에 담으면 넘쳐흐르지. 그걸 눈물이라고 해."라고 말하면서 유카와 그녀의 지나간 청춘의 시간들과 '렌털 아이덴티티'(미쓰코)와 '폐허닷컴'에게 안녕을 고하며 "나는 노리코"라고 독백한다. 그러자 영화의 막이 내린다. 이로써 렌털 아이덴티티도 영원히 장막 뒤로 사라져 버린 것일까?

5. 사막과 낙타: 당신은 당신과 관계하고 있습니까?

영화는 막을 내렸지만 영화가 제기하는 아이덴티티 문제에는 막 자체가 없다. 자살클럽 사이트의 화면에 뜬 "당신은 당신과 관계하고 있습니까?"라는 물음은 죽음충동, 향유, 상상계-상징계-실재계, 소외, 분리, 환상 가로지르기 등의 정신분석학적 개념들을 매개로 영화 속의 자살과 아이덴티티 유형들을 해석해낸 이후에도 여전히 그 잔여분을 남기고 있다. 그 잔여분을 "무엇이 사막이고 무엇이 낙타인가?"라는 물음으로 치환해 보면 어떨까? 소노 영화에 의하면, 모두가 '내 안의 분노'[70]로 고통받고 있는 이 시대에 사막과 고독을 직관하면서 사막을 가로질러 건너가기, 그것이 우리의 참된 역할이다. 그렇다면 어떻게? 『어린 왕자』의 여우는 "사막이 아름다운 건 어딘가에 우물이 숨어 있기 때문이지"라고 말하지만, 정작 사막을 견디게 해 주는 것은 오아시스가 아니다. 오아시스라는 환상을 가로질러 갈 수 있는 것은 낙타이다. 〈자살클럽〉의 걸그룹 '사막'(desert)은 동시에 '당연한 보답' 혹은 '포기'를 뜻하기도 한다. 라캉은 약자와 강자가 따로 있는 것이 아니라 실은 우리 모두가 근원적으로 취약한 '오인의 구조'를 가지고 있다고 보았지만, 그러나 사막은 모든 약함을 버리고 모든 강함을 취한다. 그렇다면 사막을 건너는 낙타는 강함

---

70) 모순이 그러하듯이 분노 또한 창조의 원동력이기도 하다. 소노는 한 인터뷰에서 도발적으로 이렇게 말한다. "나는 항상 세계에 대해, 일본에 대해, 거기로부터 우주 전체에 대해 분노하고 있다." http://www.excessif.com/cinema/actu-cinema/dossiers/guilty-of-romance-interview-sono-sion-6495543-760.html 참조.

에 속한 것일까? 여기서 '검은 태양' 구미코가 렌털가족회사 직원교육에서 행한 강연 내용과 데쓰조에게 한 말에 주목해 보자.

"어느 날 괴롭히는 자(A)와 괴롭힘 당하는 자(B)가 역할을 바꾸었다고 하자. A는 처음으로 괴롭힘당하는 아픔을 알고 오열한다. 그는 이후 결코 남을 괴롭히지 않게 될 것. 그러나 누군가는 B의 역할을 하지 않을 수 없다. 사람들은 누구나 잔이 아니라 샴페인의 역할, 꽃병이 아니라 꽃의 역할을 하고 싶어 한다. 하지만 세상은 잔과 꽃병을 필요로 한다. 누군가가 그런 역할을 해야만 한다. 이는 주인과 노예의 관계 혹은 자본주의의 논리일지도 모른다. 모두가 행복해지기 위해 각자의 역할을 맡는 것이다…연인들, 부부, 부모자식이 역할을 바꾸어 보라. 사자도 필요하고 토끼도 필요하다. 물론 사자와 토끼는 역할을 교환할 수 없다. 그러나 인간에게는 그게 가능하다. 누군가는 잡아먹고 누군가는 잡아먹혀야 한다. 그것이 서클의 '원환'(輪)이다. 거기에는 물론 모순이 존재한다. 참된 서클은 완전할 수 없다."
"데쓰조, 당신에게 두꺼운 윤곽선을 줄게. 그래서 당신은 사자가 되면 돼. 내가 토끼가 되어 드리지요. 나한텐 두꺼운 윤곽선은 필요하지 않아. 내 과거는 코인락커 안에서 썩고, 나는 더 높은 단계로 올라갈 것이니까요. 난 사람들이 받아들이고 싶어 하지 않는 토끼의 역할을 할 것입니다. 행복해지고 싶어 하는 사람들이 원하는 두꺼운 윤곽선에는 질렸어."

라캉은 하이데거가 비유로 언급했던 꽃병을 예로 들면서 '물'과 그것이 표상하는 사물의 이름(기표/기의) 사이에 존재하는 '구멍'을 설명한다. 즉 '물'과 그것의 이름 사이에는 구멍이 존재한다. 상식적으로 말하자면 꽃병은 재료에 의해 만들어진다. '무(nothing)'에서 만들어지는 것은 없다. 그러나 분석적 측면에서 볼 때 꽃병은 실재계 중심의 실존인 '무'

를 표상한다. '물'의 표상 안에 나타나는 이 빈 공간(꽃병의 빈 공간)은 '무'이다. 토기장이는 손으로 이 빈 공간의 둘레에 꽃병을 만들고 그 구멍으로부터 그리고 그 구멍 저편에 창조자처럼 꽃병을 만든다. 인간도 '물'을 중심으로 실존하는데, 이 '물'의 실존을 알려주는 것은 바로 기표이다. 그러나 기표는 '물'의 본질을 알려주지는 못한다. 빈 공간으로부터 기표만이 계속해서 발생될 뿐이다. 그래서 '물'의 본질은 알지 못하고 기표의 실존만이, '물'의 파생물만이 허용되는 인간은 "기표 때문에 괴로워한다."[71]

한편 라캉은 '존재'와 '의미'를 대비시키면서, 인간이 존재를 선택하면 주체는 사라지고 무의식인 비의미에 속하게 되며, 의미를 선택할 경우 비의미를 빼앗긴 채로 살아남게 된다고 말한다. 물론 우리가 주체가 되고자 한다면 어쩔 수 없이 의미(대타자)를 선택할 수밖에 없다. 이는 우리가 언어(기표)에 의지하는 한 피할 수 없는 강요된 선택이다. 라캉은 이런 강요된 선택을 헤겔의 '주인과 노예의 변증법'에서 빌려 왔다. 헤겔에 의하면 주인과 노예는 명백히 상호 인정의 관계에 갇혀 있다. 주인이 주체가 되기 위해서는 노예로부터 그렇게 인정되어야 한다. 노예 또한 주인에 의해 그렇게 인식되었기 때문에 자신이 노예임을 아는 것이다. 그러므로 주인은 그의 아이덴티티가 노예의 인정을 받을 때에만 자신의 인생을 자유롭게 영위할 수 있다. 그러나 이 변증법의 역설은 긍정적인 것이 항상 부정적인 것으로 뒤바뀐다는 것이다. 주인은 그의 아이덴티

71) Jacques Lacan, *The Ethics of Psychoanalysis (Seminar VII)*, pp.120-121.

티에 대한 인정을 위해 노예에게 의존하기 때문에 결코 자유로울 수 없는 반면, 노예는 자기 확인을 위한 다른 근원(노동)을 가지고 있으므로 주인에게 의존하지 않는다. 만약 이처럼 노예의 아이덴티티가 그의 노동을 통해 확증되는 것이라면 자유로운 사람은 주인이 아니라 노예라는 것이다.[72] 이런 헤겔과 라캉의 통찰에 비추어 구미코의 생각(실은 소노 감독의 생각)을 읽어 보자면 아래 〈표 2〉와 같은 도식으로 정리될 수 있겠다.

〈표 2〉 무엇이 사막이고 무엇이 낙타인가

아이덴티티 역할게임	사막	주인	꽃	샴페인	가해자	강자	사자	의미	행복	어른	에로스	상징계	두꺼운 윤곽선
	낙타	노예	꽃병	잔	피해자	약자	토끼	존재	자유	아이	타나토스	실재계	희미한 윤곽선

사막은 두꺼운 윤곽선을 지닌 주인들(가해자, 강자, 사자, 어른)이 세상(꽃, 샴페인, 의미, 행복, 에로스, 상징계)을 지배하는 상상계적 공간이다. 이에 비해 낙타는 희미한 윤곽선을 지닌(경계를 설정할 수 없는)

---

72) 코제브는 이 변증법을 기본적으로 욕망과 인식의 투쟁으로 읽었다. 주인과 노예는 인정을 위한 상호투쟁 속에 갇혀 있다는 것이다. 어느 한 쪽도 타자의 인정이 없이는 존재할 수 없다. 그러면서도 양자는 서로에게 최악의 적이다. 이는 목숨을 건 투쟁인 동시에 만약 한쪽이 죽는다면 다른 편 또한 죽을 수밖에 없는 싸움이다. 그런데 라캉에 의하면 이런 변증법적 과정이 상상계 내에서 일어난다는 것이다. 라캉은 거울단계에 대한 설명에 공격성이라는 요소를 첨가함으로써 자기와 타자 사이의 관계를 근본적인 대립관계로 상정한다. 라캉에 의하면 어떻게 "한 인간이 다른 인간 안에 존재하는가"를 드러낸 것은 헤겔의 위대한 통찰이었다.(Jacques Lacan, *The Ego in Freud's Theory and in the Technique of Psychoanalysis, 1954-55 (Seminar II)*, p.72; Sean Homer, *Jacques Lacan*, pp.23-24).

노예들(피해자, 약자, 토끼, 아이)이 응시하는 '물(꽃병, 잔, 존재, 자유, 타나토스, 실재계)'을 표상한다. 사막과 낙타는 주인과 노예가 그렇듯이 한쪽이 없어지면 스스로도 존재 이유를 상실해 버리게 되는 그런 관계에 있다. 따라서 사막과 낙타의 관계는 양자택일이 아닌 역할의 문제일 뿐이다. 그것은 일종의 아이덴티티 역할게임이다. 이것이 "당신은 당신의 관계자입니까?"라는 물음에 대해 소노 영화가 제시하는 하나의 답변이다. 그리하여 "당신은 당신의 관계자입니까?"라고 묻는 주체(낙타)는 사막(세상)을 다음과 같이 정의한다.

> "자살클럽 따위 존재하지 않아요. 그것은 당신들의 무관심과 호기심이 낳은 겁니다. 그것은 자살서클, 즉 원환(輪)입니다. 예전 코인락커에서 태어난 아마테라스를 상상해 보세요. 현대의 아마노이와토는 우에노역 코인락커 54번에서 시작된 겁니다. 이 세상이야말로 자살클럽입니다."

6. 금지의 사회에서 향유의 사회로

이처럼 소노 시온은 허구의 자각 위에서 연기 혹은 유예하는 주체의 문제에 직면하여 그 허구를 정면으로 돌파할 것을 주창하면서 등장인물의 입을 통해 "이 세상이야말로 자살클럽"이라고 말한다. 자살클럽으로서의 현대일본사회라는 발상은 라캉주의자 맥고완의 표현을 빌자면, 어쩌면 '금지의 사회에서 향유(주이상스)의 사회로' 라는 포스트 고도성장기 일본사회의 변용을 시사하고 있는지도 모른다. 금지의 사회에 있어 '금지'란 곧 '향유의 금지'를 의미한다. 그 금지를 통해 작동하는 상징은 대상에게 아이덴티티를 부여하고, 금지에 기초한 상징적 질서는 일종의 사회계약을 구성하며 그것은 아무도 과도하게 누리지 못하도록 향유를 보호하고 관리하여 든다. 그 결과 상징적 질서는 거기에 속한 주체들의 상실로 가득 차게 된다. 요컨대 금지의 사회는 모든 구성원이 사적인 방식으로 소유하는 향유를 사회질서를 위해 희생할 것을 요구한다. 금지의 사회 일본에서 향유의 금지를 명하는 '아버지의 이름'의 궁극적인 대행자는 세켄(世間),[73] 국가, 천황 등이었다. 그런 대행자들의 금지 명령에 따르는 것이 곧 '장(場)의 윤리'로 불렸으며, 그것이 일본인들의 사고와 행동을 지배해왔다. 영화(나아가 핑크영화와 로망포르노에서 심지어 AV[74]까지도 포함하여)는 물론이고 다양한 서브컬처를 포함하는 전후 일본문화는 이런 금지에 대한(혹은 금지 안에서의) '허용된 위반' 위에 세워진 상징적 구축물과 다름없었다.

이와 더불어 포스트 고도성장기를 지나면서 '장의 윤리'가 작동하는 일본사회의 상징계에서는 '위반'을 포함하면서도 그것과는 본질적으

---

73) '사회'라기보다는 비교적 좁은 범위의 인간관계(가령 회사, 관공서, 대학학부, 동아리, 동창회 등)를 가리키는 독특한 일본문화론적 개념. 일본인은 자기 자신보다도 이런 세켄을 더 중히 여기며 행동한다고 여겨질 만큼 강력한 구속력을 가진다.

74) 핑크영화는 1960년대 중반에 성립한 저예산의 에로영화장르이며, 이를 보다 고급화한 로망포르노는 1971년에서 1988년까지 17년 동안 닛카쓰(日活)에서 양산해 낸 에로물 브랜드를 가리킨다. 오시마 나기사, 스오 마사유키, 구로사와 아키라 등 수많은 명감독들에게 사회적 저항의 장으로서 간주되기도 한 이런 에로장르는 현대 일본영화사에서 독특한 위치를 차지하고 있다. 한편 AV(Adult Video)는 일본의 포르노물을 뜻하는 약어이다.

로 상이한, 무언가 심각한 균열이 생겨나기 시작했다. 앞서 살펴본 소노 시온의 영화는 바로 그런 균열에 대한 예민한 감각을 보여준다. 그 위기의 감각은 무엇보다 일본사회를 '렌털 아이덴티티'라든가 '자살클럽'으로 묘사하는 데에서 극적으로 형상화된다. 거기서 우리는 죽음과 무화(無化)를 욕망하는 '향유'의 지독한 내음을 맡지 않을 수 없다. 일반적으로 향유의 사회는 구성원에게 전체를 위해 개인적인 향유를 희생하도록 요구하는 대신, 반대로 향유를 가지라고 명한다. 이런 의미에서 무사(無私)라는 일본의 전통적 가치는 더 이상 종래와 같은 집단적인 설득력을 가지기 힘들어 보인다. 이 점은 1990년대 말 이래 급속하게 전개되어 온 '공공철학' 담론75)이라든가 참된 '자기 찾기' 프로젝트로서의 '스피리추얼리티' 담론76) 등에서도 잘 엿볼 수 있다.

거기서 향유는 다양한 층위를 보여준다. 가령 사회질서(social order)와의 관계에서 그 사회질서 유지에 위협이 되는 향유(가령 근친상간, 살인, 자살 등)가 있는가 하면, 반대로 사회질서 유지에 필요한 향유(가령 사후의 보상이나 심판을 말하는 종교)가 있다. 이 밖에도 보다 큰 공동체적 선을 위해 개인적 향유를 포기할 때 생겨나는 향유(가령 전쟁을 수행

---

75) 1998년 이래 김태창의 주도로 진행되어 온 〈공공철학 교토포럼〉을 중심으로 전개되어 온 학문/철학/시민운동으로 종래의 '공사 이원론'을 넘어서서 '공공'개념을 매개로 하는 '활사개공'(活私開公)을 주창하면서, 오늘날 일본뿐만 아니라 중국과 한국 등에서도 하나의 붐을 일으키고 있다.
76) 1990년대 이후 '치유'와 '자기찾기'를 키워드로 하여 일본 서브컬처와 미디어, 출판계, 학술계 등에서 광범위하게 일어난 일종의 새로운 의식/문화운동을 가리키는 말. 이 스피리추얼리티 담론에 관해서는 박규태, 「'일본교'와 '스피리추얼리티': 현대일본인의 '정신'세계를 종교의 저울에 달아본다」, 서울대학교 일본연구소 편, 『일본비평』 5, 그린비, 2011, 136~147쪽 참조.

하는 군인들의 애국심)에서 사회적 권위가 허용하는 작은 위반으로서의 향유(가령 표현의 자유, 과음, 흡연, 복권, 경마, 포르노 등)에 이르기까지 다양한 층위가 존재한다.[77] 이 중 소노 시온의 시선이 무엇보다 먼저 사회질서 유지에 위협이 되는 향유와 그것이 초래하는 아이덴티티의 해체 및 역할게임의 문제에 쏠려 있음은 말할 나위 없다.

　포스트 고도성장기 일본사회가 '금지의 사회'로부터 이와 같은 '향유의 사회'로 바뀌고 있음을 보여주는 사회문화적 징후들을 일일이 거론하는 것은 본고의 범위를 벗어나는 작업으로서 차후의 과제로 남겨둘 수밖에 없다. 여기서는 다만 2000년대를 전후하여 일본사회를 풍미했던 에반게리온 붐[78]을 비롯하여 세카이계[79] 등 아이덴티티의 위기감을 밑그림으로 하는 서브컬처적 상상력이 소노 시온 감독의 작품을 통해 새로운 옷을 입고 나타났으리라고 추정하는 데에 머무르기로 하자. 하지

---

77) Todd MacGowan, *The End of Dissatisfaction?: Jacques Lacan and the Emerging Society of Enjoyment*, pp.3-17.

78) 1995년 10월에서 이듬해 1996년 3월에 걸쳐 방영된 안노 히데아키 감독의 TV시리즈 애니메이션 〈신세기 에반게리온〉이 불러일으킨 기이한 열풍으로, 많은 사람들은 소년 주인공 신지가 자신의 아이덴티티를 회의하는 장면에 깊은 인상을 받았다. 일본사회에 제3차 애니메이션 붐을 초래한 이 작품은 차후 다양한 극장판 시리즈로 이어졌고, 2007년 이후에는 '에반게리온 신극장판'으로서 계속되고 있다.

79) 1990년대 말 이후 서브컬처 세계에서 만연하기 시작한 새로운 세계관으로 '포스트 에반게리온 증후군'이라 불리기도 한다. 〈신세기 에반게리온〉을 효시로 신카이 마코토 감독의 〈별의 목소리〉라든가 다카하시 신의 만화 〈최종병기 그녀〉 등에서처럼, 남녀 주인공의 순애적 2자관계를 중심으로 하는 작은 일상성의 문제와 세계의 위기라든가 지구의 종말과 같은 거대한 비일상적인 문제가 일체의 사회적 맥락을 매개로 하지 않은 채로 직결되어 묘사되는 작품군을 가리킨다.

만 소노 시온의 영화적 상상력은 궁극적으로 라캉과 통하는 윤리적 주체의 탄생을 꿈꾼다는 점에서 윤리적 프로젝트와의 완전한 결별을 전제로 하는 세카이계적 상상력과는 근본적으로 상이한 차원을 내포하고 있다. 이런 소노 시온의 비전이 향후 일본사회의 변화를 또 어떤 방식으로 포착할 것인지 관심 있게 지켜볼 일이다.

현대일본생활세계총서 8

일본, 상실의 시대를 넘어서

VI

안전신화 붕괴와 소년범죄 담론*
미나토 가나에 『고백』을 통해 보는
법과 윤리의 진동

남상욱

1. 90년대 이후 일본 소설과 소년범죄

여러분은 소년법을 알고 있나요?

청소년은 미숙하고 발달 도상에 있기 때문에 국가가 부모를 대신해 최
선의 갱생 방법을 고려한다는 내용인데, 제가 10대였을 무렵에는 16세
미만 청소년은 살인을 저질러도 가정재판소가 인정할 경우 소년원에도
들어가지 않았어요. 아이가 순진하다니, 대체 어느 시절 이야기일까요.
소년법의 허점을 노려 90년대에 14, 15세 아이들에 의한 흉악 범죄가
빈번히 발생했습니다. 여러분이 아직 두세 살이었을 때지만, 'K시 아동
살상 사건'은 많이들 알고 있지 않나요? 범인이 협박장에 사용한 이름을
말하면 '아아, 그건가' 하고 기억해낼 사람도 있을지 모릅니다. 그런 사

---

* 이 글의 초고는 『일본학보』 제99호(2014)에 「소년범죄 신화를 통해 본 포스
트 고도성장기 일본사회의 변동—미나토 가나에 『고백』과 안전신화 붕괴 후
의 일본」이라는 제목으로 게재되었다.

건이 발생하자 세간에서는 소년법 개정 논의가 열기를 띠었습니다. 그리고 2001년 4월, 형사처벌 대상 연령을 16세에서 14세로 낮추는 내용을 포함한 개정 소년법이 시행되었습니다.

여러분은 열세 살이지요. 그렇다면 연령이란 대체 뭘까요?[1]

위는 2008년 출간되어 일본 서점가에 폭발적인 반응을 일으켰던 미나토 가나에(湊かなえ)의 장편소설『고백』도입부 중 일부이다.[2] 자신의 딸을 살해한 열세 살 중학생 소년들을 향해 벌이는 여교사의 복수라는 파격적인 내용을 일본 근대소설의 특징인 '고백'이라는 형식으로 탄탄하게 전개했다는 평가를 받는 이 작품은, 그 해 각종 미스터리 랭킹을 휩쓸고 다음 해 제6회 서점대상마저 수상했으며, 2010년 문고판으로 출간된 이래 2013년 8월까지 누적 250만 부가 팔릴 정도로 대히트를 거뒀다.[3] 열세 살 학생들이 교사의 딸을 살해하고, 교사가 그 학생들에게 보복을 가한다는 매우 잔혹한 내용의 이 작품이 일본에서 이렇게까지 큰 반향을 불러일으킨 것은 무엇 때문일까.

소설의 형식적 특징으로부터 그 이유를 설명할 수 있을지도 모른다. 자신이 담임을 맡고 있는 반에 딸을 살해한 학생이 있다고 하는 여교사 유코의 '고백'을 시작으로 전개되는 이 작품은 그 살해의 동기, 진행

1) 미나토 가나에(김선영 옮김), 『고백』, 비채, 2009, 28쪽.
2) 湊かなえ, 『告白』, 双葉社, 2008.
3) 2010년에는 마쓰 타카코가 주연한 영화로 만들어져 그 해 일본 아카데미의 최우수 감독상 등 4개 부분을 수상하게 되었고, 한국에서는 2010년 부천판타스틱 영화제를 거쳐 2011년에 3월에 정식 개봉되었고, 흥행에는 성공하지 못했지만 케이블을 통해서 많은 사람들이 접하게 되었다.

과정 등이 여교사의 시점에서만이 아니라, 두 가해자 학생인 슈야와 나오키, 그리고 그들에 의해서 새롭게 살해된 미즈키와 나오키의 어머니의 관점에서도 그려지고 있는데, 옮긴이 김선영의 지적대로 이러한 '옴니버스 스타일의 독백 형식'[4]은 하나의 사건을 복수의 관점에서 바라보게 만들어주며 미스터리 소설을 읽는 재미를 배가시킨다.

하지만 이러한 형식을 『고백』이 최초로 선보인 것은 아니다. 아쿠타가와 류노스케(芥川龍之介)의 「덤불 속」(薮の中)에서 살해 사건의 진상을 관련자들의 고백을 통해서 드러내고자 하는 형식적 스타일이 출현한 이래로, 일본문학에서는 이러한 형식이 다양한 식으로 변주되어 왔다. 그렇다면 『고백』의 특징은 위의 인용에서 언급하고 있는 'K시 아동 살상 사건'으로 대표되는, 90년대에 벌어진 소년에 의한 흉악 범죄와 그 이후 전개된 소년법의 개정이라는 문제를 작품의 근원적 문제의식으로 설정하고 있다는 것과 더욱 깊은 관련이 있다고 봐야 하는 것은 아닐까.

다시 말해 작가 미나토는 소설 속의 한 소녀의 죽음을 단순히 우연한 개인의 불행으로 치부하지 않고, 지난 10년 동안 일본사회에서 벌어졌던 일련의 사회적 변동과의 관계성 속에서 생각하도록 독자들을 유도함으로써 미스터리 작품의 한계를 뛰어넘어 공공성을 획득한 것이다.

물론 90년대 이후 일본문학에서 『고백』만이 소년범죄를 다루고 있지는 않다. 한국에도 잘 알려진 작가들 중에서도 재일교포 작가 유미리(柳美理)와 무라카미 하루키(村上春樹)가 소년범죄를 다루고 있다. 즉,

---

4) 김선영, 「역자후기」, 『고백』, 271쪽.

유미리는『고백』이 나오기 딱 10년 전인 1998년, 가정 폭력을 행사하는
아버지를 살해한 중학교 2학년생을 다룬『골드 러쉬』5)를 발표했고,
2002년 무라카미 하루키가 발표한『해변의 카프카』6)도 15세의 소년이
'너는 언젠가 그 손으로 아버지를 죽이고, 언젠가 어머니와 섞이게 될 것
이다'라는 아버지의 예언대로 아버지를 살해한 이후 벌어지는 소년의 행
적을 다루고 있다. 바야흐로 소년범죄는 90년대 이후의 일본 문학 속에
가장 주목받은 문제군이라고 해도 과언은 아닐 것이다. 그렇다면 왜 이
시기 일본 문학들이 소년범죄를 다뤘고, 이 작품들 사이의 차이는 무엇
일까.

　단, 그것은 글머리에 제시했던 인용 속에서 선생님 유코가 말하고
있듯이 일본의 90년대 이후의 아이들이 더 이상 '순진하지' 않고, 그들에
의한 흉악범죄가 갑자기 크게 증가했기 때문은 아니라는 점에 주의할
필요가 있다. 도이 다카요시(土井高義)는 2000년대 일억중류신화가 무
너지고, 격차화가 진행되고, 10대 빈곤율도 높아지고 있음에도 소년들
의 범죄는 오히려 줄고 있다고 지적한 바 있다.7) 90년대 중반 소년들에
의한 흉악범죄가 소폭 상승한 것은 사실이지만, 그의 관점에 따르자면
이 또한 고도성장기인 55년부터 65년에 비하면 미세한 차이에 지나지
않는다. 물론 오늘날 상당수의 일본인들이 소년범에 의한 흉악범죄가
증가하고 있다고 인식하는 점에 대해서는, 그도 2010년에 내각부가 발

---

5) 柳美理,『ゴールラッシュ』, 新潮社, 2001.
6) 村上春樹,『海辺のカフカ』, 新潮社, 2002.
7) 土井隆義,『若者の気分 : 少年犯罪〈減少〉のパラドクス』, 岩波書店, 2012, 11-13쪽.

행한「소년비행(少年非行) 등에 관한 세론조사」[8]을 근거로 인정하는 편이다. 하지만 그러한 인식은 어디까지나 "소년범죄의 흉악화"를 운운하는 자극적인 기사로 시청률을 올리려는 미디어에 의해서 만들어진 것일 뿐이라고 그는 주장한다. 요컨대 도이의 의견에 따르자면 90년대 후반부터 "소년범죄의 흉악화(凶惡化)"는 시청률 경쟁을 이기기 위해서 자극적인 뉴스를 생산하는 미디어에 의해서 만들어진 일종의 신화에 지나지 않는다.

앞서 언급한 유미리와 무라카미 하루키의 작품들은 소년범죄가 인간 내면에 보편적으로 내재하는 살부충동(殺父衝動)의 일환이거나 소비사회 속에서 타락한 부모세대에 대한 정당방위임을 밝히는 식으로 소년들의 행위를 옹호하고 갱생을 유도함으로써, 미디어가 만들어낸 이러한 신화에 대응하고자 한 작품으로 볼 수 있다. 하지만 미나토 가나에의 『고백』에서는 범죄를 저지른 소년들을 옹호하기는커녕 범죄 피해자에 의한 철저한 응징이 정당화되고 있다. 이러한 내용의 『고백』이 일본대중들에게 폭발적인 호응을 불러일으켰다는 것은 문제적인데, 그것은 단순히 이 작품이 왜곡된 '현실'에 근거해서 '복수'라는 '전근대적'인 정념을 정당화하고 있기 때문만은 아닐 것이다. 문제는 『고백』에는 범죄를 저지른 소년의 갱생보다는 그에 대한 응징을 더욱 '리얼'하다고 느끼도록 만든 지난 10여 년간의 일본인들의 의식세계가 응축되어 있다는

8) 일본 내각부에 의한 여론조사에 의하면 약 75%의 응답자가 이전에 비해 소년범죄가 증가하고 있다고 대답했다고 한다. 内閣府,「少年非行等に関する世論調査」, 2010. http://www8.cao.go.jp/survey/h22/h22-shounenhikou/zh/z01.html.

점에 있다.

이 글은『고백』에 투영된 현대 일본인들의 의식 세계를 '소년범죄의 흉악화'라는 신화 탄생 이후의 담론과 제도적 변화 속에서 추적함으로써, 일차적으로는『고백』이해를 돕기 위한 콘텍스트를 제공하고, 나아가 이를 통해서 90년대에서 2000년대에 걸쳐 일어난 일본사회의 변화를 드러내는 데 그 목적이 있다.

2. 고도성장기에서 포스트고도성장기로
: 안전신화의 붕괴 속에 진동하는 윤리

먼저 앞서 살펴본 인용 속에 등장했고『고백』의 문제의식의 기원이 되는 'K시 아동 살상 사건'에 대해서 살펴보도록 하자.

1997년 5월 하순, 고베시 ○○중학교 교문 앞에 초등학생으로 보이는 아이의 잘린 두부가 발견된다. 나이프로 파손된 입에는 사카키바라 세이토(酒鬼薔薇星斗)라는 이름으로 작성된 '도전장'이 물려 있었는데, 그 내용은 '우둔한 경찰'에게 '살인이 유쾌하고 유쾌해서 참을 수 없'는 자신을 제지해보라며 도발하는 것이었다.[9] 공권력을 향한 도발이 담긴 도

---

9) 원문은 다음과 같다.
　자, 게임의 시작입니다./ 우둔한 경찰 여러분/ 나를 제지해봐/ 나는 살인이 유쾌하고 유쾌해서 참을 수 없다/ 사람의 죽음을 보고 싶어서 참을 수 없다/ 더러운 야채들에게는 죽음의 재판을/ 적년의 큰 원한에게는 유혈의 판결을/ SHOOLL KILL/ 학교살사(學校殺死)의 사카키바라(酒鬼薔薇) //사카키바라세이토(酒鬼薔薇星斗) ← 草薙厚子,『少年A 矯正2500日全記録』, 文芸春秋, 2006.

전장의 내용은 미디어를 통해 즉각 보도되었고, 미디어에서는 이 '텍스트'를 통해서 범인상을 추측하고자 하는 다양한 시도가 행해졌다. 당시 미디어에 등장한 대부분의 식자들은 범인상으로 40대 남자를 지목했다. 그런데 1개월 후에 경찰에 의해서 체포된 자는 유체의 두부가 놓인 학교에 다니는 14세의 소년(이하 소년 A)이었다. 당초 예상과는 달리 14세 소년이 범인인 데다가 이 사건이 2월과 3월에 발생한 노상 '도리마(通り魔: 묻지마 살인사건) 사건'의 일부임이 수사과정에서 밝혀짐에 따라 이 사건은 '사카키바라 사건'에서 '고베연속아동살상사건'으로 명칭이 바뀌었고, 일본사회는 충격에 휩싸였다.

그 충격은 2년 전인 1995년 1월 17일 고베대지진과 같은 해 3월 도쿄 지하철에서 벌어진 옴진리교에 의한 독가스 테러 사건의 그것에 필적한다고 해도 과언이 아닐 것이다. 무엇보다도 이 사건들은 모두 전후일본의 '안전신화'가 임계점에 도달했음을 직접적으로 드러내면서 일본인들의 '생'을 불안하게 만들었다는 점에서 공통점이 있다.[10] 고베대지진이 국토개조 이념하에 피동적 형태로 남아 있었던, 일본열도가 지니고 있는 항상적인 능동적 위험성을 환기시켰고, 옴진리교 사건이 일본국헌법

33쪽.

10) 통계적 수치만 놓고 봤을 때, 일본은 서구 국가들에 비해 범죄율이 낮은 것처럼 보이지만, 일부의 범죄 전문가들은 일본의 범죄가 늘어나고 있다고 주장했다. 예컨대, 형법 전문가인 마에다 마사히데는 1990년 이후 형법유죄인 증가율은 소폭 상승했다고 주장했고, 사와노보리 도시오 또한 전체 범죄율 중에서도 소년범죄율이 소폭 증가했다고 주장하면서 일본의 '안전신화'에 대해 강한 의문을 제기하기도 했다. 澤登俊夫, 『少年法』, 中公新書, 1999, 14-20쪽; 前田雅英, 『少年犯罪―統計からみたその実像』, 東京大学出版会, 2000, 16-31쪽.

이 규정하는 종교의 자유가 오히려 사회의 위험요소가 되었음을 드러냈다면, 고베연속아동살상사건은 일본인들의 '안전'이 바로 자신들의 후속세대인 '소년'에 의해서 현재진행형으로 무너지고 있음을 보여준 것이다. 고베대지진은 고도성장이 끝난 시기에 부흥에 대한 기대감을 불러일으켰지만, 고베연속아동살상사건은 현재에 대한 불안과 미래의 전망을 어둡게 했다는 점에서 더욱 충격적이었다.

물론 희생자의 수만을 놓고 봤을 때 고베연속아동살상사건은 고베대지진과 옴진리교 사건에 필적할 수는 없다. 그 때문인지 1995년의 사건들은 처음부터 전후 일본사회 전체의 문제로서 무겁고 진지하게 다뤄졌다면, 1997년의 사건은 범인이 14살 소년임이 밝혀지면서부터 미디어상 논의의 초점이 소년의 '비정상적'이고 '특이한 내면'을 밝히고 반복하는 데에 집중되었고, 그 과정에서 소년과 사회와의 관련성은 점점 축소되어갔다. 다시 말해 1995년의 사건들은 발생 직후부터 일관되게 전후 일본 전체의 '안전신화'를 붕괴시키는 초월적 사건으로 인식되었다면, 1997년의 사건은 그 생생하고 잔혹한 폭력성에도 불구하고, 얼마 지나지 않아 한 개인, 혹은 가정의 문제로 축소된 채 가십거리가 되고 만다.

한 사건에서 사회를 분리시키려는 이러한 담론 서사의 전환은, 다음 장에서 살펴보겠지만 직접적으로는 소년법에 의한 가해자 소년의 정보 유출 규제에 의한 단기적인 효과였을 뿐, 실제로는 시간이 지나갈수록 사회학자들 사이에서 소년범죄는 전후 일본사회의 변동을 드러내는 매우 상징적인 사건으로 인식되기에 이른다.

예를 들면 2000년대 들어 우치다 류조(内田隆三)가 최초로 고베연속아동살상사건의 의미를 진지하게 다룬 이래, 이에 호응하는 형태로 오사와 마사치(大澤真幸)와 요시미 슌야(吉見俊哉)가 각각 이 고베연속 살인사건의 의미를 각각 60년대와 80년대의 소년범죄들과 비교하면서 일본 사회 변동의 의미를 논했다.[11] 그중에서도 오사와는 고도성장기인 1960년대의 소년범죄가 '가족'을 이상(理想)으로 삼는 시대에 그로부터 소외된 소년에 의해서 벌어졌다면, 고도성장이 끝나가는 1980년대 이후 의 소년범죄는 그 '이상'이 붕괴된 상황에서도 여전히 '가족'이라는 허구 에 리얼리티를 느끼는 소년에 의해서 벌어졌다고 파악하고 있다. 이러 한 오사와의 분석은 소년범죄의 원인을 개인적 동기가 아닌, 사회가 지 향하는 가치관 속에서 찾고 있는 대표적 사례이며, 그의 분석을 통해서 소년범죄가 고도성장기와 포스트고도성장기의 일본사회의 차이를 설 명하는 데 매우 유효하다는 것을 확인할 수 있다.

하지만 그들은 이러한 소년범죄가 그 이후 일본 사회에 어떤 파급 력을 불러일으켰는지에 대해서는 논의하고 있지 않다. 앞서 언급했듯이 소년범죄가 일본의 '안전 신화'에 균열을 가했다고 볼 수 있다면, 이러한 폭력에 대해 일본은 어떻게 대처해야 하는가에 대한 담론이 없었다고 할 수 없다. 이러한 담론의 흐름을 살펴보는 것은 고베연속아동살상사 건 이후의 담론적 질서 속에서 리얼리티를 찾고 있는 『고백』을 이해하기 위해서도 불가피한 것은 아닐까.

실제로 고베연속아동살상사건은 윤리와 소년법을 둘러싼 논쟁들

---

11) 內田隆三, 『国土論』, 筑摩書店, 2002, 444-484쪽; 大澤真幸, 『不可能性の時代』, 岩波新書, 2008. 67쪽; 吉見俊哉, 『ポスト戦後社会』, 岩波新書, 2009, 111쪽.

을 불러일으켰다. 앞서 본 인용에서 화자인 요코 선생은 고베연속아동
살상사건 이후 바로 소년법 개정 논의가 시작된 것처럼 그리고 있지만,
실은 그 사이에 '왜 사람을 죽여서는 안 되는가'라는 윤리를 둘러싼 담론
이 전개되었음을 놓쳐서는 곤란하다.

같은 해 8월 15일, '우리들의 전쟁─왜 사람을 죽여서는 안 되는가'라
는 특집으로 편성된 TBS 텔레비전의 ≪지쿠시 데쓰야 NEWS23(筑紫哲也
ニュース23)≫에 출현한 한 고등학생이 '사람을 죽여서 안 되는 이유를
모르겠다. 자신과 주위 사람들은 벌(罰)이 무서워 사람을 죽이지 않지만,
그것은 사람을 죽이지 않는 이유를 납득하고 있는 것과는 다르다. 모두
사람을 죽여서는 안 된다고 생각하고 있지 않은 것은 아닌가'라는 취지
의 말을 했는데, 이러한 질문에 유미리를 포함한 다른 출연자들이 제대
로 대답을 하지 못한 사건이 벌어졌다.[12] 이 사건은 많은 지식인들에게
타자의 생명에 대한 윤리 의식의 부재가 소년 A만으로 국한되는 것은 아
니지 않은가 하는 의문을 낳게 만드는 계기가 되었고, 실제로 이후 '왜 사
람을 죽여서는 안 되는가'라는 물음에 관련된 담론이 출현하게 된다.[13]

사회학자 미야다이 신지(宮台真司)는 이러한 담론이 출현했다는
현상 그 자체가 전후 일본사회의 변동을 나타내는 중요한 지표임을 환
기시킨다. 왜냐하면 사람을 죽여서는 안 되는 이유가 필요해진 상황은,
반대로 사람을 죽여서는 안 되는 이유가 어디에도 없다는 것을 자명한

---

12) 柳美理, 『仮面の国』, 新潮文庫, 1998, 137쪽.
13) 特集「なぜ人を殺してはいけないのか」, 『文芸』, 河出書房新社, 1998년 여름호.
　　永井均·小泉義之, 「なぜ人を殺してはいけないのか?」, 河出書房新社, 1998.

것으로 만들기 때문이다.[14] 그렇게 생각하는 미야다이에게 위의 질문은 마치 인간이 반드시 사회 안에서 살아야 한다는 이유는 어디에도 없다고 생각하는 것과 동일선상에 놓인다는 점에서, 일본의 '탈사회화'의 징후로서 파악된다. 요컨대 그에게는 '왜 사람을 죽이면 안 되는가'라는 질문의 등장이야말로, 사회 안의 커뮤니케이션 속에서 형성된 가치관을 그 밑바닥에서부터 흔들면서 상대화한다는 점에서 '탈사회화'로 비쳤던 것이다.[15]

『고백』은 이러한 상황을, 선생님의 딸을 죽이고 동급생 미즈키를 죽인 후 학교에 폭탄을 설치한 와타나베 슈야의 다음과 같은 말을 통해서 드러낸다.

> 살인이 범죄라는 것은 이해할 수 있다. 하지만 악이라는 것은 이해할 수 없다. 인간은 지구상에 존재하는 수많은 물체들 가운데 하나에 지나지 않는다. 어떤 이익을 얻기 위해 어떤 물체가 소멸해야 한다면, 그것은 어쩔 수 없는 것은 아닐까? (중략)
> 살인은 악이다, 본능적으로 그렇게 느끼는 사람이 과연 있을까? 신앙심이 희박한 대다수의 이 나라 사람들이 철들 무렵부터 받은 교육 효과 때문에 그렇게 믿고 있을 뿐이 아닐까?[16]

슈야는 살인이 법률적으로 '범죄'로 규정되는 데에는 동의하지만, 윤리적으로 '악'으로 정의될 이유는 전혀 없다고 생각한다. 인간도 생명

---

14) 宮台真司・藤井誠二, 『「脱社会化」と少年犯罪』, 創出版, 2001, 20–21쪽.
15) 宮台真司・香川リカ, 『少年たちはなぜ人を殺すのか』, ちくま文庫, 2009, 25쪽.
16) 미나토 가나에, 『고백』, 207쪽.

체인 이상 다른 생명체처럼 어떤 '이익'-예컨대 자기 보존-을 위해 다른 생명체를 소멸시키는 것이 자연스러운 '본능'이라고 생각하는 그에게는, '살인은 악이다'라는 인식은 사회화의 과정인 교육에 의한 효과에 의한 것에 지나지 않는다. 미야다이식으로 바꿔 말하자면, 사회를 떠난다면 범죄가 악으로 취급받을 이유는 전혀 없는 것이다. 이러한 슈야의 생각이 맞는다면, 그의 범죄 행위는 교육의 실패를 의미하는 것이기도 하다. 그렇다면 이러한 교육 책임의 주체는 누구인가?

고베연속아동살상사건 이후 그 교육 책임이 학교에 있는지 가정에 있는지를 둘러싸고 논쟁이 벌어지는 가운데, 미디어는 이 범죄 책임의 주체를 부모로 몰아갔고, 그 결과 소년 A의 부모가 참회의 수기를 발간하는 지경에 이르게 된다.[17]

이렇게 자식이 저지른 범죄에 대한 책임을 부모가 지고, 그 대가를 치러야 한다는 생각은 『고백』에서도 엿볼 수 있다. 즉, 나오키의 잔혹한 범죄를 안 어머니가 자식을 경찰에 넘기는 대신, 자기 손으로 자식을 죽이고 자신도 죽으려고 결의하는 대목이 그러하다. 하지만 자식의 범죄를 부모가 책임을 져야 한다는 것은 과연 윤리적인가.

이와 관련해서 가라타니 고진(柄谷行人)은 『윤리 21』에서 엔지 후미코(円地文子)의 『식탁이 없는 집』(食卓のない家)을 예로 들면서, 부모가 자식의 범죄 행위에 대해서 사죄하는 것은 자식의 자유를 인정하지 않는 행위이며, 오히려 부모가 자식의 범죄 행위에 대해서 여론의 비난

---

17) 「少年A」の父母, 『「少年A」この子を生んで……: 父と母 悔恨の手記』, 文芸春秋, 1999.

을 감수하면서도 사죄하지 않는 것이야말로 '윤리적'이라고 말한다. 사회의 관행을 거스르지 않는 것을 '도덕'으로, 스스로 지켜야 할 법을 만들고 준수하는 것을 '윤리'라고 정의하는 가라타니는, 부모의 책임을 묻는 대신 '사람들이 아직 공격성에 대해서는 모르고, 생각도 하지 않는다는 것'에 놀라워하며, '죽음의 욕동' 혹은 '공격성'을 교과서에 실어야 한다고 주장한다.[18]

이러한 가라타니의 견해에 따르자면, 고베연속아동살상사건은 자기 안의 공격성을 인식하려는 노력이 수반되지 않은 채 폭력을 그저 '절대악'으로만 간주하고 터부시해온 전후민주주의 교육의 한계를 노출시키는 사건으로 볼 수 있다. 왜냐하면 전후민주주의 교육은 예를 들면 대동아태평양 전쟁 당시 일본군에 의해 저질러진 폭력을 인간의 본성이 아닌, 제국일본의 제도의 산물로 파악하는 데 더 많은 노력을 기울여왔기 때문이다.

『고백』에서 나오키의 어머니는 그러한 전후민주주의 교육을 상징하는 존재이다. '이웃과 친척 모두가 부러워하는' 가정에서 어머니로부터 '일반적인 교양이나 예의범절 등 세세한 부분까지 엄격하게 교육'받으며 자라난 그녀는, 자신의 아들이 사람을 죽였다는 사실을 담임선생님인 유코로부터 통보받은 후에도 이를 받아들이지 못하고, 아들의 히키코모리를 방치한다. 하지만 마침내 아들이 '인간의 마음을 잃고 당당하게 구는 살인자'라는 것을 확인한 그녀는, '실패해서 미안하'다고 사죄

---

18) 柄谷行人, 『倫理21』, 平凡社, 2003, 50~54쪽.

를 하면서 아들을 죽이려고 하지만, 자신의 존재를 '실패'로 보는 인식에 격분한 아들에 의해서 반대로 살해당한다. 그러한 어머니의 살해는 자식의 '폭력(가능)성'을 진지하게 고민해오지 않은 전후민주주의 교육의 파탄을 의미한다.

3. 소년법 개정과 법집행의 엄중화 : '포섭형 사회'에서 '배제형 사회'로

그렇다면 인간의 본능으로서의 폭력은 어떻게 저지할 수 있을까.

아이들 스스로가 폭력에 대해서 생각하면서, 스스로의 윤리를 만들어갈 수 있는 토양이 만들어지지 않은 상황에서 현실적인 미봉책으로 요청된 것이 바로 소년법의 개정이다.

소년법은 미성년자가 범죄를 일으켰을 경우 성인과 똑같이 형사법을 적용하는 대신 가정재판소에 의한 보호 갱생의 처분을 내리는 규정으로, 일본의 경우 1922년에 처음 제정되었다. 당시 미성년자의 연령은 18세였지만, 1949년 개정법에 따라 현재 20세로 규정되고 있다. 이러한 소년법은 범죄를 일으킨 소년의 '갱생', 즉 사회적 복귀를 전제로 하기 때문에 범죄를 일으킨 장본인인 소년에 대한 신상정보 공개의 차단을 불가피한 것으로 삼는다.[19] 앞서 언급했던 고베연속아동살상사건을 둘러싼 담론이 시간이 지남에 따라서 개인적인 사건으로 축소되게 된 것은

---

19) 澤登俊夫, 『少年法』, 中公新書, 1999.

바로 이러한 소년법의 법적 특성 때문이다.

이러한 소년법은 조크 영(Jock Young)이 말한 의미에서 '포섭 사회'(the inclusive society)의 특징을 대표한다. 영에 의하면 포섭 사회란 '타자를 증오하거나 외부의 적으로 간주하지 않고 타자가 "우리들"과 같은 인간이 될 때까지 그들의 사회화·갱생·치료에 전념하는 사회'인데, 이러한 사회에서 범죄자 같은 '타자'란 단지 '근대주의적 속성을 결여한 사람들'에 지나지 않는다.[20] 사실 20세기 중반 '법적·정치적 권리만이 아니라 고용·수입·교육·건강·주거에 관한 최저한의 사회적 권리가 보장된다'는 의미에서의 시민권 문제가 완전히 해결되고, 인류사상 희귀할 정도로 풍요로운 생활을 이룩한 구미국가들에게도 범죄자들은 고민의 대상이었다. 경제적으로 풍요로운 이들 국가들은 그들을 배제하는 대신 사회봉사활동, 카운슬링, 심리치료 등의 훈육을 통해서 일반적인 사회인들에게 '동화'시키는 방법을 택했는데, 그 이유에 대해서 영은 그러한 방법을 통해서 그들은, 자신들의 사회가 '완전한 사회'이며 자신들의 가치관이 틀리지 않았다는 것을 확인할 수 있었기 때문이라고 설명한다. 그런 맥락에서 본다면 소년범죄자의 인권에 대한 강조는 결국 자신들이 살고 있는 사회가 타자를 동화할 수 있는 능력을 가지고 있다고 하는 강한 자신감에서 비롯된 셈이라고 말할 수 있을지도 모른다.

소년의 '건전한 육성'을 표방하는 소년법은 일본 국내적으로 봤을 때, 해리 하루투니언이 적절하게 제시했듯이 '생명의 근원'에 대해서 경

---

[20] ジョック·ヤング, 『排除型社会―後期近代における犯罪·雇用·差異』, 洛北出版, 2007, 26-27쪽.

외심을 가지는 '착한 일본인'을 '기대되는 인간상'으로 설정했던 전후일본의 이념에도 부합된다.[21] 앞서 언급한 유미리나 무라카미 하루키의 작품들 역시 소년들의 갱생 가능성을 믿는다는 점에서 포섭 사회로서의 '전후일본'의 이념적 테두리 안에 있다고 볼 수 있다.

하지만 고베연속아동살상사건과 연이은 소년범죄는[22] 잔혹한 사건을 벌인 소년의 '갱생'까지도 시야에 넣는 소년법이 소년범죄를 억제하지 못할 뿐만 아니라, 범죄 피해자 및 피해자 가족의 알 '권리'를 침해함으로써 사실상 헌법의 이념에 위배되는 것은 아닌가 하는 의문을 불러일으킨다.

먼저 소년범죄자의 개인 정보 차단에 대한 의문이 범죄 피해자 가족으로부터 직접적으로 흘러나온다. 예를 들면 소년A에 의해서 희생된 소년 준의 아버지 하세 마모루(土師守)는 사건 발생 1년 후인 1998년 5월 24일, 신문사의 요청에 응하는 수기를 대리인을 통해서 발표하는데, 여기에 소년법에 대한 불만이 다음과 같이 기술되어 있다.

> 소년법의 기본적인 정신에는 나도 찬동하고 있습니다. 비행을 범한 소년 보호, 갱생을 고려하는 것은 중요하다고 생각합니다. 하지만 피해자

---

21) 해리 하루투니언(정기인·이경희 역), 『착한 일본인의 탄생』, 제이앤씨, 2011.
22) 고베연속아동살상사건 이후 소년법 개정 전까지 일어난 주요 소년범죄로서 1998년 도치기에 일어난 13세 소년에 의한 여교사 살해사건(도치기 여성교사 사살사건), 1999년 야마구치 현 히카리 시에서 일어난 18세 소년에 의한 모녀 살인사건(히카리 시 모녀 살해사건), 2000년 사가-후쿠오카 간 고속도로에서 일어난 17세 소년에 의한 니시테쓰 버스 납치사건(니시테쓰 버스 납치사건), 같은 해 오카야마에서 일어난 17세 소년에 의한 모친 살상사건(오카야마 금속배트 모친 살해사건) 등이 있다.

가 존재하는 비행, 특히 상해, 상해치사나 살인 등의 중대한 비행과 다른 경미한 비행을 같이 다루는 것은 용납할 수 없다고 생각합니다. 비행 소년에 인권이 있는 이상으로 피해자도 보호받을 수 있는 인권이 있다고 생각합니다.

헌법에서는 재판 공개가 원칙입니다. 피해자가 없는 비행의 경우는 상황에 따라 비공개하더라도 괜찮다고 생각합니다만, 피해자가 존재하는 비행의 경우에는 적어도 피해자 측에는 공개해야 하는 것이 당연하며, 피해자 측은 알 권리가 있다고 생각합니다.[23]

사건 후 소년법의 규제하에 가해자의 신원은 물론이고 그에 대한 조사, 심리 등이 모두 비공개적으로 진행되는 것과는 반대로, 범죄 피해자 가족은 미디어에 무방비로 노출되어 사생활 침해로 고통을 받게 된다. 이러한 부조리한 상황을 경험한 하세 마모루는 아들 준의 일주기를 맞이한 수기에서 '비행 소년에 대한 인권을 존중하는 만큼 피해자 및 피해자 가족의 인권을 존중해주지 않는' 소년법에 대해 직접적인 문제 제기를 했고, 같은 해 9월 이러한 피해의 상황을 훨씬 구체적으로 적은 책 『준』(淳)을 출간한다.

죽은 아들에 대한 추모와 소년법에 대한 문제 제기가 담긴 『준』의 출간은 2001년 개정 소년법 시행에 상당한 영향을 끼쳤다고 평가받고 있다. 즉, 개정 소년법은 기존의 소년법에서 규정하고 있는 형법죄 적용대상 연령을 16세에서 14세로 대폭 낮췄고, 고베연속아동살상사건 같이 사회적인 파장이 큰 사건의 경우에는 가정재판의 경우에도 검찰을 출석

---

23) 土師守, 『淳』, 新潮文庫, 2002, 196쪽(초판 1998년).

시키며, 피해자 가족의 요구가 있을 경우 심리과정을 공개할 수 있도록
한 것이다.

가해자 소년의 신상 보도 통제에 대한 불만은 하세 마모루에 한정
되지 않았다. 1999년 4월 14일 야마구치 현 히카리 시(山口県光市)에서
발생한 18세 소년에 의한 모녀 살해사건(히카리 시 모녀 살해사건)의 가
족으로서, 훗날 '전국범죄피해자의 모임'(내일의 모임)의 간사로서 모임
을 주도적으로 이끌어온 모토무라 히로시(本村洋)는 소년법이 가해자
의 신상에 대해 보도를 규제하는 것에 대해 반발해,『주간신초』(週刊新
潮)에 '아내와 딸의 목숨을 빼앗은 18세 소년을 왜 실명 보도하지 않는가'
라는 제목의 수기를 즉각 발표해 세간의 주목을 받기도 했다.[24]

소년법의 보도 통제에 대한 이러한 불만은『고백』에서 다음과 같은
형태로도 다뤄진다.

> 범인인 소녀가 블로그에서 그 이름을 사용했던 점에서 매스컴은 이 사
> 건을 '루나시 사건'이라 명명하고 '성실하고 얌전했던 소녀가 광기의 여
> 신 루나시가 되기까지' 어쩌고 하며 이중인격설까지 세워 흥미본위로
> 불을 지폈습니다. 이 소녀가 어떤 처분을 받았는지, 여러분 가운데 그걸
> 아는 사람이 과연 몇 명이나 있을까요? 그럴싸한 이름이 붙은 이 사건
> 은 범인이 미성년이라는 사실 때문에 얼굴과 실명을 가렸고, 잔인한 사
> 건 내용과 오로지 추측만으로 소녀의 마음속에 있는 어둠을 선정적으
> 로 다루었을 뿐, 중요한 진상은 하나도 알려지지 않은 채 잠잠해지고
> 말았습니다. 보도가 이래도 될까요? (중략) 저는 미성년이라는 이유로

---

24) 本村洋,「告発手記　妻と娘の命を奪った18歳少年をなぜ実名報道しない」,『週
刊新潮』, 新潮社, 1999. 9. 2.

얼굴 사진도 이름도 공표하지 않는다면, 범인이 자만에 빠져 붙인 이름
도 공표하지 않아야 한다고 생각해요.[25]

여기서 '루나시 사건'이란 일가족의 저녁 식사에 약품을 타서 그 증
상을 매일 블로그에 올린 한 13세 소녀가 마침내 청산가리를 섞어서 가
족을 모두 살해한 사건으로, 작가 미나토에 의해서 가공된 이야기이다.
미나토는 이 가상의 얘기를 통해서 소년법이 소년범죄의 신화화에 일정
부분 기여하고 있음을 설명하고자 한다. 즉, 소년법으로 인해 범죄를 저
지른 소년의 사진과 고유명을 공포할 수 없는 대신 '범인이 자만에 빠져
붙인 이름'만이 미디어에 오르내리게 됨으로써, 범죄의 리얼리티 대신
범인의 자아도취적 세계관이 신화화되는 것은 아닐까, 하는 것이 미나
토의 문제 제기인 셈이다.

실제로 고베연속살인사건 이후, 인터넷상에서는 범인인 소년 A가
스스로에게 부여한 '사카키바라세이토'를 숭배하는 사이트가 게시판 등
에 만들어진 바가 있고, 2000년에 버스 납치 사건을 일으킨 소년은 취조
과정에서 검거 후 소년 A를 숭배했을 뿐만 아니라, 동료의식을 느끼고
있었음을 고백한 바 있다.[26]

『고백』은 이러한 소년범죄의 신화화가 자극적인 기사거리를 찾는
미디어의 효과만이 아니라, 소년범죄의 잔혹성이라는 리얼리티를 은폐
함으로써 범죄를 조장하는 데 소년법이 전용되고 있기 때문에 발생된다

---

25) 미나토 가나에, 『고백』, 30쪽.
26) 鮎川潤, 『少年犯罪』, 平凡社新書, 2001, 159~160쪽.

는 것을 드러냄으로써, 법 외부에서 소년범죄를 처벌하고자 하는 의도를 합리화하고자 한다.

나아가 이러한 소년법에 대한 불신은 법 집행에 대한 불신으로 이어진다.

> 경찰에 진상을 말하지 않은 이유는 A와 B의 처벌을 법에 맡기고 싶지 않았기 때문입니다. 살의는 있었지만 직접 죽이지는 않은 A. 살의는 없었지만 직접 죽이게 된 B. <u>경찰에 출두시켜도 둘 다 시설에 들어가기는 커녕 보호 관찰 처분, 사실상의 무죄방면이 될 게 뻔합니다.</u> A를 감전시켜 죽여버릴까 하는 생각도 했어요. B를 익사시켜버릴까 하는 생각도 했습니다. 하지만 그런 짓을 해도 마나미는 돌아오지 않습니다. 그리고 두 사람이 자신의 죄를 반성할 수도 없습니다.[27]
>
> (밑줄은 인용자에 의함)

『고백』에서 유코 선생님이 법제도를 경유하지 않고 가해자 소년들이 먹는 우유팩에 HIV에 감염된 피를 넣는 식의 개인적인 방식으로 복수를 감행하는 이유는, 위의 인용에서 보듯이 단순히 두 소년의 범죄의 형식이 매우 특이해서 유죄 판결을 얻어내기가 쉽지 않다는 것을 깨달았기 때문만은 아니다. 유죄를 받더라도 '사실상의 무죄방면'이 될 것이 뻔하다는 유코 선생의 인식 속에는 소년범죄에 대한 엄벌이 전후 일본의 관례상 어려웠다고 하는 현실 인식이 깔려 있다.

예를 들면, 앞서 언급한 히카리 시 모녀 살해 사건의 가족이었던 모토무라는 재판과정에서 가해자 소년에게서 반성의 기미가 보이지 않는

---

27) 미나토 가나에, 『고백』, 54쪽.

데도, 2000년 1심에서 검찰에 의한 사형 구형이 기각되고 무기징역으로 바뀌자, 기자회견을 통해 '사법에 절망했습니다. 공소(控訴), 상고는 바라지 않습니다. 빨리 피고를 사회로 내보내서 내 손이 닿는 곳에 놓아두었으면 합니다. 내가 이 손으로 죽이겠습니다.'라고 발언한다. 이 모토무라의 발언은 세기 전환기 일본인들의 법에 대한 불신을 보여주는 상징적인 사건이다.

하지만 사건 담당 검사의 설득으로 마음을 바꾼 모토무라는 항소에 항소를 거듭한 끝에, 『고백』이 출간된 해인 2008년 4월 25일 최고재판소에서 범인의 사형판결을 이끌어냈고, 2012년 2월 변호인단의 상고 포기에 의해서 형이 확정되는

〈그림 1〉『아사히신문』, 2008. 4. 23.

'쾌거'를 거둔다. 한때 법에 실망했지만, 법 테두리 안에서 원하는 결과를 마침내 이끌어냈다는 점에서 모토무라의 행위는 무너진 법의 권위를 회복하는 데 기여했다고 평가받게 된다.

실제로 그는 최종 판결 후 인터뷰에서 자신이 개인적인 복수 선언을 철회하고 법질서 속에서의 '투쟁'을 시작한 계기를 다음과 같이 회상한다.

(담당 검사는) '모토무라 씨도 공부해서 알겠지만, 이 나라는 판례주의야. 하지만 그것은 이상해. 하나하나의 사안을 보고 생각해야 해. 검찰

로서는 그런 식으로는 말할 수 없지만, 당신 입장에서는 말할 수 있다. 당신은 기자회견에서 (소년을) 빨리 사회로 내보냈으면 한다, 이 손으로 죽이겠다고 말했지만, 법이 심판하지 않으면 안 돼. 그러니 협력해주었으면 하네.'라는 식으로 말했습니다.…(중략)…

'판례주의가 있다'라는 것을 사회가 알아야 한다. 그리고 사형이라는 판결을 이끌어내는 것으로 판례주의로부터 사법을 탈각시킨다. 그것이 내 역할은 아닐까 하고 생각하게 되었습니다.[28]

모토무라는 자신의 역할을 단순히 가해자 소년에 대한 개인적인 복수에서 찾는 것이 아니라 그러한 복수를 불가능하도록 만드는 법, 그리고 법 집행의 관례를 '탈각'(脫却)시키는 데에서 찾고 있는데, 이러한 의미 부여는 전후 일본사회 속의 사람들의 감성이 변동하고 있음에도 불구하고 법과 그 집행 방식은 여전히 제자리라는 점에 많은 사람들이 의문을 느끼고 있음을 반증하는 것은 아닐까. 특히 모토무라의 법정 투쟁에 의한 사형 구형은 고베연속아동살상사건에서 히카리 시 모녀 살인사건까지의 10여 년의 시간 동안 일본 사회의 변화를 고려해 볼 때 더욱 큰 의미가 있겠다.

즉, 앞서 언급한 하루투니언의 맥락에서 본다면 소년범죄의 엄벌화는 전후민주주의의 자장 속에서 만들어진 '착한 일본인'이라는 이상의 붕괴를, 영의 이론적 맥락에서 본다면 이 시기 일본사회가 '포섭형 사회'에서 '배제형 사회'(the exclusive society)로 이동해나가고 있음을 보여준다고 할 수 있다. 즉 2000년대 일본은 누구라도 포섭할 수 있다는 강한 민

---

28) 本村洋·宮崎哲弥·藤井誠二, 『光市母子殺害事件』, 文庫ぎんが堂, 2012. 67쪽.

음이 붕괴됨과 동시에, '비정상'적인 사람이라면 배제해도 무방한 사회로 변화되고 있는 것이다.

물론 법을 통해서 문제를 해결하기보다는 법의 바깥에서 사적으로 복수를 감행하는 『고백』은 어디까지나 픽션에 지나지 않는다. 하지만 폭력을 행사하는 소년들이 타자들과의 관계성 속에서 생명의 소중함을 깨닫고, 그에 의거해 자진해서 법적 처벌을 받게 되는 이른바 교훈적인 성장소설과는 달리, 가해자 소년들을 자기 나름대로의 폭력적 방식을 사용해서 공동체에서 배제하는 것을 당연시하는 소설 작품의 출현은, 실은 지금까지 봐왔던 일본 사회 구조의 변동과 깊은 관련이 있다.

4. 피해자 의식의 확산과 시큐리티 정치의 도래

『고백』은 '소년범죄의 흉악화'라는 신화 이후 윤리성의 부재를 이유로 법 제도와 집행방법을 개선한 이후에도 소년범죄는 없어지지 않을 것이라는 디스토피아적인 전망을 전제로 한다. 요컨대 『고백』은 법이 그 적용 범위를 넓히더라도 끝내 세상의 구석구석에 이루지 못하고, 그곳에서는 가해와 피해를 둘러싼 폭력이 언제 일어나도 이상하지 않을 것이라는 인식을 당연한 전제로 깔고, 국가의 법 외부에서 개인에 의한 개인의 복수를 정당화한다. 그러한 복수는 다음과 같은 감정에 의해서 지탱된다는 점도 중요하다.

물론 두 사람이 죽음의 공포를 느끼고, 같은 반 아이들에게 어떠한 처벌을 받는다 해도 제 마음이 풀리지는 않습니다. 실제로 복수를 한 후에도 두 사람을 증오하는 마음은 전혀 변하지 않았어요. 아마 칼을 들고 두 사람을 이 손으로 직접 갈기갈기 찢는다 해도 결과는 마찬가지겠지요. 모든 기억을 지워주는 복수는 존재하지 않는다는 사실을 깨달았습니다.[29]

위는 사랑하는 사람을 잃은 상실감에 빠져 있는 피해자에게 가해자에 대한 증오가 얼마나 깊은지를 보여 주는 대목인데, '포섭형 사회'의 문학에서는 이러한 증오라는 감정은 사회를 위해서 배제되거나 마침내 극복되어야 하는 것으로 여겨졌다. 하지만 이러한 감정이 노골적으로 드러나고 조금도 극복되지 않은 채로 끝나는 『고백』은, 일본사회의 '배제형 사회'로의 진입을 정당화하는 데 일조한다.

하지만 증오는 복수를 정당화하는 근거가 되지만, 복수를 통해서도 증오는 해소되지 않는다. 그런데도 왜 복수를 해야 하는가. 이에 대해 유코는 죄를 저지른 아이들이 갱생하는 데에 용서가 도움이 된다는 것을 믿지 않기 때문이라고 자문자답한다. 하지만 이러한 그녀의 대답은 실은 그녀가 타자와 함께하는 공동체나 세계의 질서보다는 자신의 감정, 즉 피해자 의식을 절대시하고 있음을 의미하는 것은 아닐까.

물론 가해에 의한 피해의 상처는 깊고, 상실감은 어떤 것으로도 대체되기 힘들다. 하지만 문제는 이러한 피해자 의식에 대한 과도한 의미 부여가 '포섭형 사회'를 지탱하던 전후민주주의의 이념을 상대화하는 데

29) 미나토 가나에, 『고백』, 258쪽.

전용될 수 있다는 점에 있다. 예를 들면 모토무라의 법정 투쟁을 둘러싼 행적을 추적한 책『왜 너는 절망과 싸웠는가─모토무라 히로시의 3300일』(2010년)의 저자 가도타 류쇼(門田隆将)는 2000년도부터 모토무라가 범죄피해자 모임에 참석하기 시작했음을 밝히는 대목에서 다음과 같이 첨언한다.

> 전후 '인권'이라면 범죄자의 권리라고 오해시키는 풍조가 만연했다. 2중, 3중으로 지켜진 것은 가해자 측이었고, 이해할 수 없는 범죄에 의해 목숨을 잃거나 후유증으로 미래를 빼앗긴 피해자의 목소리는 거의 무시되어왔다.
> 일본변호사연합회(일변협)과 그것을 지지하는 대형 미디어에 의해 언제부터인가 범죄자의 '이익'을 과도하게 옹호하고 그 마음속까지 배려하는 것이 인권을 존중하는 것이 되어버렸던 것이다.
> 평온하게 사는 사람들의 진정한 '인권'이 가볍게 여겨지고, 범죄자가 '인권'이라는 단어를 방패로 삼게 된 사회가 되었다. 범죄를 범한 소년들은 그들이 소년법에 의해 보호받는 것을 당연하게 생각하고, 설사 사람을 죽이더라도 빠르면 2, 3년이면 소년원을 떠나 사회로 돌아온다.
> 이러한 풍조에 과감하게 'NO'를 들이댄 것이 이 심포지엄*이었다. 그것은 학수고대했던 것이었다.
> 그러한 의미에서 이 모임은 범죄희생자의 권리를 외치는 것만은 아닐지도 모른다. 전후민주주의 그 자체에 대한 통렬한 안티테제를 제시했다고 하는 견해도 가능했다.[30]
> (심포지엄「범죄피해자는 주장한다」, 2000년 1월 23일,
> 도쿄이다바시 센트럴플라자)

---

30) 門田隆将,『なぜ君は絶望と闘えたのか─本村洋の3300日』, 新潮文庫, 2010, 142
 ─143쪽(초판 2008년).

주지하다시피 GHQ에 의해서 만들어진 일본국헌법의 법적 이상을 지키고자 하는 '전후민주주의'는 사회구성원 전체의 '인권'을 평등하게 보는 것을 전제로 하는 서구적 '인권' 개념을 매우 중시해 왔다. 여기서 언급된 일변협이 이러한 전제하에 재일조선인과 소년범죄자의 인권을 지키기 위해서 노력해왔다는 사실은 한국에도 잘 알려져 있다.

하지만 범죄의 피해자들에게 이러한 일변협의 활동은 '범죄자의 "이익"을 과도하게 옹호하고 그 마음속까지 배려하는' 행위로 비치게 된다. 이렇게 범죄피해자의 입장에 서서 가해자를 보고자 하는 담론은 일변협 활동으로 대표되는 '전후민주주의'가 일본 사회 구성원의 안전과 권리를 놓치고 있음을 명확하게 드러내는 증거로 전용되면서, 이 시기 '피해자' 의식 확산에 큰 기여를 하게 된다.

예를 들면 2007년 아베 신조가 『아름다운 나라로』에서 북한에 의한 납치자 가족을 근거로 현대 일본국민 전체를 전후 레짐에 의한 피해자로 간주하는 것도 이러한 피해자 중심주의적 담론의 부상과 무관하지 않을 것이다.[31] 1990년대 중반부터 불거져 나와 확산되기 시작한 범죄 피해자들의 담론은 설사 자신들의 의도와 무관하다고 하더라도, 가해자에 대한 사회적 배제를 정당화는 논리를 제공하고 피해자의 감정을 중심으로 한 공동체의식을 고양함으로써, 전후 일본사회 속에서 자신들도 한때 가해자였다는 의식을 실종시키게 하는 데 일정 부분 기여했다고 볼 수 있는 것은 아닐까. 요컨대 '안전신화'의 붕괴 이후인 1990년대 후반

31) 安倍晋三, 『美しい国へ』, 文春新書, 2006, 44-51쪽.

부터 2000년대 중반 피해자들이 쏟아내는 사회 안전(social security)에 대한 담론과 일부 정치가들에 의한 국가 안보(national security) 담론이 함께 증가한 것은 결코 우연은 아닐 것이다.[32]

한때 '북한에 의한 납치피해자 가족 연락회'의 사무국장이었던 하스이케 도루(蓮池透)가 2013년 7월 13일 『아사히신문』과의 인터뷰에서 '일본사회 전체가 "우리들은 피해자다"'라는 감정에 휩싸여 있는 것은 아닌가 하고 반성하는 부분은 주의 깊게 살펴볼 필요가 있겠다. 납치피해자 가족으로서 스스로 '피해자이므로 무엇을 말해도 용서받을 수 있다는, 일종의 전능감과 권력성'을 경험했던 하스이케이지만, 납치문제를 빌미로 정치가가 피해자 의식을 자기증식하게 방치함으로써 전쟁책임을 회피하고 개헌을 시도하는 점에 대해서는 비판한다. 피해자 의식의 확산은 '거기에서 빠져나가면 곧바로 배제의 논리에 직면'시킴으로써 결과적으로 '협소한 사회'를 만들 위험이 있기 때문이다. 그리고 이러한 위험성은 『고백』에도 마찬가지로 적용될 수 있다.

아이들을 가해자로 만든 어른과 사회의 책임보다는 그들에 의해 피해를 입은 어른의 분노와 공격성에 초점을 맞추고 이를 당연시하는 『고백』. 이 작품에 대한 일본인들의 폭발적인 반응은 윤리가 제대로 기능하지 않는 세계에 있는 현대 일본인들의 정신세계 속에 도사리는 잠재적 피해자로서의 불안과 복수에 관한 정념이 어느 정도인지를 가늠케 해주

---

32) 사이토 타카시는 현대사회가 시큐리티를 중심으로 재편되고 있음을 1990년대 미국 LA의 게이티드 커뮤니티를 통해서 보여준 바 있지만(酒井隆史, 『自由論—現在性の系譜学』, 青土社, 2001, 260–261쪽.), 그것이 현대 일본 속에서 어떻게 드러나는지에 대해서는 논하고 있지 않다.

며, 나아가 이러한 정서가 생의 안전을 위해 국가 폭력을 정당화하는 정책을 용인하는 데 전용될 수 있음을 보여준다는 있다는 점에서 문제적이다.

엔카와 상실감, 1990년대 일본대중음악문화*

이경분

1. 이미지 소비의 시대

1980년대 말과 1990년대 초반은 일본사회의 변화가 외적으로 두드러지는 때라 할 수 있다. 1989년은 쇼와 천황 히로히토가 십이지장암으로 사망함으로써 63년간의 쇼와 시기는 막을 내리고, 현재의 천황 헤이세이의 시기가 시작되는 역사적인 해이다. 물질적인 풍요로움의 붕괴뿐 아니라, 사회적, 역사적 지속성을 뒷받침해왔던 쇼와시대의 종말은 사회 전반에 상실감을 확산시켰다. 1990년대에 들어선 일본은 "풍요로운 사회의 붕괴"[1]가 가시화될 정도로 위기를 경험한다. 1985년 프라자합의 이후 고조된 거품경제는 1991년 2월에 붕괴되어 '잃어버린 20년'이라는 말이 오랫동안 일본의 침체된 경제를 대변하는 대명사가 되었다.[2]

---

* 이 글의 초고는 『音·樂·學』 통권 25권(2014)에 「엔카의 소비와 일본대중문화의 상실감」이라는 제목으로 게재되었다.

1) 요시미 순야(최종길 옮김), 『포스트전후사회』, 어문학사, 2013, 219–210쪽.

이러한 분위기를 배경으로 젊은이들 사이에서 오타쿠현상이 확산되고, 폐쇄적인 작은 공간에서 노래하는 가라오케가 폭발적인 인기를 얻는다. 사회학자 오자와 마사치(大澤真幸)의 표현을 빌리자면, "현실조차도 언어나 기호에 의해 틀이 지어지고 구조화되는" '허구의 시대'이기도 하다.[3]

리얼리티가 아니라 이미지에 높은 가치를 부여하는 현상은 '허구의 시대'의 표상으로 여겨지는 도쿄 디즈니랜드[4] 같은 오락시설뿐 아니라, 소위 고급문화로 여겨지는 클래식음악에서도 나타난다. 1986년 10월, 도쿄에 완공된 산토리홀은 이전의 클래식 이미지를 바꾸어 놓는 '중요한 사건'[5]이 되었다. 도쿄문화회관과 같이 '어두침침'하고 '촌스러운' 구식 연주홀의 분위기와 달리, 산토리에서의 연주회는 그곳에 가는 것만으로도 세련된 라이프스타일을 의미하는 상징이 되었던 것이다. 즉 음악 자체보다 연주회장의 세련된 이미지가 더 부각되어 청중을 끌어들이는 현상이 생긴 것이다. '음악회의 패션화'라고도 칭해지는 이 현상은 "음악회가 아니라 산토리홀에 가는"[6] 청중의 증가로 나타난다. 산토리홀이 음향시설이 좋긴 하지만, 음악의 내용이나 음향의 차이에 대한 일가견이

---

2) 1990년대 일본 사회의 변화에 대해 자세한 것은 권혁태, 『일본전후의 붕괴, 서브컬처 소비사회 그리고 세대』, 제이앤씨, 2013 참고.

3) 大澤真幸, 『不可能性の時代』, 岩波書店, 2008, 68쪽. 오타쿠 현상도 이런 맥락에서 이해된다.

4) 권혁태, 『일본전후의 붕괴, 서브컬처 소비사회 그리고 세대』, 82쪽. 오자와는 도쿄 디즈니랜드가 현실로부터의 철저한 격리를 통해 과거의 이상세계를 내부화시킨 것으로 본다. 大澤真幸, 『不可能性の時代』, 71쪽.

5) 와타나베 히로시(윤대석 옮김), 『청중의 탄생』, 출판사 강, 2006, 167쪽.

6) 와타나베 히로시(윤대석 옮김), 『청중의 탄생』, 170쪽.

있어서가 아니라, '세련됨의 이미지'에 티켓을 지불하는, '이미지를 소비' 하는 사람들이 늘어남을 의미한다.

그런데 흥미로운 것은 1980/90년대 세련된 라이프스타일과 이미지를 추구하는 소비적 경향이 대중화되어 저변이 확대되어갔고 일본인들의 해외경험[7]이 증가하는 글로벌의 시기에 일본국내에는 '고향붐'이 일었고, '낡고 예스러운 이미지'[8]를 가진 엔카가 '모두의 노래'가 되었다. 그러면서 가라오케의 폭발적인 인기와 함께 '강력한 음악상품'이 된다.[9]

본 논문에서는 1990년대 전후 엔카의 소비를 통해 일본대중문화의 변화를 살펴보고 일본사회가 욕망하는 시대적 정서를 분석해보고자 한다.

엔카에 대한 글은 많이 있지만, 본 연구와 관련해서 흥미로운 선행연구로서는 야노 크리스티네의 『그리움의 눈물. 일본대중가요의 노스탤지어와 국민』(*Tears of longing, Nostalgia and the Nation in Japanese Popular Song*, 1994)과 와지마 유스케(輪島裕介)의 『만들어진 일본의 마음신화. 엔카를 둘러싼 전후 대중음악사』(創られた日本の心神話: 演歌をめぐる戰後大衆音樂史, 2010)가 있다. 야노는 엔카가 어떻게 일본의 국민적 문화재라는 이데올로기로 진화되는지 90년대에 유행한 엔카를

---

7) 1980년에 4백만이었던 해외여행객 수가 1990년 천만 명으로 급증했다. 요시미 순야(최종길 옮김), 『포스트전후사회』, 239쪽.
8) Christine Yano, *Tears of longing, Nostalgia and the Nation in Japanese Popular Song,* Harvard University Press, 2003, p.17; 輪島裕介, 『創られた日本の心神話 : 演歌をめぐる戰後大衆音樂史』, 光文社, 2010, 317쪽.
9) 中河 伸俊, "思慕の涙―日本のポピュラー音楽におけるノスタルジーとネーション", 『ポピュラー音楽研究』7호, 日本ポピュラー音楽学会 編, 2003, 61쪽.

중심으로 깊이 분석했다. 반면, 와지마의 연구는 책 부제가 암시하듯 역사적인 접근이다. 엔카라는 용어 자체에 대한 의문으로, 엔카라고 불리는 대중가요가 언제 탄생했는지 메이지와 다이쇼 시기로 거슬러 올라간다. 두 연구의 성과를 부분적으로 수용하면서 동시에 두 저술과는 다르게, '엔카의 소비'에 초점을 두고 1990년대 일본대중문화에 나타나는 시대적 정서의 변화를 포착하고자 한다.

먼저, 1980년대 말 일본사회에서 사라져가는 것에 대한 애착심이 어떤 식으로 나타나는지 복고풍의 문화현상에 대해 살펴본 후, 국민적 문화로 승격된 엔카가 1990년대 미디어에서 어떻게 소비되었는지 분석한다. 특히 90년대 큰 인기를 끌었던 방송 〈엔카의 하나미치〉(演歌の花道)를 중심으로 미디어에서 소비되는 엔카의 스테레오타입을 분석하고 가라오케시대 엔카의 인기가 높은 원인을 허구성과 '픽션화' 그리고 1990년대 일본대중문화에 드리워진 '오리엔탈리즘적 향수'의 정서로 서술하고자 한다.

2. 사라져가는 문화에 대한 애착

요시미 순야는 일본의 고도성장과 지역개발이 남긴 것은 한편에서는 "가족의 변용과 자기의 폐색", 다른 한편에서는 "농촌의 붕괴와 자연의 황폐"라는 표현으로 포스트고도성장기 일본사회의 빈곤과 피폐함을 서술한다.[10] 고도성장을 통해 풍요로움을 얻었지만, 다른 의미에서 "더

할 나위 없이 풍요로움을 잃었다"는 것이다.[11] 젊은이들이 대도시로 대거 떠났던 고도성장기와 달리, 포스트고도성장기에는 당시 젊은 세대가 고령화되고, 급격한 인구감소로 인해 일본 농촌이 재생산능력을 잃고 붕괴의 위기[12]에 직면하게 된다. 이러한 위기를 극복하기 위해 다양한 시도가 이루어졌다.[13] 본 장에서는 먼저 사라져가는 문화를 살리고자 하는 시도로서 '마을 만들기'와 '문화 일으키기' 운동에 대해 살펴보고자 한다.

2.1. '고향'을 강조하는 '마을 만들기' 운동

마을 만들기, 마을 일으키기(村おこし) 운동은 이전까지의 공장 유치를 중심으로 하는 정책에서 탈피하여 지역의 창의적이고 주체적인 산업진흥책의 요구를 반영한 것이다. '고향 정보센터'가 1985년 10월 도쿄에 설립되고, 1,700개 이상의 시정촌을 홍보하는 사업이 추진되었다.[14]

10) 요시미 순야(최종길 옮김), 『포스트전후사회』, 142쪽.
11) 요시미 순야(최종길 옮김), 『포스트전후사회』, 142쪽.
12) 요시미 순야(최종길 옮김), 『포스트전후사회』, 143-144쪽. 고도성장기 많은 청년들이 도시로 떠났을 때 농촌에 머문 젊은이들도 있었는데, 이들이 90년 대에 고령에 도달한 것이다. 포스트고도성장기의 농촌 붕괴는 고도성장기와 달리 농업을 계승할 젊은 세대가 없는 데에 그 원인이 있는 것이 특기할 점이다.
13) 〈아사히 연감〉에 따르면 이미 1970년대 U-턴(고향으로 돌아가는 현상)이라는 용어가 생겼지만, 이것이 농업의 부흥으로 이어지지는 못했다고 한다(藤井淑禎, 『景観のふるさと』, 2003, 教育出版株式會社, 127쪽). 그러다가 80년대에 일차적으로 농촌에 대다수 지지자를 둔 자민당정부가 農林水産省을 통해 지역개발, 농촌사업에 적극적인 지원을 하기 시작했다.
14) 1,700개 이상의 시정촌에 4억 5천만 엔 지원. 심포지엄, hotline 설치, 팸플릿, 뉴스레터, 가이드북 등 홍보사업에 지원하였다. Jennifer Robertson, *Native*

다케시타 정부가 "고향 창생론(創生論)"[15]이라는 비전을 1988년 "고향 창생 1억 엔 사업"으로 실행하면서 규모에 상관없이 일본의 모든 3,057개의 시정촌(市町村)에 각 1억 엔씩을 보조하는데, '고향의 붐'이라고 느낄 정도로 고향에 대한 관심이 고조되었다.[16] 단순히 국토의 개발이나 지역의 부흥이 아니라, 일본국민 전체가 보다 행복하고 즐겁고 충실한 인생을 살 수 있는 일본열도의 창조를 목표로 했지만, '1억 엔 사업'은 많은 부작용을 낳았다. 어떤 지자체는 일억 엔으로 금괴를 사서 전시하는가 하면, 어떤 지자체는 복권을 구매하는 데 사용하는 경우[17]도 있었다고 한다. 그럼에도 불구하고 이를 통해 일본의 대중매체, 미디어에서는 농촌과 고향, 지역이 조명을 받았다. 물론 이전부터 이미 농촌의 붕괴와 국토 전체에 붕괴의 조짐이 보이기 시작했으므로, 지역의 역사나 자연을 수호하는 마을 살리기 움직임은 정부의 정책적 도입 이전부터 지역민과 지자체의 필요에 의해 스스로 추구되어오던 터였다.

---

and Newcomer. Making and remaking a Japanese city, University of California Press 1994, p.24. 하지만 고향 운동은 1974년으로 거슬러 올라가는데, 미시마 초(三島町)에서 지역활성화 운동의 하나로서 시도한 것이다. 고향과 자연을 갖지 못한 도시민을 대상으로 미시마초의 아름다운 자연과 인간의 따뜻한 인정을 접하게 함으로써 마을의 입장에서는 자연을 보전하고, 생활의 윤택을 가지고자 하는 기획이었다.

15) 다케시타 총리가 총리취임직전에 출간한 책 『素晴らしい国・日本』(1987, 講談社)의 부제이다.

16) http://www.ued.or.jp/media/34/20080229-FURUSATO.pdf#search='%E7%AB%B9%E4%B8%8B++%E3%81%B5%E3%82%8B%E3%81%95%E3%81%A8%E8%AB%96'(검색일: 2013. 6. 3.)

17) 고향 창생사업, http://blog.goo.ne.jp/windy-3745-0358/e/5a34e7a26918803807a3d5736f774bc4(검색일: 2013. 6. 3.)

1980년대의 마을 만들기 사업은 '마음'을 강조하며 '고향'이라는 키워드를 이용하는 현상을 보인다. 구체적인 예를 들면, 야마카타 현 니시카와초(山形縣西川町)에서는 1984년 "고향의 마음을 당신에게"라는 표어를 내걸고 '고향 쿠폰'을 발행하여 회원에게 山茶, 과일, 미소 등의 농산가공품을 직접제공 판매하는 사업을 벌였고, 또한 민박 지원, 관광객 증대를 꾀하였다.[18]

과거 일본 농촌의 이미지는 뒤떨어진 곳, 황폐한 곳, 개발되어야 할 곳, 합리화되어야 할 곳으로 여겨졌지만, 이제 전통적인 문화가 남아 있는 지역으로서의 농촌은 도시민의 향수의 대상으로 상품 가치를 가지게 되었다. '고향 관광', '농촌관광'[19]으로 활용되면서, 열등했던 농촌이 '정신적인 고향', '마음의 고향', '새 고향' 등으로 이미지 변화가 시작되었다. 이러한 현상은 1984년 도쿄의 메구로 구 및 다이토 구와 자매결연을 맺은 도치기(栃木) 현의 아와노마치(粟野町) 사례에서도 잘 보여준다. 아와노마치는 도시주민의 "자연 속 휴양활동" 장소로 (휴양시설) "고향의 숲"(ふるさとの森)을 만들고, 농산물의 직판, 스포츠대회, 마쓰리의 참가 등을 통해 상호교류를 꾀하였다.[20]

이러한 농촌의 소득과 직접적인 연관을 가지게 되는 마을 만들기 사업은 전통예능을 내세울 때 그 성과가 높은 경향을 띄게 된다. 일본 농

---

18) 일본 農林水産省, 『昭和59年度農業の動向に関する年次報告』, 193쪽.
19) 도쿄 도의 세타가야 구와 자매결연한 군마 현 가바와무라(川場村)는 "농업 플러스 관광의 마을 만들기"를 시도하였다. 農林水産省, 『昭和59年度農業の動向に関する年次報告』, 193쪽.
20) 農林水産省, 『昭和59年度農業の動向に関する年次報告』, 193쪽.

림수산성의 1987년 연차보고서에서도 보듯이, 나가노 현의 시모이나 군(下伊那郡)에서는 "고향의 마음과 문화의 결정체라고도 말해지는" '눈(雪) 마쓰리', '염불 춤', 인형 등의 민속예능을 7개 정촌이 함께 연대하여 〈山國문화의 제전〉으로 개최하였다고 한다. "지역문화의 계승과 발전을 꾀한" 것은 도시민과의 교류에 지속적인 성과를 내는 데 기여했다고 평가된다.[21]

2.2. '문화 일으키기' 운동

사라져가는 것에 대한 관심을 '하드웨어' 측면에서 시도한 것이 '마을 일으키기' 운동이었다면, '문화 일으키기'는 '소프트웨어'의 측면에서 시도된 운동이었다. 사라져가는 일본의 대중음악문화의 유산을 집대성하고자 전개된 이 시도는 메이지, 다이쇼, 쇼와 시대에 불려 온 노래 중에 남기고 싶은 노래 한 곡을 일 인당 한 개 선정하여 엽서로 보내는 운동이었다. 시기적으로 1989년 3월부터 5월까지 3개월간 진행되었는데, 그 배경에는 1989년 1월 7일 쇼와 천황 히로히토의 사망으로 쇼와 시기(1925-1989)가 막을 내리는 것과 관련이 있었다.

일본 전국에서 응모된 엽서는 총 65만 7천2백23통이었고, 총 곡목 수는 5,240곡이었다.[22] 14개의 단체(일본 PTA전국협의회, 일본청년의회소, 일본청년단협의회, 전국 공민관연합회, 전국지역부인단체연락협의회, 일본작사가협회, 일본작곡가협회, 일본작곡가협의회, 일본음악

---

21) 農林水産省, 『昭和62年度農業の動向に関する年次報告』, 198쪽.
22) 古茂田信男(編), 『日本流行歌史』(下), 社会思想社, 1997, 85쪽.

저작협회, 일본레코드협회, 지역활성화센터, 일본방송협회, NHK서비스센터, NHK교향악단)가 전국실행위원회로 조직되고, 각 지역에는 지역실행위원회가 조직되어 "일본인의 노래, 고향의 노래 100곡"(日本の うた　ふるさとのうた 100曲)을 선정하는 대규모 사업이 진행되었다. 각 지역에서 100곡을 선정해 온 것에서 전문가로 구성된 자문위원회23) 가 최종 100곡을 선정하였다. 그 결과 거의 모든 지역에서 공통으로 나타나는 현상은 〈고추잠자리〉(赤とんぼ)나 〈고향〉(故郷)이 1, 2등을 차지했다는 점이다.24)

　　〈고추잠자리〉나 〈고향〉이 1, 2위에 전혀 들어 있지 않은 곳은 오키나와와 나가노 현뿐이었다. 오키나와에서는 민요 〈파초천〉(芭蕉布)이 1위, 동요 〈완두꽃〉(えんどうの花)25)이 2위를 차지했다. 일본과 역사와 문화, 전통이 다른 오키나와에서 이런 결과가 나온 것은 당연할지도 모른다. 반면 나가노 현의 경우는 〈데루테루보즈〉(てるてる坊主)가 1위, 〈엉겅퀴의 노래〉(あざみの歌)가 2위를 차지하고 3위가 〈고향〉이다. 나가노의 경우 왜 이런 결과가 나왔는지 자세히 알 수는 없지만, 공통점은 1949년에 발표된 〈엉겅퀴의 노래〉를 제외하고 모두 다이쇼 시기까지의

---

23) 小山內美江, 金田一春彦, 三枝成章, 平山郁夫, 三國一朗의 5명으로 구성되었다 (古茂田信男(編), 『日本流行歌史』(下), 86쪽).

24) 각 현별 '베스트 파이브'를 표시한 표는 古茂田信男 1997, 88~89쪽. 참고로, 일본 문부성 소학교 창가 〈고향〉(1914)뿐 아니라, (일본의 음악 대부로 여겨지는) 야마다 고사쿠가 작곡한 동요 〈고추잠자리〉(1927)도 1965년 NHK에서 〈모든 이의 노래〉(みんなのうた) 프로그램으로 방송될 정도로 일본인이면 누구나 아는 민요 같은 노래이다.

25) 이 동요는 오키나와음악의 아버지로 칭해지는 미야라 조호(宮良長包)가 1924년 작곡하였다.

동요나 민요라는 점이다.

이런 결과가 나온 것은 엽서 응모자의 78%가 여성이었고, 응모자의 연배는 60대가 28%, 50대가 24%로 50-60대의 중장년층이 과반수(52%)를 넘었다는 것에서 찾을 수 있을 것이다.[26] 1920-30년대 출생의 중장년층 여성이 적극적으로 참가하게 된 것은 쇼와 천황의 죽음으로 인한 과거에의 노스탤지어와도 관련이 있는 것으로 사료된다. 1989년 초 천황이 사망했을 때 실시한 인터뷰 조사에 의하면, 고령자의 경우 "패전과 점령을 거치면서도 퇴위하지 않았던"[27] 천황을 전쟁 시기와 전후 체험과 연결시키는 경향이 강했고, 천황의 죽음은 이들에게 쇼와라는 시간의 종말이자 자신의 인생이 이루어졌던 "장소의 상실"을 의미했다.[28] 대다수 쇼와 시기에 태어나거나 그때 소학교 교육을 받았던 세대에게 천황 히로히토로 대표되는 쇼와의 종언은 "국민 공동체 시대의 종언"[29]과 다름없었다. 이런 노스탤지어의 분위기에서 중장년층이 고향과 과거를 떠올리는 사운드는 어린 시절 부르고 들었던 노래, 즉 창가나 동요였다.

2.3. 일본국민 문화로 승격된 엔카

1989년 1월 7일 쇼와 천황이 사망하여 사회 전반적으로 쇼와시대의 종말이라는 상실감이 확산되고 있을 때, 5개월 후인 6월 24일 전후 일본 대중음악계의 '여왕'이라고 불리는 미소라 히바리(美空ひばり)가 사망

---

26) 古茂田信男(編), 『日本流行歌史』(下), 85쪽.
27) 요시미 순야(최종길 옮김), 『포스트전후사회』, 137쪽.
28) 요시미 순야(최종길 옮김), 『포스트전후사회』, 138쪽.
29) 요시미 순야(최종길 옮김), 『포스트전후사회』, 140쪽.

한다. 쇼와 가요계를 대표하는 히바리의 죽음은 쇼와 시기의 종말을 절감하게 하는 기폭제였다. 특히 일본정부가 미소라 히바리가 사망한 지 얼마 되지 않은 7월 6일 "국민영예상"을 수여한다. 수상 사유는 히바리가 일생동안 진지하게 '가요를 통해 국민에게 꿈과 희망을 주었다'는 것이다. 국가가 공인하는 이 상의 수상은 히바리의 생애 전체를 최대의 영광으로 올려주고, '여성으로서 최초', '가수로서 최초' 국민영예상의 수상자라는 역사적 의미를 안겨주었다. 이로 인해 히바리의 장례식을 국장으로 치르게 되는데, 히바리는 한 명의 가수가 아니라, 국민적인 인물로 승격되었음을 의미한다. 이와 더불어 히바리의 음악, 즉 엔카는 1980년대 말 일본의 '역사적 문화재'라는 영예를 안게 되었다.[30]

하지만 이런 결과가 일어날 수 있게 되기 전까지 엔카를 "일본의 마음"으로 이데올로기화하는 오랜 과정이 있었음을 간과해선 안 될 것이다.[31]

잠시 일본대중음악사의 큰 틀에서 엔카를 조망해 본다면, 엔카가 인기 절정에 이르게 되는 때는 1970년대이다. 1973년 가수 가스가 하치로(春日八郎)가 "엔카란 무엇인가"라는 리사이틀을 개최하였는데, 이것이 문화재예술제 대중예능부분 대상을 받게 되어 엔카 장르에의 인식이

---

30) 輪島裕介,『創られた日本の心神話 : 演歌をめぐる戦後大衆音楽史』, 305쪽. 대중음악 '작곡가'로서 최초로 국민영예상을 수상한 사람은 고가 마사오이다.

30) 輪島裕介,『創られた日本の心神話 : 演歌をめぐる戦後大衆音楽史』, 305쪽. 대중음악 '작곡가'로서 최초로 국민영예상을 수상한 사람은 고가 마사오이다.
31) 輪島裕介,『創られた日本の心神話 : 演歌をめぐる戦後大衆音楽史』, 7. 미국에서도 1987년에 재즈음악을 국민적 음악으로 만드는 움직임이 있었는데, 전통적인 재즈 음악이 부활하는 현상이 있었다. 개리 기딘스 외, 황덕호 옮김,『재즈-기원에서 오늘까지』[원제: Jazz], 까치글방, 2012, 659쪽. 정보를 준 재즈 뮤지션 김책 씨에게 감사한다.

형성되기도 한 때이다. 하지만 인기 절정에 올랐던 엔카가 1970년대 말부터 80년대에는 아이돌과 뉴뮤직에 밀려 쇠퇴의 길로 접어들게 된다. 물론 1980년대 엔카 가수의 밀리언셀러가 없지 않지만,[32] 안방자리는 10대, 20대의 음악에 내주게 된다. 한때 유행했다 사라지는 것이 대중음악의 속성이듯이, 80년대 주름잡던 아이돌음악과 뉴뮤직은 다시 'J-Pop'이라고 칭해지는 젊은이들의 "자작 자연풍"의 음악이 주류 레코드 가요가 되고, J-Pop에 밀려 1990년대에는 쇠퇴하고 만다.[33] 이러한 변화의 주변에 맴돌면서 엔카는 히바리의 죽음과 함께 1980년대 말 공인된 국민적 문화재로 취급되어 정착된다.

이렇게 엔카가 '일본의 마음', '일본 특유의 것'이 되기 위해서는 엔카의 정화 또는 건전화가 전제되어야 하리라 생각된다. 원래 엔카는 불륜의 암시, '물장사' 풍의 분위기, 불행, 원망, 야한 노래라는 이미지를 가졌으므로. 이것이 '일본적', '국민적'인 것으로 공인되려면 이미지 쇄신이 필요하게 된다. 엔카의 새로운 이미지, 즉 '오래되고 좋은 일본'의 풍습, 좋은 풍경이나 아련한 분위기를 담은 그림엽서 같은 엔카 이미지는 고야나기 루미코(小柳ルミコ)의 밀리언셀러 〈나의 조카마치〉(私の城下町)(1971), 〈축제의 밤〉(お祭りの夜), 〈세토의 신부〉(瀬戸の花嫁)[34]에

---

32) 1980년대에 밀리언셀러로 오리콘 차트에 진입한 엔카를 보면, 그 속에 갈망과 향수와 상실감이 들어 있다. 호소카와 다카시(細川たかし)의 〈야기리의 나룻터〉(矢切の渡しやぎりのわたし, 1983), 조노우치 사나에(城之内早苗)의 〈수국〉(あじさい橋, 1986), 요시 이쿠조(吉幾三)의 〈雪國〉(1987) 그리고 이시하라 유지로(石原裕次郎)의 〈북의 여인〉(北の旅人, 1987)이 그렇다.

33) 輪島裕介, 『創られた日本の心神話 : 演歌をめぐる戦後大衆音楽史』, 317쪽.

34) http://www.youtube.com/watch?v=2PEhB8deBjU(검색일: 2014. 3. 20.)

서 각광을 받는다. 고야나기 루미코를 통한 엔카의 "가정화", "청순화"는 "디스커버리 재팬"(Discovery Japan)의 '좋은 일본'이미지를 연상시킨다.35) 특히 〈세토의 신부〉는 (일본국철이 1970년대 오사카만국박람회가 끝난 후 대량 인구 이동에 대응하기 위해 증편된 잉여 기차를 활용하고자 '여행 붐'을 기획한) "디스커버리 재팬" 캠페인의 선전가요 〈좋은 날 여행하자〉(いい日旅立ち)36)와 같은 J-Pop 노래와 거의 구분하기 힘든 곡이다.

밝은 양지로 나온 엔카가 신선함으로 인기를 끌었지만, 1970년대 말 고도성장기의 모던한 시대적 감각을 대변하기에는 한계가 있었던지, 엔카는 급속도로 쇠퇴하면서 축소 재생산된다. 하지만 특기할 것은 이러한 때 엔카='일본의 마음'이라는 신화가 만들어지기 시작한다는 것이다. 여기에 기여한 것은 무엇보다도 일본의 대중매체, 미디어였다 할 수 있다. 예를 들면, 1977년 〈아사히 저널〉에서 「엔카―현대에 저항하는 일본의 마음」라는 특집을 만들었던 것이 그렇다. 아이돌 음악과 뉴뮤직이 대중음악의 메인 스트림으로 떠올랐을 때, 낡고 초라해진 엔카를 '일본의 마음'라는 높은 가치로 치켜세우고자 하는 의도가 역력하다. 또한 공영방송NHK가 1981년부터 엔카 가수만 출연하는 첫 TV 가요방송 〈NHK 가요홀〉37)을 기획했는데, 1981년 3월 4일 아사히신문이 이 방송프로그

---

35) 輪島裕介, 『創られた日本の心神話 : 演歌をめぐる戦後大衆音楽史』, 299쪽.
36) 작사, 작곡자는 다니무라 신지(谷村新司), 1978년 11월 야마구치 모모에(山口百惠)가 불러 히트했다.
37) 〈NHK 가요홀〉를 보는 시청자 중 43-48%은 40대 후반에서 60대 연령으로 중장년층의 인기방송이었다고 한다. 輪島裕介, 『創られた日本の心神話 : 演歌をめぐる戦後大衆音楽史』, 306쪽. 〈NHK가요홀〉이 중장년층의 인기방송인

램을 따로 기사화한 것은 엔카 가수만으로 구성된 NHK TV 음악방송이 이전에 없었기 때문이다. 신문은 〈NHK 가요홀〉 방송을 "엔카를 중심으로 하는 신가요프로"로 소개하면서 히트곡 차트에 의한 곡 선정이 아니라, 예로부터 일본인에게 친숙한 "마음의 노래 가요곡"들로 구성되었다고 '마음'을 강조한다.[38)

NHK방송이 엔카에 대한 관심을 가지게 된 배경에는 70년대 말 엔카의 쇠퇴가 일종의 위기의식으로 작용했을 가능성이 크다. 이미 야노 크리스티네, 와지마 유스케가 지적했듯이, 엔카를 전국적 차원에서 청취자에게 노출시킴으로써 엔카가 '국민적 문화'로 여겨지게 한 것은 NHK의 기여라고 할 수 있다.[39) 시대에 뒤처진 이미지로 자연 쇠퇴해가는 가요를 확실하게 살리는 길은 유행에 좌우되지 않는 '우리 모두의 노래'로 만드는 것이리라. 다시 말하면, "엔카를 시장의 가치와는 구분되는 문화유산"[40)으로 만드는 것이야말로 엔카를 확실히 보호하는 조치일 것이다. 이것은 NHK의 〈고향의 노래축제〉(ふるさとの歌祭り)가 지역

데 비해 〈자! 베스트 텐〉은 시청자의 84%가 10대 후반이었을 정도로 젊은 층의 인기가 있었던 프로그램이었다. 장수방송 NHK의 〈홍백가합전〉에서도 엔카 가수가 많이 등장하지만, 엔카 중심은 아니다. 1990년대 시청률이 떨어졌다고 하지만 그래도 50%를 유지했다. 古茂田信男(編), 『日本流行歌史』(下), 84쪽.

38) 輪島裕介, 『創られた日本の心神話 : 演歌をめぐる戰後大衆音楽史』, 309쪽.

39) Christine Yano, *Tears of longing*, p.19; 輪島裕介, 『創られた日本の心神話 : 演歌をめぐる戰後大衆音楽史』, 311쪽. 지금도 지상파방송 〈노래자랑〉, 〈가요홀=가요콘서트〉, 〈홍백가합전〉은 엔카 신에서 최고의 무대로 여겨진다.

40) 1970년대 후반 "엔카 내셔널리즘"(輪島裕介, 『創られた日本の心神話 : 演歌をめぐる戰後大衆音楽史』, 301쪽)이 1989년 미소라 히바리가 죽은 후 행해지는 신격화로 결실을 맺게 된 것도 이런 맥락에 서 있다.

의 전통예능을 전국적으로 방송함으로써 지방문화의 전통예능이 부흥하는 데 기여했던 것[41]과 비슷한 맥락이다. 차이점이 있다면, 엔카의 경우 1980년대 말 '가라오케 박스'의 대중적인 인기로 인해 '집단적 소비'가 가능해졌고, 그 덕분에 엔카가 일본의 마음, 국민적 문화재라는 인식이 정착하는 데 유리하게 작용했다는 점일 것이다.[42]

3. 미디어에서 소비되는 엔카

3.1. 엔카는 어떤 노래인가?

그런데 히바리는 정말 엔카의 여왕인가? 엔카란 어떤 노래인가? 엔카에서 가장 먼저 떠오르는 이미지는 요나누키 음계(ヨナ抜き音階: 4번째와 7번째 음을 사용하지 않는 5음계)의 사용으로 인한 예스러움인데, 중장년이 선호하는 노래, 퍼포먼스에서 부각되는 과다한 감정 표현 스타일, 강한 바이브레이션 가창법 등의 특징을 가진 노래를 엔카라고 할 수 있다.[43] 특히 여성 엔카 가수들 또는 드물긴 하지만 남성가수들의 기모노 차림에서 '옛것', '오래된 이미지'를 발신하는 시각적 메시지가 연상

---

41) "NHK 방영으로 향토예능의 인식이 높아"지거나, "전승활동이 활발해지면서 시민자력으로 〈전승관〉을 세우는" 지역도 있었다. 松平 誠, "地域 傳統文化 活性化와 映像-NHK 〈후루사토노 우타마쯔리〉"에 관한 실증적 연구, 『한국민속학』 29호, 1997, 365쪽.
42) 이런 현상을 "가라오케 내셔널리즘"이라는 용어라고 칭하기도 한다. 輪島裕介, 『創られた日本の心神話 : 演歌をめぐる戦後大衆音楽史』, 304쪽.
43) 이에 대해서는 Christine Yano, *Tears of longing*, p.172 참고.

되는 노래이다. 전후 대표적인 엔카의 대가로서 미소라 히바리, 기타시마 사부로(北島三郎), 모리 신이치(森進一), 야시로 아키(八代亜紀), 사카모토 후유미(坂本ふゆみ), 이시카와 사유리(石川さゆり), 호소카와 다카시(細川たかし) 등을 염두에 둘 수 있다.

하지만 엔카를 음악적 요소로 정의한다는 것은 매우 힘든 일이다. 흔히 요나누키 음계를 엔카의 음악적 특성으로 부르지만, 엔카라고 불리는 노래 중에는 요나누키 음계가 아닌 노래가 수없이 많다. 이미 앞서 언급되었지만, 70년대 초에 데뷔하여 밀리언셀러를 내었던 '엔카 가수' 고야나기 루미코의 〈세토의 신부〉 같은 C장조의 노래가 그렇다. 이 노래는 엔카라는 카테고리로서 1972년 크게 히트했지만, 오히려 J-pop에 속할 법한 노래이다.

엔카라는 장르가 공통적인 음악적 요소에 근거한 일관된 음악스타일이 아님은 와지마 유스케의 연구에서도 주장된다. 와지마의 연구에 의하면, 엔카라는 장르는 음악적인 공통점이 있는 것이 아니라, 1960년대에 레코드회사의 '마케팅 전략'으로 재발견된 것이라는 것이다.[44] 다시 말해 가요의 음반판매를 위해 고안된 전략적인 카테고리였으므로, 과거에 만들어진 노래들을 거슬러 올라가서 지칭하게 되었다. 따라서 엔카는 음악장르라기보다 다양한 가요곡을 포괄하는 용어이자, 다른 노래와 구분하기 위한 '장치'라는 주장이 가능하다.[45] 이런 배경 속에서 엔

---

44) 輪島裕介, 『創られた日本の心神話 : 演歌をめぐる戦後大衆音楽史』, 301쪽; Christine Yano, *Tears of longing*, p.41.
45) 輪島裕介, 『創られた日本の心神話 : 演歌をめぐる戦後大衆音楽史』, 319쪽. 저자 와지마 유스케는 앞으로 '엔카'라는 용어 대신에 '쇼와가요곡'이라는 용어

카를 "J-pop에 속하지 않는 가요곡 전부"라고 통칭하는 경향이 확고하게 된 것은 1990년대였다.[46]

1990년대 유행한 115개의 엔카 가사를 분석한 야노 크리스티네의 연구에 따르면, 엔카 가사에서 가장 많이 등장하는 키워드는 "꿈, 마음, 당신, 눈물, 울다, 술, 여자"이다.[47] 이런 단어들이 전형적인 엔카의 분위기를 형성해준다고 할 수 있겠다. 엔카의 정의 및 엔카적 분위기에 대해서는 별도의 논의가 필요하므로 여기서는 지면상 생략한다.

다른 한편, 엔카에 '일본인 특유의', '전통적'이라는 의미부여를 하게 된 것은 1970년대 이래 생겨난 것으로 그 역사가 길지 않다는 것도 엔카를 둘러싼 논의에서 특기할 점이다. 1980년대 중반쯤 되면 일본인에게 엔카는 "북지향(北志向)"으로 "일본의 독특한 가요형태"[48]라는 것이 통설이었다. 하지만 조용필과 같이 외국 가수들이 등장하여 엔카를 일본 가수보다 더 잘 부르는 경우가 있었고, 타이, 대만 등 남쪽지방에서 〈우박〉(氷雨), 〈돌아와요〉(帰ってこいよ)와 같은 일본의 엔카가 유행을 하는 것에서 엔카에 대한 '북지향'에 의문이 제기되기도 했다.[49] '만들어진

_____

가 대세를 이룰 것이라 주장한다. 또한 2000년대에 들어서면서 엔카를 가요 곡의 한 부분으로 보는 견해도 두드러진다.

46) 이에 대해서는 北川純子, "ポピュラー音楽の諸相", 『現代日本社会における音楽』, 放送大学, 2008, 163쪽; 輪島裕介, 『創られた日本の心神話 : 演歌をめぐる戦後大衆音楽史』, 289~230쪽.

47) Christine Yano, Tears of longing, 4장 참고.

48) "演歌の南志向を裏付けた好企画", 『放送文化』, 1984/3, 8쪽.

49) 1984년 1월 26일 개최된 일본 후지TV의 〈제1회 국제 엔카 그랑프리 대회〉에 대한 『放送文化』의 보도에서 대표적인 아시아 엔카 가수로서 조용필 사진이 소개되어 있다. "演歌の南志向を裏付けた好企画", 『放送文化』 1984. 3., 8쪽.

전통'의 논리적 허술함을 상상할 수 있는 대목이다.

하지만 실제로 엔카의 기원에 대한 의문은 이미 이전에 다양한 설이 있었는데, 그중 하나가 '한국 기원설'이다. 1970년대 중반 일본의 신좌파계 문화의 거물이었던 문화평론가 히라오카 마사아키(平岡正明)는 그의 책 『명창 수호전』(歌入り 水滸傳, 1974)에서 엔카는 "재일조선인의 마음"을 주제로 한 노래라고 주장한다.[50] 이 가설에는 엔카를 '반체제의 대항축'으로 보고자 하는 좌파적 의도가 들어 있다. 즉, 히라오카는 "엔카는 일본의 마음"이라고 하는 체제 옹호적인 입장에 반대하고자 하는 것이다. (NHK의 홍백가합전에 50회라는 역대 최다 출연) 인기가수 기타시마 사부로에 대해서 "원래 일본인은 그 정도로 엔카를 잘 부를 수 없지만, 그는 일본인이다"라고 히라오카는 적고 있다.[51] 이럴 정도로, 엔카의 기원을 재일조선인이라는 가설을 설파하고 있는데, 한국에서 트로트가 '왜색가요'로 비판을 받고 있으므로 흥미로운 현상이 아닐 수 없다.

실제로 일본에서 떠돌았던 엔카의 한국기원설은 미소라 히바리를 비롯해서 엔카의 대가 중 재일조선인이 많다는 풍설과 함께 한국 가수의 레코드를 일본에서 판매하기 위한 전략으로 자주 등장하는 선전 문구에서 비롯되기도 했다.[52] 하지만 무엇보다도 한국기원설의 구체적 근거는 고가 마사오(古賀政男)가 소년시절 식민지 조선에서 살았고, 그의

---

50) 輪島裕介, 『創られた日本の心神話 : 演歌をめぐる戦後大衆音楽史』, 301쪽.
51) 기타시마 사부로의 대표곡 중 하나가 〈축제〉(まつり)인데, NHK 홍백가합전에서 6회나 불렸다. 輪島裕介, 『創られた日本の心神話 : 演歌をめぐる戦後大衆音楽史』, 301쪽.
52) 이에 대해서는 岡野弁, 『演歌源流·考』, 學藝書林, 1988, 12쪽.

음악에 3박자가 많다는 것으로 그의 멜로디가 조선민요의 영향을 받았
다는 것이다.[53] 이런 논의에서 얻을 수 있는 것은 엔카가 서양음악을 일
본식으로 수용한 하나의 형태이지만, 엔카의 역사적 전개에 식민지 조
선음악문화와 한국인이 깊이 관여했다는 사실일 것이다.[54] 이에 대해서
는 엔카의 음악적 정의와 함께 별도의 자세한 연구가 필요하다.

　　일본제국이 아시아에서 행한 가해자성을 규탄하고 일본 국내에
있는 재일조선인과 같은 마이너리티 문제에 관심을 보이던 일본 신좌
파의 엔카 '한국 기원설'은 좌파의 영향력이 쇠퇴하는 만큼 약화되었고,
반면 '엔카=일본의 마음'이라는 체제옹호적 주장이 7, 80년대 압도적인
세력을 얻게 되고 90년대는 '일본적 음악'으로 확고부동한 위치에 오르
게 된다.

3.2. 엔카의 스테레오타입적 이미지

　　일본의 '만들어진 전통'으로서 전형적인 엔카의 고정된 이미지가
뚜렷한 실루엣을 얻게 되는 때는 1990년대 가라오케시대라 할 수 있다.
초기 가라오케 시기에는 흘러간 그리운 옛 멜로디 '나쓰메로'(懐メロ)로
서 엔카가 가라오케를 즐기는 사람들(1930, 40년대 출생의 중년 남자들)
의 주 레퍼토리였다.[55] 1981년 10월 30일 아사히신문의 기사에 따르면,

---

53) 輪島裕介, 『創られた日本の心神話 : 演歌をめぐる戦後大衆音楽史』, 302쪽.
54) 増淵敏之, 『欲望の音楽 :「趣味」の産業化プロセス』, 法政大学出版局, 2010, 90쪽.
　　엔카가 일본전통음악에 뿌리를 두고 있다고 주장하는 연구로 안성민의 석
　　사논문(2002)이 있다.
55) Hiroshi Ogawa, "The effects of Karaoke on Music in Japan", Hosokawa Shuhei

가라오케에서 노래하는 10명 중 9명이 엔카를 선호한다고 한다.56)

하지만 이러한 초기의 엔카 집중은 '가라오케박스'(폐쇄공간) 시기로 접어들어 가라오케가 더욱 대중화되어가는 1990년대에는 변화된다. 1996년의 통계에 따르면, 15세 이상 일본시민의 55.4%가 가라오케를 경험했고, 20대는 남자 73.5%, 여자 76.4%가 1년에 평균 10.5회를 이용하였다.57) 초기의 남성 중심, 중년층 중심의 가라오케 이용자 양상이 여성참여도와 젊은이의 참여도 상승으로 확대되고 있는 상황을 보여준다. 이는 곧 가라오케가 일본인의 중요한 여가활동이 되었음을 의미하는데, 레퍼토리가 다양화됨은 쉽게 알 수 있는 일이다. 엔카를 선호하는 중장년층과 달리 젊은이들은 가라오케를 통해 주로 J-Pop을 불렀다.

그런데 가라오케 시기, 특히 중년층이 가라오케에 열광했던 이유는 무엇일까? 오가와 히로시(小川博司)의 연구에 따르면, 이는 가라오케를 통해 "자신을 표현하는 완벽한 수단"을 얻게 되었기 때문으로 분석된다.58) 소비행위를 통해 다른 사람과 구별되는 개인적인 것에 가치를 두는 시대에 가라오케는 중장년층이 '자신만의 스토리'를 추구하는 데 유리한 장치였다. 더욱이 잊힌 옛 노래로만 생각했던 엔카를 가라오케박스에서 스스로 무대의 가수처럼 재현하면서 자신이 건재하다고 위안받을 수 있었다. 이로 인해 가라오케박스는 "마음을 위로하는 공간"으로서

(ed.), *Karaoke Around the World: Global Technology, Local Singing*, Routledge, 1998, p.46.
56) Hiroshi Ogawa, "The effects of Karaoke on Music in Japan", p.46.
57) Hiroshi Ogawa, "The effects of Karaoke on Music in Japan", pp.47-48.
58) Hiroshi Ogawa, "The effects of Karaoke on Music in Japan", p.47.

작용하였다.[59] 이러한 경향은 가라오케의 폭발적 인기로 심화되었고, 중장년층의 엔카의 소비도 상승하게 되었다.

아이러니컬한 것은 가라오케를 통해 각자 '자신의 엔카'를 불렀지만, 이는 오히려 엔카의 '정형화', '균질화'를 창출하는 데 기여했다는 것이 필자의 주장이다. 가라오케의 반주음향은 라이브 음악연주와 달리 녹음된 기계적인 음향이므로, 모든 노래에 똑같이 적용되는 기계적 음색은 노래의 개성을 없애버린다.[60] 사람이 기계반주에 맞추어 불러야 하는 상황에서 생기는 당연한 결과라고 할 수 있을 것이다. 또한 각자 자신의 선택에 따라 자유롭게 노래하는 것 같지만, 실제로는 가라오케 박스에 저장된 레퍼토리에 제한을 받고 있다. 뿐만 아니라, 노래방식이나 리듬에서도 다양화되기보다 획일적이 될 수밖에 없다. 기계가 정해주는 리듬과 빠르기에 맞추어야 하므로 전형적인 노래가 주류를 이루게 된다. 이런 조건에서 노래 자체도 비슷해지는데, 예를 들면, 가라오케 시대의 인기 엔카 가수 이시카와 사유리(石川さゆり)[61]가 부르는 〈북쪽지

---

59) 엔카는 "오래되고, 좋은 일본의 자연과 인정"을 표현한다는 스테레오타입적인 이미지가 지배적이 된다. 輪島裕介, 『創られた日本の心神話 : 演歌をめぐる戦後大衆音楽史』, 307쪽, 313쪽.

60) 가라오케 시대 곡과 가수의 관계는 확실히 그 이전과 비교했을 때 달라졌다고 할 수 있다. 곡과 가수의 관계는 일대일로서 이것은 누구의 노래라는 것이 있었지만, 가라오케시대에 아마추어들이 가라오케 레퍼토리 중에 명곡을 골라 부르듯이, 방송에 나온 가수도 다른 가수의 명곡을 부르는 경향이 노골적으로 되었다. 조용필의 〈돌아와요 부산항〉은 수많은 일본가수들이 불렀는데, 아츠미 지로는 이 곡으로 70만 장이라는 대히트를 거뒀다. (조용필 인터뷰, 2014. 4. 3. 서초동 '필' 사무실)

61) 1977년 〈津軽海峡·冬景色〉(つがるかいきょう ふゆげしき)의 대히트로 유명해진 가수. NHK의 홍백가합전에 총 35회 출연(2012년까지).

방 눈 속 여관〉(北国雪の宿), 〈마음의 술〉(心の酒), 〈오사카 소나기〉(大阪時雨), 〈오사카 여자〉(大阪おんな)를 들으면 비슷하다.[62]

집단적 소비를 통해 가라오케가 사람들의 노래 부르는 방식, 노래 취향, 오락시간 등 엄청난 변혁을 일으킨 것은 사실이다. 1999년 8월 23일 〈타임스〉에 "간디, 모택동, 쇼와 천황"과 나란히 '20세기 가장 영향력 있는 아시아 사람'으로 가라오케 개발자 이노우에 다이스케(井上大佑)가 언급된 것은 이를 잘 반영해준다.[63] 이 엄청난 대중매체 가라오케는 1970년대 이후 사양길에 접어들었던 엔카에 새로운 활력을 불어넣어 줄 수 있었고, 1990년대 일본의 국민적 문화로 자리 잡게 하는 데 기여했다고 하겠다.

3.3. TV방송 〈엔카의 하나미치〉를 통해 본 엔카의 스테레오타입

스테레오타입적인 엔카 이미지는 가라오케를 통해서 형성되고 확산되었을 뿐 아니라, 실제 방송에서도 나타난다. 1990년대 "대표적인" 엔카 방송 프로그램은 민영 방송국 테레비도쿄의 〈엔카의 하나미치〉이다.[64] 가라오케가 성행하던 때 인기 높았던 이 프로는 매주 일요일 테레

---

62) 가라오케 시대의 엔카는 가사, 곡조, 가창 스타일이 서로 비슷하여, 독자적인 스타일, 새로움은 사라진다. 개성이 강한 가수는 오히려 퇴출되는 현상이 생긴다. 〈설국〉(雪国)을 이시카와 사유리의 노래와 요시 이쿠조(吉幾三)의 노래를 비교해 보면, 가라오케 스타일에서 추구되는 노래스타일의 전형을 볼 수 있다.

63) 月渓恒子 外, 『現代日本社会における音楽』, 放送大學教育振興會, 2008, 89쪽.

64) Christine Yano, *Tears of longing*, p.170; 古茂田信男(編), 『日本流行歌史』(下), 94쪽. 〈엔카의 하나미치〉는 '전설적인 방송'으로서 지금도 DVD로 발매되어 판매되고 있다.

비도쿄의 황금시간대(22:00~22:30)에 방영되었다. 〈가요홀〉, 〈노래자랑〉 또는 〈홍백가합전〉에서의 진행과 달리, 엔카 가수가 노래하기 전 백그라운드 음악과 함께 기노미야 료코(来宮良子)의 구수한 내레이션[65]이 드라마틱한 분위기를 연출해 내는 것이 독특하다. 이 프로그램은 '하나미치'[66]라는 제목이 암시하듯이 연극적 요소가 가미된 스토리가 있는 가요 방송이었다.[67] 매회 출연하는 가수는 대체로 3명이고, 일관되게 지속된 스타일은 술집이나 항구의 세트를 배경으로 가수가 서성이거나 기다리고 있고, 장소에 맞는 스토리를 내레이션이 소개한 후 가수의 노래가 시작된다.

이 방송에서 가장 많이 출연한 가수는 남성으로 모리 신이치(森進一), 여성으로는 야시로 아키(八代亞紀)가 각각 150회 출연했다.[68] 그리고 이 방송에 출연하여 유명해진 가수로는 사카모토 후유미(坂本ふゆみ), 계은숙, 다카야마 겐(高山 巌), 고다 신(香田 晋)이 있다.[69] 〈엔카의 하나미치〉는 인기가수들의 등용문이라 해도 과언이 아니었다.

1992년 1월부터 1993년 7월까지 7회나 출연[70]할 정도로 인기 높았

---

65) 기노미야 료코(1931~)는 낮은 톤의 편안한 목소리를 가진 배우, 성우, 나레이터로 유명하다.
66) 하나미치는 일본전통 노 연극에서 배우가 입장하기 위해 지나가는 통로를 의미한다.
67) 방송 컨셉을 22년간(1978~2000) 지속할 수 있었던 것은 대정제약이라는 한 회사의 스폰서가 있었기 때문이었다. 古茂田信男(編), 『日本流行歌史』(下), 94쪽.
68) 古茂田信男(編), 『日本流行歌史』(下), 94쪽.
69) 古茂田信男(編), 『日本流行歌史』(下), 94쪽.
70) 같은 시기 7회 출연한 여성가수는 후지 아야코(藤あや子), 고자이 가오리(香西かおり), 오츠키 미야코(大月みやこ)이고, 8회 출연은 가와나카 미유키(川中美幸), 고바야시 사치코(小林幸子), 사카모토 후유미(坂本冬美)이며, 이시카

던 한국의 계은숙을 예로 들어보자. 먼저 "덧없는 세상무대의 하나미치는 겉과 속이 있네/꽃피고 열매 맺어 노래 있다면, 피지 못한 꽃에도 노래 하나 있네"로 내레이션이 시작된다. 그리고 호젓한 곳에서 혼자 남자를 기다리고 있는 여성의 사연을 흘려보낸다. "이 밤에 외로워 '하찮은 인생, 안녕'이라고 하며 울었다/엔카의 하나미치 불빛도 흔들리니 계은숙의 노랫소리 들으면/왠지 몸속 깊이 스며드는 마음의 노래"[71] 그리고 "안녕, 인생. 바이바이"라는 내레이션과 바이올린 선율이 주도하는 전주가 나오면 계은숙은 일본어로 〈눈물방울〉(すずめの涙)을 부른다.

조용필도 1991년 〈엔카의 하나미치〉에 출연하는데, "바다 저편은 파도뿐. 오늘밤도 이 가슴 다시 생각난다/절절히 느끼는 요코하마의 밤/이 바다에서 울고 있는 것은 바람뿐만이 아니지"라는 코멘트와 함께 〈추억의 미아〉(想いで迷子)를 노래한다.[72] 가수도 다르고 내레이션의 표현은 다르지만 연출된 분위기는 비슷하다. 떠남, 상실의 상황, 채워지지 않는 갈망 상태가 전체를 관통하는 주제이기 때문이다. 엔카 가사에서뿐 아니라, 〈엔카의 하나미치〉의 내레이션에서도 자주 반복되어 나오는 단어는 여자 혼자, 외롭다, 눈물, 울다, 가슴, 오늘 밤 그리고 마음의 노래

와 사유리는 6회 등장한다. 남성가수로서는 호리우치 다카오(堀内孝雄)가 8회 출연으로 최다이다. Christine Yano, *Tears of longing*, p.218.

71) http://www.youtube.com/watch?v=IpKvdrGVY6U(검색일: 2014. 3. 20.). 일본어 교정에 도움을 준 사토 아키히토 군에게 감사한다.

72) 〈추억의 미아〉는 (1988년 오리콘 차트 싱글 35위) 〈돌아와요 부산항에〉와 함께 일본에서 조용필을 엔카 가수로서의 이미지를 굳혔던 노래이다. 그는 1987년부터 4년간 연속 NHK방송의 홍백가합전에 출연한 최초의 한국 가수인데, 엔카 가수의 고정 이미지를 벗지 못했다.

이다. 이러한 〈엔카의 하나미치〉의 이미지를 감각적으로 드러내는 데에 이 프로그램의 오프닝 음악도 한몫한다. 하향하는 라-파-레-라 모티브가 반복되어 시그널처럼 나온다. 하향하는 D단조의 4음 모티브는 아래로 떨어지는 '음악적 눈물' 또는 '음악적 비'를 연상시키면서, 눈물이 엔카의 핵심적 정서임을 부각시킨다.

4. 허구로서 소비되는 엔카

〈엔카의 하나미치〉에서 잘 보여주었듯이 엔카가 대표하는 전형적인 정서는 '눈물'의 정서이다. 젊은 층에게는 이러한 과장된 제스처와 과잉된 감정이 신파조로 여겨져 거부감이 컸을 것이고, 촌스럽기까지 할 정도로 세련되지 못하여 현대인의 시대적 감각에 맞지 않았을 터인데도 〈엔카의 하나미치〉는 1990년대 대표적인 가요방송이 될 정도로 큰 인기를 끌었다. 〈엔카의 하나미치〉를 풍자한 패러디 방송도 여러 개 있을 정도였다.[73] 이것을 어떻게 설명할 수 있을까?

4.1. 과잉된 감정의 허구성 또는 엔카의 '픽션화'

〈엔카의 하나미치〉를 패러디한 방송을 보면 하나의 해답을 찾을 수

---

73) TBS 방송프로그램 "고로케"에서 80년대 일본의 유명 코미디언(본명: 瀧川広志) 고로케가 〈모노마네 엔카노 하나미치〉를 연기하여 웃음을 자아낸다. (http://www.youtube.com/watch?v=_n_ZwiG_Its(검색일: 2014. 3. 18.)

있을 것이다. 하나의 예로 젊은 관객들이 선호하는 〈풋볼 아워－엔카의 하나미치〉(フットボールアワー)74)라는 코미디 프로그램이 있다. 여기서 연출되는 패러디는 다음과 같은 간단한 논리이다. '1) 여자는 남자를 붙잡고, 2) 남자는 여자를 떠나가고 3) 이로 인한 마음의 상처로 여자는 눈물을 흘림'이라는 엔카의 클리셰이다. 이 클리셰의 하이라이트는 여장한 코미디언이 떠나는 남자 애인을 향해 "안타~"하고 절규하는 순간, 가라오케 반주음악과 함께 내레이션이 나오고, 여자는 금세 태도를 바꾸어 〈눈물비〉(涙雨)라는 엔카를 부르는 장면이다. 여기에서 폭소가 터진다.75)

　　웃음을 자아내는 키포인트는 과잉된 눈물의 거짓된 제스처이다. 남자에게 버림 받은 여자(여장한 남자)가 눈물을 흘리는 척하다가 가라오케음악의 반주가 나오면, 금세 눈물을 그치고 노래를 부르는 장면은 청취자에게 그녀의 눈물이 진짜가 아니라 허구임을 적나라하게 보여준다.

　　이것은 〈엔카의 하나미치〉의 핵심을 찔렀다고 할 수 있다. 〈엔카의 하나미치〉 청취자도 엔카의 내용이 보여주는 눈물이 결코 90년대 일본인이 리얼하게 느낄 수 없는 허구임을 본다. 차이가 있다면, 〈엔카의 하나미치〉는 〈풋볼 아워〉처럼 직접적이지 않을 뿐이다. 반면 〈풋볼 아워〉

---

74) 이와오 노조무(岩尾望)와 고토 데루모토(後藤輝基) 2인 콤비. http://www.youtube. com/watch?v=Ep_KRgNydCY&list=PLP_0Uhl7sP0szf2AUy1pj8zwB-vtXR6R- &index=22(검색일: 2014. 3. 18.)

75) 현실에서 일어나기 힘든 의외의 모습이 젊은 청중의 웃음을 자아낸다. 웃음을 자아내는 또 다른 이유로는 낯익은 것을 무대 위에서 낯설게 보는 것 때문일지도 모른다. 이 점을 지적해 준 시부야 도모미(渋谷知美) 교수에게 감사드린다.

에서는 가발을 쓰고 가짜 가슴과 치마로 여장한 남자 코미디언이 처음부터 허구 위에서 스토리가 전개된다는 것을 청중에게 오해 없이 보여준다.

〈엔카의 하나미치〉가 그려내는 '엔카적' 분위기는 1990년대의 현대인이 자기 동일시를 하기에는 너무 낯선 것이 되었다. 게다가 료코의 구수한 내레이션은 무성영화의 변사 같은 스타일을 연상시키며, 스토리텔링이라는 픽션의 느낌을 확실하게 준다. 픽션은 허구일 뿐이다. 이 픽션 속에 연출되는 엔카의 부담스런 과잉 감정은 현대인의 리얼한 감정을 반영할 수 없다. 아니, 반영할 필요도 없다. 픽션으로 즐기면 되는 것이다. 디즈니랜드가 허구임을 알면서도 즐기듯이. 〈엔카의 하나미치〉가 만들어내는 엔카의 '픽션화'는 이 엔카 프로그램이 90년대 성공할 수 있었던 하나의 열쇠로 보인다.

4.2. '오리엔탈리즘적 향수'로서 엔카

〈엔카의 하나미치〉는 이미 1978년에 시작되었지만, 오히려 90년대에 대표적 가요방송으로 큰 인기를 끌 수 있었던 것은 또 하나의 시대적 배경과 불가분의 관계가 있다고 하겠다. 즉 1990년대 '노스탤지어'라는 시대적 분위기가 있었기에 가능하였다. 프로듀서 하시야마 아쓰시는 1993년 인터뷰에서 이 프로그램을 만든 의도를 이렇게 말한다.

"나는 [이 프로그램으로] 감정의 고향을 만들고 싶다. 누구나 돌아가고 싶은 고향이 있다. 어떤 이는 시골을 떠났고, 어떤 이는 그런 시골집이 없을지도 모르나, 누구나 돌아가고 싶은 노스탤지어를 가지고 있다. 하지만 현실에서 고향을 실제 방문하는 사치를 가지는 사람은 소수이다. 그래서 이 프로그램은 음악과 이미지를 통해 일시적으로 돌아가고 싶은 감정을 주는 것이 목적이었다."[76]

여기서 중요한 단어는 '돌아가고 싶은 감정', '감정의 고향', '노스탤지어'이다. 이를 바탕으로 하시야마 프로듀서가 의도한 〈엔카의 하나미치〉 방송의 목적을 한마디로 요약하면, 엔카를 통해 청취자들이 막연한 향수를 느끼며 노스탤지어의 감정을 소비하게 만드는 것이다. 이것이 90년대 청취자의 호응으로 성공을 거둔 것은 매우 시사적이다. 이는 곧 방송제작의 기저에 깔려 있는 노스탤지어라는 '빅 비즈니스'의 마인드가 대중적으로 작동한 것을 의미한다.[77]

그런데 〈엔카의 하나미치〉가 불러일으키는 노스탤지어는 어떤 것에 대한 향수인가? 대중문화는 시대를 막론하고 상실감의 정서와 이로 인한 향수의 정서를 자양분으로 존재한다. 즉 노스탤지어는 대중문화

---

76) Christine Yano, *Tears of longing*, p.170.
77) 노스탤지어는 과거를 회상하고 과거를 미화하는 원동력으로서 과거와 관련 있을 것 같지만, 실제로는 현재와 더 밀접한 관련이 있다. 노스탤지어를 불러내고 증폭시키는 것은 "현재의 불안, 걱정, 실존적 비연속성"에 있다는 것이다. 다시 말해, 노스탤지어는 그리운 과거를 그대로 충실하게 재현하는 것에 포인트가 있는 것이 아니다. 오히려 현재의 사회적 문화적 불확실성과 불만이라는 관점에서 바라보는 '과거'는 현재의 요구 속에서 만들어진다. (F. デーヴィス(間場寿一·荻野美穂·細辻恵子 訳), 『ノスタルジアの社会学』, 京都: 世界思想社, 1990, 170쪽, 192-193쪽). 대중이 그리워하는 것이 자주 '만들어진 과거'라는 점에서 노스탤지어는 매우 이데올로기적인 성격을 동반한다. 이와부치 고이치(히라타 유키에·전오경 공역), 『아시아를 잇는 대중문화. 일본, 그 초국가적 욕망』, 또하나의 문화, 2001, 234쪽.

의 존재 근거라고 할 수 있는데, 1990년대 〈엔카의 하나미치〉가 제공하는 노스탤지어의 독특함은 무엇이며, 그 이전의 것과 어떤 차이가 있는가?

대중문화가 작동하는 곳에는 항상 향수에의 욕망이 동원되었다면, 90년대 일본 대중문화에서 향수의 소비가 있었던 것은 그리 특별할 일은 아닐 것이다. 하지만 1970년대를 정점으로 인기를 잃고 쇠퇴해가던 엔카가 90년대 청취자의 호응을 얻었다는 것은 의미심장한 일이다. 70년대 이후 엔카의 쇠퇴는 엔카가 현실 감각과 동떨어진 낡은 세계를 대변하는, 시대에 뒤떨어지고 낡은 이미지를 상징한 것에 그 이유가 있었다면, 90년대 엔카와 〈엔카의 하나미치〉가 인기를 얻는 것은 대중문화 전반에 확산되고 있던 '오리엔탈리즘적 향수'에 근거하는 것이 아닐까 한다.

〈엔카의 하나미치〉의 예에서 보듯이 과잉된 감정 표현과 낯선 예스러운 분위기 등 자기 동일시가 불가능한 연출은 청취자들이 '내적 거리감'을 둘 수밖에 없게 된다. 이 내적 거리감은 '오리엔탈리즘적 향수'를 불러내는 중요한 전제이다. 이것은 도카이 텔레비전의 프로그램 〈고향기행〉(ふるさと紀行)을 제작한 프로듀서 야스다 도시오(安田達夫)가 1993년 인터뷰에서 말한 것과 일맥상통한 것이다. 즉 그는 〈고향기행〉에서 고향을 물리적인 고향과 상관없는 '추상적인 거리'를 가진 이그조틱한 분위기의 이미지로 만들고자 했다고 한다.[78] 이것은 또한 현대

---

78) 安田達夫, "「ふるさと紀行」の30年", 『AURA』 97호, 1993, 89쪽.

서양인이 덜 근대화된 아시아를 동경하는 태도와도 유사한 것이다. 현대 일본 청취자는 엔카를 통해 물리적 시간성으로서의 과거가 아니라, '전근대적인 상태'로서의 과거를 그리워한다고 할 수 있다. 쇼와 시대를 상징하는 엔카는 1990년대 현대 일본인에게 이러한 오리엔탈리즘적 향수를 맛보게 한다.

1970년대 중반까지의 엔카는 '자기 동일시'를 통해 위로를 받을 수 있는 장르로서 인기가 높았다면, 90년대 엔카는 '내적 거리감'을 통해 안도감과 그로 인한 여유를 느끼게 할 수 있었다는 데 큰 차이가 있다고 하겠다. 이렇게 엔카가 90년대 전후 다른 역할을 가지게 되는 그 배경에는 일본과 다른 아시아 각국의 관계가 변화되고 일본인의 아시아 경험이 많아지고 있었던 것과 관련이 있었다.

아시아에 속하면서도 아시아와 단절된 채로 아시아가 아닌 듯한 정책을 펼쳐왔던 전후일본이 1990년대가 되면서 아시아 각국에 눈을 돌리게 된다. 그 일차적 동기는 경제적 이유가 컸다. 이미 언급되었듯이, 아시아의 눈부신 경제성장으로 거대한 아시아시장이 형성되어 이것은 이전까지 일본이 생각하지 못했던 매력적인 시장으로 부각되었다. 이런 흐름을 타고 일본인의 '아시아 소비'는 증가하였다. 일본과 다른 식으로 근대화를 이루어내고 있는 아시아 나라에서 근대화 이전의 시대에 대한 향수를 경험하려는 경향이 있었다. 덜 근대화된 아시아 나라에서 일본이 근대화를 통해 잃어버린 생명력을 보고자 함은 1990년대 일본여성들이 홍콩가수에 열광하는 곳에서도 나타난다. 이들은 '타자에 대한 향수 어린 시선'으로 홍콩이라는 '아시아를 소비'한다. 일본인들이 홍콩대중문화에 관심을 가지는 근저에는 "홍콩도 일본식으로 고도 경제 성장을 했지만, 일본에 없는 활기를 가짐"이 원인으로 여겨진다.[79]

다른 한편, 이 시기 "문화이민자"(文化移民者)[80]들도 급격하게 나타나는데, 약 300명의 젊은 일본여성들이 발리로 이민을 가서 발리의 남성과 결혼했다고 한다.[81] 일본보다 덜 산업화된 발리는 "파괴적 서구화가 진행되기 전의 일본에 대한 동경"[82]을 대신해주는 장소, 즉 '온전한' 문화가 있는 곳으로 여겨졌다. 다시 말하면, 세련되고 모던한 것을 추구하던 고도성장기의 생활감각이 포스트고도성장기에는 덜 근대화되고, 덜 세련된 것에 대한 관심으로 변화된 것은 일본인의 '아시아 소비'가 증가하는 한 원인이고 동시에 결과였다. 이런 분위기는 "낡은 소리의 장르인 엔카"[83]가 일본인에게 다시 관심을 끌게 되는 것과 밀접한 관계를 가진다 하겠다.

5. 일본대중문화 속 상실감의 정서

지금까지 1990년대 상실감과 허구의 시대에 엔카가 어떻게 소비되었는지, 그리고 시대에 뒤떨어진 장르로 여겨져 인기를 잃었던 엔카가

---

79) 이와부치 고이치, 『아시아를 잇는 대중문화. 일본, 그 초국가적 욕망』, 262쪽.
80) 인류학자 후지타 유코(藤田結子)가 만든 용어. 요시미 순야, 『포스트전후사회』, 242쪽.
81) 요시미 순야, 『포스트전후사회』, 243~244쪽.
82) 이와부치 고이치, 『아시아를 잇는 대중문화. 일본, 그 초국가적 욕망』, 262쪽.
83) Christine Yano, *Tears of longing*, p.17.

1990년대 다시 각광을 받게 되는 과정을 분석하였다. 이를 4가지로 정리해 볼 수 있다.

첫째, 마을 만들기, 문화 일으키기와 같이 사라져가는 문화에 대한 애착심이 퍼지고 있는 가운데 엔카를 국가적으로 공인하고, 엔카를 자랑스러운 일본의 문화로서 장려하려는 분위기가 있었다. 미소라 히바리가 사후 국민영예상을 수여받게 됨으로써 미소라의 "신격화"[84]와 함께 엔카는 '일본적인' 음악으로 확고한 위치를 점하게 되었다.

둘째, 가라오케 박스가 폭발적인 인기를 얻게 되고, 폐쇄된 작은 방에서 사람들은 마치 스타가 된 듯 열광하며 노래하는데, 이 덕분에 엔카의 집단적 소비가 가능해졌다. 미소라의 신격화와 함께 엔카가 일본적이고 전통적인 대중음악으로 정착할 수 있게 하는 데 기여했다. 이러한 집단적 엔카의 소비를 통해 허구적이지만, 공동체적 안도감을 체험할 수 있는 계기가 되었으리라 생각된다.

셋째, 90년대 미디어에서 엔카의 소비가 보여주듯이, 이미지에 높은 가치를 부여하는 허구의 시대적 풍토에서 엔카는 픽션화된 형태로, 즉 스토리로서 수용될 때 그 호응도가 커짐을 볼 수 있었다.

넷째, 엔카의 소비를 증대하는 중요한 원동력은 '눈물의 정서'에의 감정이입이 아니라, 내적 거리감을 통해 전근대적인 것에의 '오리엔탈리즘적 향수'였으리라는 것이다. 일본의 '아시아 소비'가 급증하는 배경에는 일차적으로 경제적 이유로 촉발된 것이지만, 일부 적극적인 일본 여성들의 행동에서 볼 수 있듯이, 발리처럼 '덜 현대화'된 아시아에서 '온

---

84) 輪島裕介, 『創られた日本の心神話 : 演歌をめぐる戦後大衆音楽史』, 317쪽.

전한' 문화를 느끼고자 하는 오리엔탈리즘적 향수에의 욕망이 일본사회에 존재했음을 알 수 있다. 이런 맥락에서 일본인이면 누구나 어렵지 않게 꿰뚫어 볼 수 있는 '덜 현대적'인 스타일의 엔카에서 현재의 불안함과 대비되는 안도감을 느낄 수 있으리라 추측된다.

결론적으로 90년대 일본사회에 퍼진 상실감의 분위기는 노스탤지어에의 욕망과 짝을 이루면서 엔카가 주목받게 되는 배경을 형성하였다고 할 수 있다. 물론 대중매체 있는 곳에 항상 노스탤지어에의 욕망은 있어 왔지만, 이전(특히 1970년대)과 비교해서 1990년대에 달라진 것은 변화된 시대적 콘텍스트에 근거한다. 즉 1970년대가 '현실과 이상'이라는 긴장감 속에서 리얼리티의 감각이 있었던 시절이라고 한다면, 90년대에는 이미지가 가치로 환원되고, 허구가 리얼리티의 세계를 압도하는 시대가 되었다. 90년대 노스탤지어는 개인의 과거 또는 역사적 과거의 차원을 넘어서 '덜 현대화된 상태', 혹은 '전근대성'에의 노스탤지어로 규정해 볼 수 있다.

엔카가 "노스탤지어적 장르"[85]임은 이미 주장되었지만, 본 논문에서 강조하고자 하는 것은 결국 엔카의 소비를 통해 나타나는 90년대의 향수는 단순한 과거에의 향수가 아니라, 전근대성에 대한 오리엔탈리즘적인 향수라는 점이다. 90년대 엔카의 눈물과 상실감은 리얼리티로서가 아니라, 이것이 허구임을 앎에서 오는 여유와 안도감을 확인하는 데에 그 위로의 기능이 있었다고 주장하고자 한다.

---

85) Christine Yano, *Tears of longing*, p.16.

현대일본생활세계총서 8

일본, 상실의 시대를 넘어서

주요 참고문헌

서장: 상실의 시대, 새로운 윤리적 주체를 꿈꾸며

梅棹忠夫,「情報産業論」,『中央公論』78(3), 1963.

小熊英二,『〈民主〉と〈愛国〉: 戦後日本のナショナリズムと公共性』, 新曜社, 2002.

梶田孝道, 丹野清人, 樋口直人,『顔の見えない定住化: 日系ブラジル人と国家・市場・移民ネットワーク』, 名古屋大学出版会, 2005.

鬼頭宏,『図説人口で見る日本史 縄文時代から近未来社会まで』, PHP研究所, 2007.

関口和一,『パソコン革命の旗手たち』, 日本経済新聞社, 2000.

ダニエル・ベル,『脱工業社会の到来-社会予測の一つの試み(上・下)』, ダイヤモンド社, 1975.

ジェームズ・アベグレン,『日本の経営』, ダイヤモンド社, 1958; 新版, 1974; 新訳版, 日本経済新聞社, 2004.

三浦展,『下流社会:新たな階層集団の出現』, 光文社, 2005.

Ash Amin ed., *Post-fordism: A Reader*, Blackwell Publishing, 1994.

Krishan Kumar, *From Post-Industrial to Post-Modern Society: New Theories of the Contemporary World*, Blackwell Publishing, 1995.

Lie, J., "The discourse of Japaneseness," M. Douglass & G. S. Roberts (ed.), *Japan and Global Migration*, New York: Routledge. 2000.

National Intelligence Council, "Global Trends 2020," 2004.

_____, "Global Trends 2030," 2012.

Eika Tai, "Korean Japanese - A new identity option for resident Koreans in Japan," *Critical Asian Studies* 36(3), 2004.

마쓰모토 겐이치(요시카와 나기 옮김), 『일본 우익사상의 기원과 종언』, 문학과지성사, 2009.

_____ (권정희 옮김), 「아시아주의자의 원상(原像): 나카노 세이고(中野正剛)의 경우」, 『일본비평』 10호, 2014. 2.

박유하, 『제국의 위안부-식민지지배와 기억의 투쟁』, 뿌리와이파리, 2013.

박정훈, "일 보수우파 연구(중)"반마-군비증강" 목청 높여", 조선일보, 1999. 8. 17.

박진우, 「상징천황제와 미국」, 『일본비평』 1호, 2009. 8.

서정완·임성모·송석원 편, 『제국일본의 문화권력(한림일본학연구총서I)』, 소화, 2011.

윤상인, 「'말 걸기'를 시작하며」, 『일본비평』 1호, 2009. 8.

야스다 고이치(김현욱 옮김), 『거리로 나온 넷우익 : 그들은 어떻게 행동하는 보수가 되었는가』, 후마니타스, 2013.

이정환, 「장기불황, 구조개혁, 생활보수주의」, 『일본비평』 10호, 2014. 2.

조관자, 「내재적 발전론의 네트워크, '민족적 책임'의 경계-가지무라 히데키와 그의 시대, 1955-1989」, 『아세아연구』 153, 2013. 9.

_____, 「'우경화'의 마법 풀기-내셔널리즘의 충돌과 보편 윤리의 획득」, 『일본비평』 10호, 2014. 2.

코모리 요우이치·타카하시 테츠야 편(이규수 옮김), 『내셔널 히스토리를 넘어서』, 삼인, 1999.

황성빈, 「넷우익과 반한류, 배외주의의 여론-주요 언론의 담론 분석을 중심으로」, 『일본비평』 10호, 2014. 2.

쑨거(윤여일 옮김), 『다케우치 요시미라는 물음 : 동아시아의 사상은 가능한가』, 그린비, 2007.

浅羽通明, 『右翼と左翼』, 幻冬舎, 2006.

雨宮処凛, 『生き地獄天国 : 雨宮処凛自伝』, 筑摩書房, 2007.

伊藤貫, 『中国の「核」が世界を制す』, PHP研究所, 2006.

_____, 『中国の核戦力に日本は屈服する 今こそ日本人に必要な核抑止力』, 小学館, 2011.

石田英敬·鵜飼哲·小森陽一·高橋哲也 21世紀のマニフェスト 脱, 「パラサイト·ナショナリズム」!」, 『世界』, 2000. 8.

石原慎太郎·一橋総合研究所, 『宣戦布告「No」と言える日本経済 : アメリカの

金融奴隷からの解放」, 光文社, 1998.

大月隆寛, 「小林よしのり"反米一直線"のコーマニズムに一筆啓上いたします」, 『諸君!』, 2005. 3.

大沼保昭, 『東京裁判から戦後責任の思想へ』, 東信堂, 1997

片岡鉄哉, 『日本は「政治大国」になれる："吉田ドクトリン"からの脱却』, PHP研究所, 1992.

加藤寛, 『日本の時代が来る：政治大国への条件』, 山手書房, 1981.

木村三浩, 『右翼はおわってねえぞ! 新民族派宣言』, 雷韻出版, 2001.

黒田勝弘, 「赤い群衆'たちの愛国心」, 『Vocie』, 2002. 8.

小林よしのり, 『新ゴーマニズム宣言SPECIAL戦争論』, 幻冬舎, 1998.

　　　　　　　"あとがき 羞恥からの成長", 『ゴーマニズム宣言 9』, 幻冬舎文庫, 2000.

_____, 『新ゴーマニズム宣言SPECIAL戦争論2』, 幻冬舎, 2001.

_____, 『新ゴーマニズム宣言SPECIAL戦争論3』, 幻冬舎, 2003.

_____, 『アホ腰抜けビョーキの親米保守』, 飛鳥新社, 2003.

_____, 『ゴーマニズム宣言SPECIAL 国防論』, 小学館, 2011.

_____, 『ゴーマニズム宣言SPECIAL 脱原発論』, 小学館, 2012.

_____, 『ゴーマニズム宣言SPECIAL 反TPP論』, 小学館, 2012.

小森陽一・高橋哲哉 編, 『ナショナル・ヒストリーを越えて』, 東京大学出版会, 1996.

高橋哲哉, 『戦後責任論』, 講談社, 1999.

竹内好, 「近代の超克」(1959), 『近代の超克』, 富山房, 1979.

田母神俊雄, 『日本核武装計画 真の平和と自立のために』, 祥伝社, 2013.

頭山満, 『アジア主義者たちの声 Vol.1　玄洋社と黒龍会, あるいは行動的アジア主義の原点』, 書肆心水, 2008.

佐伯啓思, 『「アメリカニズム」の終焉』TBSブリタニカ, 1994/1998.

_____, 『自由と民主主義をもうやめる』, 幻冬舎, 2008.

鈴木国男, 『愛国と米国』, 平凡社, 2009.

上丸洋一, 『「諸君!」「正論」の研究 :保守言論はどう変容してきたか』, 岩波書店, 2011.

"中曽根外交第一幕の選択─訪韓→訪米"『朝日ジャーナル』25(3), 1983. 1. 21.

中原正一, "政治大国化"狙う竹下首相─憲法の枠を越え"禁じられた火遊び"(政

　　　界メモ)」,『公明』319号, 1988. 8.

西部邁・木村三浩,『鬼畜米英―がんばれサダム・フセインふざけんなアメリカ!!』,
　　　鹿砦社, 2003.

_____・小林よしのり,『反米という作法』, 小学館, 2002.

_____,『核武装論: 当たり前の話をしようではないか』, 講談社, 2007.

橋川文三,『日本浪曼派批判序説』, 未来社, 1960.

林房雄,『大東亜戦争肯定論』, 番町書房, 1964.

藤岡信勝,『近現代史教育の改革：善玉・悪玉史観を超えて』, 明治図書出版, 1996.

_____,『汚辱の近現代史―いま、克服のとき』, 徳間書店, 1996.

藤田省三,『全体主義の時代経験』(藤田省三著作集 6), みすず書房, 1997.

孫崎享,『日米同盟の正体~迷走する安全保障』, 講談社, 2009.

_____,『不愉快な現実 中国の大国化、米国の戦略転換』, 講談社, 2012.

増山栄太郎,「サミット後の中曽根外交―「政治大国」への重要な契機(世界の焦点)」,
　　　『世界週報』64(23), 1983. 6. 14.

宮台真司・鈴木弘輝・堀内進之介,『幸福論〈共生〉の不可能と不可避について』,
　　　NHK出版, 2007.

「[試される憲法] 社会学者 宮台真司さん 国家操縦の『憲法意思』大事」,『東京新
　　　聞』, 2007. 5. 8.

盛田昭夫・石原慎太郎,『「No」と言える日本：新日米関係の方策』, 光文社, 1989.

廣松渉,『廣松渉著作集』第14巻, 岩波書店, 1997.

_____,『〈近代の超克〉論 昭和思想史への一断想』, 講談社, 1980/1989.

Jerry Z. Muller.2008. "Us and Them―The Enduring Power of Ethnic Nationalism",
　　　Foreign Affairs, March/April 2008.

하종문, "새역모의 분열과 지유샤 교과서의 출현" 프레시안, 2011.

http://www.pressian.com/news/article.html?no=104038(검색일: 2014. 4. 10.)

外務省,「中堅国家構想(MPI)訪日団による岡田外務大臣表敬」, 2009.

http://www.mofa.go.jp/mofaj/press/release/21/12/1209_02.html(검색일: 2014. 4. 10.)

"憲法改正の賛否が逆転 反対47%が賛成３８%を上回る"(産経新聞, 2014. 3. 31.)

http://sankei.jp.msn.com/politics/news/140331/plc14033123110017-n1.html(검
　　　색일: 2014. 5. 21.)

小林よしのりライジング, "自民党の憲法改正案の恐ろしさ", niconico, 2013.

http://ch.nicovideo.jp/yoshirin/blomaga/ar221933(검색일: 2014. 3. 15.)

tv-asahi, "世論調査" 2006. http://www.tv-asahi.co.jp/hst/poll/200610/(검색일: 2014. 4. 5.).

아오키 다모쓰 지음(최경국 역), 『일본문화론의 변용』, 소화, 2000.

장인성, 「현대일본의 보수주의와 '국가'」, 『일본비평』 창간호, 2009, p240-281.

_____, 「현대일본의 애국주의: 전후공간과 탈냉전공간의 애국심론」, 『일어
　　　　일문학연구』 제84집, 2013, 37-71쪽.

加藤典洋, 『敗戰後論』, 講談社, 1997.

中曾根康弘·佐藤誠三郎·村上泰亮·西部邁, 『共同硏究「冷戰以後」』, 東京: 文藝
　　　　春秋, 1992.

西部邁, 『大衆への反逆』, 文藝春秋, 1983.

_____, 『幻想の保守へ』, 文藝春秋, 1985.

_____, 『大衆の病理』, 日本放送出版協会, 1987a.

_____, 『批評する精神』, PHP硏究所, 1987b.

_____, 『戰爭論』, 日本文芸社, 1991a.

_____, 『経済倫理学序説』, 中央公論社, 1991b[원저 1983].

_____, 『「成熟」とは何か』, 講談社, 1993.

_____, 『「国柄」の思想』, 德間書店, 1997.

_____, 『保守思想のための39章』, 中央公論新社, 2012[초판 2002].

_____, 『保守の辞典』, 幻戱書房, 2013.

高橋哲哉 『戰後責任論』, 講談社, 1999.

村上泰亮·公文俊平·佐藤誠三郎, 『文明としてのイエ社会』, 中央公論社, 1979.

_____, 『新中間大衆の時代』, 中央公論社, 1984.

_____, 『反古典の政治経済学』(上·下), 中央公論社, 1992.

新しい歴史教科書をつくる会編(西部邁執筆), 『日本の道徳』, 産経新聞ニュー
　　　　スサービス, 2000.

外務省調査チーム, 「いわゆる「密約」問題に関する調査報告書」, 2010. 3. 5.
　　　http://www.mofa.go.jp/mofaj/gaiko/mitsuyaku/kekka.html(검색일:
　　　2014. 3. 5.)
国家安全保障会議, 「国家安全保障戦略について(2013. 12. 17. 内閣決定)」
　　　http://www. cn.emb-japan.go.jp/fpolicy_j/nss_j.pdf(검색일: 2014. 3. 5.)
国家戦略局, 「新成長戦略：「元気な日本」復活のシナリオ」, 2010. 6. 18. http://www.
　　　kantei.go.jp/jp/sinseichousenryaku/sinseichou01.pdf(검색일: 2014. 3. 5.)
国土審議会政策部会長期展望委員会, 『「国土の長期展望」中間まとまり』, 国土
　　　交通省国土計画局, 2008, http://www.mlit.go.jp/common/000135853.pdf
　　　(검색일: 2014. 3. 5.)
권혁태, 「일본의 헌법개정과 한일관계의 비대칭성」, 『창작과 비평』, 2005년
　　　가을호(통권 129호).
박영준, '일본 민주당 정부의 대미정책: "대등한 동맹관계" 모색과 좌절', 서울
　　　대학교 일본연구소, 2011. 4. 29. 11-15쪽('2010년 일본학연구지원사
　　　업, 일본 민주당 연구팀 공개발표회')
박철희, '일본 민주당의 정책대립축 이행과 정당 간 경쟁의 불안정성', 서울대
　　　학교 일본연구소, 2011. 4. 29.('2010년 일본학연구지원사업, 일본 민
　　　주당 연구팀 공개발표회')
_____, '동아시아 세력전이와 아베 내각의 대외전략기조', 박철희 편, 『동아
　　　시아 세력전이와 일본 대외전략의 변화』, 서울: 동아시아재단, 2014.
소에야 요시히데(박철희 역), 『일본의 미들 파워 외교 : 전후 일본의 선택과
　　　구상』, 서울: 오름, 2006.
외교통상부, '제4차 6자회담 공동성명 전문', 2005. 9. 19. (http://www.mofat.
　　　go.kr/webmodule/htsboard/hbd/hbdread.jsp?typeID=6&boardid=247&
　　　seqno=293917&c=TITLE&t=&pagenum=2&tableName=TYPE_DATABO
　　　ARD, 검색일: 2011. 5. 1.)
조양현, '동아시아 세력전이와 일본의 다자주의 전략: 미중 사이에 선 일본의
　　　지역정체성', 박철희 편, 『동아시아 세력전이와 일본 대외전략의 변
　　　화』, 서울: 동아시아재단, 2014.
「第59回国連総会における小泉総理大臣一般討論演説ー新しい時代に向けた
　　　新しい国連」, 2004. 9. 21. http://www.mofa.go.jp/mofaj/press/enzetsu

/16/ekoi_0921.html(검색일: 2013. 3. 5.)

「第162回国会における小泉内閣総理大臣施政演説」, 2005. 1. 21. http://www.kantei.
　　go.jp/jp/koizumispeech/2005/01/21sisei.html(검색일: 2014. 3. 5.)

有識者委員会, 「いわゆる「密約」問題に関する有識者委員会の報告書」, 2010.
　　3. 9. http://www.mofa.go.jp/mofaj/gaiko/mitsuyaku/pdfs/hokoku_
　　yushiki.pdf(검색일: 2014. 3. 5.)

新たな時代の安全保障と防衛力に関する懇談会, 「新たな時代の安全保障と
　　防衛力の将来構想－平和創造国家を目指して」, 2010. 8. http://www.
　　kantei.go.jp/jp/singi/shin-ampobouei2010/houkokusyo.pdf(검색일:
　　2014. 3. 5.)

井上寿一, 「戦後日本のアジア外交の形成」, 『年報政治学』, 1998.

日本経済研究センター, 『長期経済予測(2006~2050年)：人口が変えるアジアー
　　2005年の世界の姿』, 2007.

日本経済研究センター, 『世界50カ国・地域潜在力調査』, 2010.

民主党, 『民主党政策集 INDEX 2009』, 2009.

衆議院憲法調査会, 『衆議院憲法調査会最終報告書』, 2005.

鳩山由紀夫, 「私の政治哲学祖父一郎に学んだ友愛という戦いの旗印」, 『VOICE』
　　9月号.

「平成23年度以降に係る防衛計画の大綱について」, 2010. 12. 17. (http://www.
　　kantei.go.jp/jp/kakugikettei/2010/1217boueitaikou. 검색일: 2014. 3. 5.)

National Intelligence Council, *Global Trend 2025: Transformed World*, November
　　2008.

김광억, 「저항문화와 무속의례: 현대 한국의 정치적 맥락」, 『한국문화인류학』 23, 1991, 131-172쪽.

김승연, 「프랑스 실업자 운동의 군중신체의례」, 『한국문화인류학』 44(2), 2011, 3-36쪽.

나카네 지에(양현혜 옮김), 『일본 사회의 인간관계』, 소화, 2002.

마쓰모토 하지메(김경원 옮김), 『가난뱅이의 역습』, 아루, 2009.

박지환, 「교육열망의 차등적 구성」, 『한국문화인류학』 45(3), 2012a, 105-151쪽.

_____, 「동일본대지진 이후 일본의 사회운동: '아마추어의 반란'의 탈원전 데모를 중심으로」, 『일본연구논총』 36, 2012b, 31-55쪽.

_____, 「현대 일본사회의 중·고등학교 이행기를 둘러싼 사회문화적 변화에 대한 연구」, 『비교문화연구』 17(2), 2011, 45-86쪽.

사카이 다카시(김은주 옮김), 『폭력의 철학: 지배와 저항의 논리』, 산눈, 2006.

스콧, 제임스(김춘동 옮김), 『농민의 도덕경제』, 아카넷, 2004.

아마미야 가린(김미정 옮김), 『프레카리아트, 21세기 불안정한 청춘의 노동』, 미지북스, 2010.

야마다 마사히로(최기성 옮김), 『희망격차사회』, 도서출판아침, 2010.

이진경·신지영, 『만국의 프레카리아트여, 공모하라!』, 그린비, 2012.

조일동, 「사회극으로서의 촛불」, 『한국문화인류학』 42(1), 2009, 179-220쪽.

雨宮処凛, 「デモのある生きづらくない街:壮大な直接民主主義の実践によせて」, 『世界』 9月号, 2012, 146-153쪽.

小熊英二, 『1968(下): 叛乱の終焉とその遺産』, 新曜社, 2009.

大澤真幸, 「見田宗介: <三代目>の社会へ」, 大澤真幸 編, 『3·11後の思想家25』, 左右社, 2012, 209-226쪽.

小田昌教·ヲダマサノリ, 「見よぼくら四人称複数イルコモンズの旗、改め、殺すなの旗」, 『現代思想』 6月号, 2003, 86-92쪽.

柄谷行人, 『政治と思想 1960-2011』, 平凡社, 2012.

五野井郁郎, 『デモとは何か: 変貌する直接民主主義』, NHK出版, 2012.

寺師正俊·河島茂生, 「サウンド·デモ」, 吉見俊哉·北田暁大 編, 『路上のエスノグラフィ-』, せりか書房, 2007, 189-206쪽.

野田努·三田格·水越真紀, 「ダンス·トウ·デモンストレーション」, 『現代思想』 6月号, 2003, 93-101쪽.

noiz, 「サウンドデモ史考: 人はどんちゃん騒ぎなかに社会変革の夢を見る
　　　か」, 『アナキズム』 12号, 2009, 3–34쪽.

毛利嘉孝, 『ストリートの思想: 転換期としての1990年代』, NHK出版, 2009.

橋口昌治, 『若者の労働運動』, 生活書院, 2011.

長谷川公一, 『脱原発社会へ』, 岩波新書, 2011.

古市憲寿, 『絶望の国の幸福な若者たち』, 講談社, 2011.

吉見俊哉, 『ポスト戦後社会』, 岩波新書, 2009.

渡辺太, 『愛とユーモアの社会運動論』, 京都: 北大路書房, 2012.

Anne Allison, "Ordinary Refugees: Social Precarity and Soul in 21st Century
　　　Japan", *Anthropological Quarterly*, 85(2), 2012, pp.345–370.

Brett Neilson and Ned Rossiter, "Precarity as a Political Concept, or, Fordism
　　　as Exception", *Theory, Culture & Society*, 25(7–8), 2008, pp.51–72.

Carl Cassegard, "Play and Empowerment: The Role of Alternative Space in
　　　Social Movements", *Electronic Journal of Contemporary Japanese Studies*,
　　　12(1), http://www.japanesestudies.org.uk/ejcjs/vol12/iss1/cassegard.html
　　　(검색일: 2012. 8. 10.)

George McKay, *DIY Culture: Party and Protest in Nineties Britain*, London: VERSO,
　　　1998.

Marc Edelman, "Social Movements: Changing Paradigms and Forms of Politics",
　　　Annual Review of Anthropology, Vol. 30, 2001, pp.285–317.

May Gluckman, *Order and Rebellion in Tribal Society*, Oxford: Clarendon Press,
　　　1963.

Mori Yoshitaka, "Culture=Politics: The Emergence of New Cultural Forms of
　　　Protests in the Age of Freeter." *Inter-Asia Cultural Studies*, 6(1), 2005,
　　　pp.17–29.

Nobuyuki Nishioka, "Toward a Peaceful Society Without Nuclear Energy: Understanding
　　　the Power Structures Behind the 3·11 Fukushima Nuclear Disaster",
　　　The Asia-Pacific Journal, 9(2), 2011, http://www.japanfocus.org/~Nishioka
　　　-Nobuyuki/3669(검색일: 2012. 1. 7.)

Noriko Manabe, "Music in Japanese Antinuclear Demonstrations: The Evolution
　　　of a Contentious Performance Model", *The Asia-Pacific Journal*, 11(3),
　　　October 21, 2013, http://japanfocus.org/~Noriko-MANABE/4015(검색

일: 2014. 02. 11.)

Sharon Hayashi and Anne Mcknight, "Good-Bye Kitty, Hello War: The Tactics of Spectacles and New Youth Movements in Urban Japan", *positions: east asia cultures critiques*, 13(1), 2005, pp.87-113.

William W. Kelly, "At the Limits of New Middle-Class Japan", Leonard Schoppa, Oliver Zunz, and Nobuhiro Hiwatari eds., *Social Contracts under Stress*, New York: Russell Sage Foundation, 2002, pp.232-254.

William W. Kelly and Merry I. White, "Students, Slackers, Singles, Seniors, and Strangers", Peter Katzenstein and Tadashi Shiraishi eds., *Japan and Asia*, Ithaca: Cornell University Press, 2006, pp.62-83.

김석, 『에크리』, 살림, 2007.

박규태, 「'일본교'와 '스피리추얼리티': 현대일본인의 '정신'세계를 종교의 저울
　　에 달아본다」, 서울대학교 일본연구소편, 『일본비평』 5, 그린비, 2011.

＿＿＿, 「신사의 현대적 풍경: 회사신사」, 권숙인 엮음, 『현대일본의 전통문
　　화』, 박문사, 2012.

＿＿＿, 「일본교와 섹슈얼리티: 미시마 유키오·천황제·에로티시즘」, 한국종
　　교문화연구소 편, 『종교문화비평』 23, 청년사, 2013.

브루스 핑크(이성민 옮김), 『라캉의 주체: 언어와 향유 사이에서』, 도서출판b,
　　2010.

슬라보예 지젝(김종주 옮김), 『환상의 돌림병』, 인간사랑, 2002.

＿＿＿＿＿＿, 「성적 차이의 실재」, 김영찬 외 편, 『성관계는 없다』, 도서출
　　판b, 2005.

＿＿＿＿＿＿(박정수 옮김), 『How to Read 라캉』, 웅진지식하우스, 2007.

양석원, 「욕망의 주체와 윤리적 행위」, 영미문학연구회, 『안과 밖』 10, 2001.

이병창, 「라캉에게서 죽음의 충동의 개념」, 『시대와 철학』 18/3, 2007.

자크 라캉, 『욕망이론』, 권택영 편, 문예출판사, 1994.

칸 사토코, 「근현대 일본의 연애사정: '한류' 열풍의 배경」, 『여성학논집』 23-
　　1, 2006.

토니 마이어스, 『누가 슬라보예 지젝을 미워하는가』, 박정수 옮김, 앨피,
　　2005.

프로이트, 『쾌락원칙을 넘어서』(프로이트전집14), 박찬부 옮김, 열린책들, 1997.

園子溫, 『非道に生きる』, 朝日出版社, 2012.

ダリオ・トマージ 외 편, 『カオスの神、園子溫』, FILM ART, 2012.

松江哲明・モルモット吉田, 『園子溫映畵全硏究1985-2012』, 洋泉社, 2012.

Clarke, Peter Bernard. *Japanese New Religions: In Global Perspective*, Richmond:
　　Curzon Press, 2000.

Evans, Dylan, *An Introductory Dictionary of Lacanian Psychoanalysis*, London
　　and New York: Routledge, 1996.

Fink, Bruce, "Knowledge and Jouissance", Suzanne Barnard and Bruce Fink
　　eds., *Reading Seminar X X: Lacan's Major Work on Love, Knowledge,
　　and Feminine Sexuality*, New York: State University of New York

Press, 2002.

Fink, Bruce, *Lacan to the Letter: Reading Écrits Closely*, Minneapolis and London: University of Minnesota Press, 2004.

Freud, S., *Group Psychology and the Analysis of the Ego*, trans. James Strachey, London: The Hogarth Press, 1949.

Homer, Sean, *Jacques Lacan*, London and New York: Routledge, 2005.

Kernberg, Otto, "The concept of the death drive: a clinical perspective", Salman Akhtar and Mary Kay O'Neil eds., *On Freud's Beyond the Pleasure Principle*, London: Karnac, 2011.

Lacan, Jacques, *The Four Fundamental Concepts of Psychoanalysis*, ed. by Jacques-Alain Miller, trans. by Alan Sheridan, New York: Penguin Books, 1977.

_____, *The Ego in Freud's Theory and in the Technique of Psychoanalysis, 1954-55(Seminar II)*, trans. Sylvana Tomaselli, New York: Norton, 1988.

_____, *Television*, ed. by Joan Copjec, trans. by Denis Hollier외, New York and London: Norton, 1990.

_____, *Freud's Papers on Technique(Seminar I)*, ed. by Jacques-Alain Miller, trans. by John Forrester, New York and London: Norton, 1991.

_____, The Ethics of *Psychoanalysis(Seminar VII)*, ed. by Jacques-Alain Miller, trans. by Dennis Porter, New York and London: Norton, 1992.

_____, *The Psychoses (Seminar III)*, ed. by Jacques-Alain Miller, trans. by Russell Grigg, New York and London: Norton, 1993.

_____, *On Feminine Sexuality: The Limits of Love and Knowledge (Seminar X X, Encore)*, ed. by Jacques-Alain Miller, trans. by Bruce Fink, New York and London: Norton, 1998.

_____, *Écrits*, trans. by Bruce Fink, New York and London: Norton, 2002.

_____, *The Other Side of Psychoanalysis(Seminar XVII)*, trans. by Russell Grigg, New York and London: Norton, 2007.

_____, *My Teaching*, trans. by David Macey, London and New York: Verso, 2008.

Levine, Steven Z., *Lacan Reframed*, London: I.B.Tauris, 2008.

MacGowan, Todd, *The End of Dissatisfaction?: Jacques Lacan and the Emerging Society of Enjoyment*, New York: State University of New York Press, 2004.

_____, *The Real Gaze: Film Theory After Lacan*, New York: State University of New York Press, 2007.

Mijolla, Alain de ed., *International Dictionary of Psychoanalysis*, vol. I , New York: Tompson Gale, 2005.

Pluth, Ed, *Signifiers and Acts: Freedom in Lacan's Theory of the Subject*, New York: State University of New York Press, 2007.

Salecl, Renata, *(Per)Versions of Love and Hate*, London and New York: Verso, 2000.

Žižek, Slavoj, *The Sublime Object of Ideology*, London: Verso, 1989.

_____, *Looking Awry: An Introduction to Jacques Lacan through Popular Culture*, Cambridge: MIT, 1991.

_____, *Enjoy your Symptom!: Jacques Lacan in Hollywood and out*, New York and London: Routledge, 1992.

_____ *The Plague of Fantasies*, New York: Verso, 1997.

_____, *The Ticklish Subject*, London: Verso, 1999.

_____, *The Fragile Absolute*, London and New York: Verso, 2000.

_____ ed., *Jacques Lacan: Critical Evaluations in Cultural Theory*, New York: Routledge, 2003.

Zupančič, Alenka, *The Ethics of the Real*, London and New York: Verso, 2000.

김도훈, "소노 시온의 차기작 〈로드 오브 카오스〉", 씨네21DB http://www.cine21. com/news/view/mag_id/68079 (검색일: 2011. 11. 17.)

　　　"日本の自殺", http://ja.wikipedia.org/wiki/%E6%97%A5%E6%9C%AC %E3%81%AE%-E8%87%AA%E6%AE%BA(검색일: 2014. 5. 6.)

미나토 가나에(김선영 옮김), 『고백』, 비채, 2009.

해리 하루투니언(정기인·이경희 역), 『착한 일본인의 탄생』, 제이앤씨, 2011.

安倍晋三, 『美しい国へ』, 文春新書, 2006.

鮎川潤, 『少年犯罪』, 平凡社新書, 2001.

内田隆三, 『国土論』, 筑摩書店, 2002.

大澤真幸, 『不可能性の時代』, 岩波新書, 2008.

湊かなえ, 『告白』, 双葉社, 2008.

門田隆将, 『なぜ君は絶望と闘えたのか―本村洋の3300日』, 新潮文庫, 2010.

柄谷行人, 『倫理21』, 平凡社, 2003.

草薙厚子, 『少年A 矯正2500日全記録』, 文芸春秋, 2006.

酒井隆史, 『自由論―現在性の系譜学』, 青土社, 2001

「少年A」の父母, 『「少年A」この子を生んで……：父と母 恨の手記』, 文芸春
　　　　　秋, 1999.

澤登俊夫, 『少年法』, 中公新書, 1999.

土井隆義, 『若者の気分：少年犯罪〈減少〉のパラドクス』, 岩波書店, 2012.

土師守, 『淳』, 新潮文庫, 2002.

内閣府, 「少年非行等に関する世論調査」, 2010.

http://www8.cao.go.jp/survey/h22/h22-shounenhikou/zh/z01.html.

前田雅英, 『少年犯罪―統計からみたその実像』, 東京大学出版会, 2000.

宮台真司·藤井誠二, 『「脱社会化」と少年犯罪』, 創出版, 2000.

宮台真司·香川リカ, 『少年たちはなぜ人を殺すのか』, ちくま文庫, 2001.

村上春樹, 『海辺のカフカ』, 新潮社, 2002.

本村洋·宮崎哲弥·藤井誠二, 『光市母子殺害事件』, 文庫ぎんが堂, 2012.

ジョック·ヤング, 『排除型社会―後期近代における犯罪·雇用·差異』, 洛北出版,
　　　　　2007.

柳美理, 『仮面の国』, 新潮文庫, 1998.

_____, 『ゴールラッシュ』, 新潮社, 2001.

吉見俊哉, 『ポスト戦後社会』, 岩波新書, 2009.

개리 기딘스 외(황덕호 옮김), 『재즈-기원에서 오늘까지』[원제: Jazz], 까치글
　　　방, 2012쪽.

김광기, 「멜랑콜리, 노스탤지어, 그리고 고향」, 『사회와 이론』 통권 23집, 2013,
　　　173-203쪽.

松平 誠, "地域 傳統文化 活性化와 映像-NHK 〈후루사토노 우타마쯔리〉"에 관
　　　한 실증적 연구, 『한국민속학』 29호, 357-371쪽.

안성민, 「식민지시대 流行歌에 끼친 일본演歌의 영향」, 한양대학교 석사논문,
　　　2002쪽.

와타나베 히로시(윤대석 옮김), 『청중의 탄생』, 출판사 강, 2006.

요시미 순야(최종길 옮김), 『포스트전후사회』, 어문학사, 2013.

이동연, 『아시아 문화연구를 상상하기-문화민족주의와 문화자본의 논리를
　　　넘어서』, 그린비, 2006.

이와부치 고이치(히라타 유키에·전오경 공역), 『아시아를 잇는 대중문화. 일
　　　본, 그 초국가적 욕망』, 또하나의 문화, 2001.

"演歌の南志向を裏付けた好企画", 『放送文化』 1984. 3., 8쪽.

大澤真幸, 『不可能性の時代』, 岩波書店, 2008.

小川博司, 『消費社会の広告と音楽 : イメージ志向の感性文化』, 有斐閣, 1984.

安田達夫, "「ふるさと紀行」の30年", 『AURA』 97호, 1993.

古茂田信男(編), 『日本流行歌史』(下), 社会思想社, 1997.

月渓恒子 外, 『現代日本社会における音楽』, 放送大學教育振興會, 2008.

中河伸俊, "思慕の涙―日本のポピュラー音楽におけるノスタルジーとネー
　　　ション", 『ポピュラー音楽研究』 7호, 日本ポピュラー音楽学会 編,
　　　2003.

農林水産省, 『昭和59年度農業の動向に関する年次報告』, 1985.

藤井淑禎, 『景観のふるさと』, 教育出版株式會社, 2003.

見田宗介, 『近代日本の心情の歴史』, 岩波書店, 2012.

安田達夫, "「ふるさと紀行」の30年", 『AURA』, 1993. 97호

吉見俊哉, 『ポスト戦後社会』, 岩波書店, 2009.

輪島裕介, 『創られた日本の心神話: 演歌をめぐる戦後大衆音楽史』, 光文社,
　　　2010.

増淵敏之, 『欲望の音楽 : 「趣味」の産業化プロセス』, 法政大学出版局, 2010.

北川純子, "ポピュラー音楽の諸相", 『現代日本社会における音楽』, 放送大學
　　教育振興會, 2008.

Fred Davis / 間場寿一, 荻野美穂, 細辻恵子訳, 『ノスタルジアの社会学』, 京
　　都: 世界思想社, 1990.

Hiroshi Ogawa, "The effects of Karaoke on Music in Japan", Hosokawa
　　Shuhei(ed), *Karaoke Around the World: Global Technology*, Local
　　Singing, Routledge, 1998.

Jennifer Robertson, *Native and Newcomer. Making and remaking a Japanese
　　city*, University of California Press, 1994.

Hosokawa Shuhei(ed.), *Karaoke Around the World: Global Technology, Local
　　Singing*, Routledge, 1998.

Christine Yano, *Tears of longing, Nostalgia and the Nation in Japanese Popular
　　Song*, Harvard University Press, 2003.

현대일본생활세계총서 **8**

일본, 상실의 시대를 넘어서

조관자

서울대학교 일본연구소 HK교수. 도쿄대학에서 일본의 국학자인 모토오리 노리나가론으로 석사 학위를 받고, 식민지기(1910-1945) 한일의 지식 교류와 문화 내셔널리즘의 교섭 현상을 연구하여 박사 학위를 취득. 저서로『植民地朝鮮 / 帝国日本の文化連環-ナショナリズムと反復する植民地主義』(有志社, 2007), 공저로『식민지 공공성』(책과함께, 2010),『가지무라 히데키의 내재적 발전론을 다시 읽는다』(아연출판부, 2014) 등이 있고, 연구 논문으로는 「이양지가 찾은 언어의 뿌리」(2007), 「'민족주체'를 호출하는 '재일조선인'」(2011) 등이 있다.

장인성

서울대학교 정치외교학부 교수. 도쿄대학에서 요코이 쇼난(橫井小楠)과 김윤식의 국제 정치사상을 중심으로 한 개항기 한일 정치사상 비교 연구로 학술박사 취득. 주요 연구 분야는 동아시아 국제사회론, 일본사상사, 동아시아 국제정치사상, 동아시아 개념사. 주요 저서로『장소의 국제정치사상』(서울대학교출판부, 2002),『근대한국의 국제관념에 나타난 도덕과 권력』(서울대학교출판부, 2006),『메이지유신』(살림, 2007),『전후 일본의 지식 풍경』(제이앤씨, 2013) 등이 있다.

박정진

일본 쓰다주쿠(津田塾)대학 국제관계학과 교수. 도쿄대 박사. 냉전기 북한과 일본의 관계를 중심 테마로 동아시아 외교사를 전공해왔고, 최근에는 '한반도와 일본'의 관계라는 관점에서 한일 관계와 북일 관계를 통합적으로 이해하고 재평가하고자 하는 시도를 하고 있다. 저서로는『日朝冷戰構造の誕生 1945- 65』,『帰国運動は何だったのか 封印された日朝関係史』(편저), 역서로는『일본 전후 정치사: 일본 보수정치의 기원과 전개』, 논문으로는 「한일관계와 북일관계 1950-57」 등이 있다.

박지환

서울대학교 일본연구소 HK교수. 2011년 캘리포니아대학 버클리교(University of California, Berkeley)에서 인류학 박사학위를 취득했다. 주된 연구 분야는 사회분화론, 정치인류학, 일본지역연구이다. 주요 업적으로는「교육열망의 차등적 구성」(2012),「운동에서 복지로?」(2013),「Hierarchical Socialisation in a Japanese Junior High School」(2014) 등이 있고, 공저로는『현장에서 바라본 동일본 대지진』(2013),『일본 생활세계의 동요과 공공적 실천』(2014)이 있다.

박규태

현재 한양대학교 일본언어문화학과 교수. 도쿄대학교 박사. 주요 관심분야는 일본종교/사상사 및 일본문화학이다. 주요 저서로『일본정신의 풍경』,『상대와 절대로서의 일본』,『일본의 신사』,『애니메이션으로 보는 일본』,『아마테라스에서 모노노케히메까지』등이 있으며, 주요 역서로『일본문화사』,『신도, 일본태생의 종교 시스템』,『일본신도사』,『세계종교사상사3』,『황금가지』,『국화와 칼』등이 있다.

남상욱

현재 서울대학교 일본연구소 HK연구교수. 도쿄대학 총합문화연구과에서 석사, 박사 학위를 취득했다. '전후일본'의 정치 및 문화의 변동을 미시마 유키오 등의 전후 작가를 통해서 고찰해오고 있다. 주요 저역서로서는『미시마 유키오의 문화방위론』(자음과 모음, 2013),『三島由紀夫における「アメリカ」』(彩流社, 2014)가 있으며, 주요 논문으로서는「짐승과 스놉 사이」(『21세기문학』, 2013년 여름),「아베 신조『아름다운 나라로』의 '미'와 '정치'」(『일본비평』, 2014년) 등이 있다.

이경분

　서울대학교 일본연구소 HK연구교수. 독일 마르부르크대학교에서 망명 음악 연구 논문으로 음악학 박사를 취득했다. 일본과 한국의 음악교류 및 일본-한국 –독일의 음악문화 전이를 음악과 정치의 관점에서 고찰하고 있다. 저서로는 『Musik und Literatur im Exil』, 『망명음악 나치음악』, 『프로파간다와 음악 – 나치방송정책의 '낭만적 모더니즘'』, 『전후 일본, 그리고 낯선 동아시아』(공저), 논문으로 「영화음악으로 해석한 일제강점기 영화 〈半島の春〉」(2012), 「식민지 조선의 음악문화에 나타난 쇼와 천황의 청각적 이미지」(2012) 등이 있다.

IJS 서울대학교 일본연구소

현대일본생활세계총서 **8**

일본, 상실의 시대를 넘어서

초판1쇄 인쇄 2014년 09월 01일
초판1쇄 발행 2014년 · 09월 11일

저　　자 조관자 외
발행인 윤석현
발행처 도서출판 박문사
등　　록 제2009-11호
전　　화 (02)992-3253(대)
전　　송 (02)991-1285
주　　소 서울시 도봉구 창동 624-1 북한산현대홈시티 102-1106

편 집 자 주은혜
책임편집 김선은
전자우편 bakmunsa@hanmail.net
홈페이지 http://www.jncbms.co.kr

ⓒ 서울대학교 일본연구소, 2014. Printed in Seoul KOREA.

ISBN 978-89-98468-36-1 93300　　　　**정가** 19,000원

본 저서는 정부(교육과학기술부)의 재원으로 한국연구재단의 지원을 받아 출판되었음.
(NRF-2008-362-B00006)